U0799097

本书为国家社会科学研究青年基金项目“人文社会科学研究的多元多方评价制度结构
和运行机制研究”（12CGL003）结题成果

人文社会科学研究评价制度

理念、结构与机制

李　冲◎著

Humanities and Social Sciences Research Evaluation System

Idea, Structure and Mechanism

科学出版社

北　京

内 容 简 介

制度是激励和约束评价行为的社会建制。人文社会科学研究评价问题源于环境、制度、心理和行为等多种因素，根本性原因是评价制度的有效供给不足。本书整合经济学、政治学和社会学制度理论的多维视角，使用结构功能主义方法论阐析制度与评价的关系，梳理人文社会科学研究评价的制度困境，探析人文社会科学研究评价的制度结构和运行机制，在此基础上，提出从技术、管理、政策 3 个维度，以及意义、体系、方式、组织、环境 5 个方面建立多元多方的人文社会科学研究评价制度的主张。

本书适合学科评价、人才评价领域的研究者，从事科技政策制定、科研管理和人才评价的工作者，以及行政管理、科技管理和教育管理等专业的学生阅读。

图书在版编目（CIP）数据

人文社会科学研究评价制度：理念、结构与机制 / 李冲著. —北京：科学出版社，2021.4

ISBN 978-7-03-068403-5

Ⅰ. ①人… Ⅱ. ①李… Ⅲ. ①人文科学-科学研究-评价-中国②社会科学-科学研究-评价-中国 Ⅳ. ①C12

中国版本图书馆 CIP 数据核字（2021）第 049014 号

责任编辑：朱萍萍　刘巧巧 / 责任校对：韩　杨
责任印制：徐晓晨 / 封面设计：有道文化

科 学 出 版 社 出版
北京东黄城根北街 16 号
邮政编码：100717
http：// www.sciencep.com

北京虎彩文化传播有限公司 印刷
科学出版社发行　各地新华书店经销
*
2021 年 4 月第　一　版　开本：720×1000　B5
2021 年 4 月第一次印刷　印张：13
字数：200 000

定价：88.00 元

（如有印装质量问题，我社负责调换）

前　言

人文社会科学研究的水平和能力是一个国家文化软实力的重要组成部分。一个国家、一个民族要想屹立于世界，不仅要依赖强大的经济力量、科技力量和军事力量，而且要依赖强大的思想力量。在当今时代，包括人文社会科学研究在内的文化软实力建设，越来越成为民族凝聚力和创造力的一个重要源泉，成为国家综合实力的一个重要方面。

近年来，党和国家高度重视人文社会科学的繁荣发展。习近平同志指出："哲学社会科学是人们认识世界、改造世界的重要工具，是推动历史发展和社会进步的重要力量，其发展水平反映了一个民族的思维能力、精神品格、文明素质，体现了一个国家的综合国力和国际竞争力。一个国家的发展水平，既取决于自然科学发展水平，也取决于哲学社会科学发展水平。一个没有发达的自然科学的国家不可能走在世界前列，一个没有繁荣的哲学社会科学的国家也不可能走在世界前列。"①

然而，在人文社会科学研究迅猛发展的同时，作为"指挥棒"的评价工作却暴露出诸多问题。

（1）在评价技术工具的层面，我国人文社会科学研究评价经历了一个从主要使用定性评价方法（同行评议等）到青睐使用定量评价方法（引文分析等），再到定性和定量评价方法相结合的转变。这种评价技术工具使用上的变革代表着我国对人文社会科学研究性质和特征认识的不断深化，以及评价向科学化、合理化方向的不断迈进。然而，在现实中，过度的工具主义倾向，以及缺乏对定性、定量评价方法适用范围和尺度的科学把握，导致诸如"唯论文""唯职称""唯学历""唯奖项"等指标表现主义的问题层出不穷。

① 习近平. 在哲学社会科学工作座谈会上的讲话[N]. 人民日报，2016-05-19（002）.

（2）在评价管理的层面，随着我国学术界对人文社会科学研究特殊性认识的不断深入，评价管理工作逐渐从单纯依赖评价技术工具的改进发展到愈加重视评价的形式、程序、组织安排和制度建设等。然而，科层制的管理体制机制与人文社会科学研究成果产出的滞后性、长期性和争鸣性难以协同，不仅导致评价管理工作中出现了表格主义、形式主义的倾向，而且在一定程度上助长了学术失范、人情关系等非学术因素的甚嚣尘上。

（3）在评价政策的层面，近些年来，国家和教育部密集出台了多项关于规范人文社会科学评价以及惩处学术不端行为的意见、规定等。这些政策在很大程度上及时遏制了工具主义、管理主义等对人文社会科学评价理论与实践的影响。然而，政策的作用毕竟主要集中于正式制度变迁影响人类行为的显性层面，评价实践往往是正式制度、非正式制度、路径依赖、传统、惯例等多层面、多角度复杂因素综合作用的结果，评价实践中的多层委托代理关系难以单纯依靠政策的规制功能彻底形塑，规范性要素、文化认知性要素仍然在隐性层面上潜移默化地影响甚至决定着评价参与者的评价行为。

关于上述问题，许多学者分别从价值—认知、事件—过程、结构—功能等多个视角进行了深入的分析，许多蕴含真知灼见的研究成果对于借鉴国外先进的评价理论、介绍和普及科学的评价方法，以及正确引导我国人文社会科学研究评价走向等，起到了非常及时、关键和建设性的作用。然而，旧问题尚未解决，新问题不断涌现，严峻的现实促发了社会各界更深层次的追问：人文社会科学研究评价问题的症结在哪里？引导评价的“指挥棒”究竟应该指向何方？

本书是旨在回应上述问题而进行的专门性研究，内容涵盖了制度与评价的关系，人文社会科学研究评价的整体概貌、焦点热点以及研究存在的缺陷、不足和理论空白，人文社会科学研究评价的制度困境，人文社会科学研究评价的制度结构和运行机制分析，以及在此基础上提出的优化人文社会科学研究评价制度的路径建议。在研究的视角上，本书并不是对人文社会科学研究评价理论的详尽阐释，也不是对实践问题的广泛质疑和深入批评，而是着重于探讨问题之所以产生的制度性根源，以及制度性因素是如何影响评价行为乃至形塑社会建制的。简单地说，本书是回应社会关切，为解决人文社会科学研究评价问题，尝试从制度建构视角进行的理论探索。本书的贡献主要体现在研究问题定位、理论分析和评价制度优化三个方面。

在研究问题定位上，本书将人文社会科学研究评价问题产生的根源聚焦于评价制度之上，认为我国现有人文社会科学研究评价主要集中在评价技术与方法的改进和优化之上，这仅是在浅层次上改变了人文社会科学研究评价的形式或程序问题，学术评价在深层次上所涉及的价值和利益分配问题仍然没有得到有效解决。解决人文社会科学研究评价问题，需要聚焦于人文社会科学研究的特殊性以及与之密切相关的评价技术、管理和政策困境之上。

在理论分析上，主要是从结构能动"二重性"和制度有效运行的视角，分析评价制度结构的重要性，人文社会科学研究评价制度构成的基本要素、理论范式、实践取向，以及评价制度结构的形成方式等；论述人文社会科学研究评价制度运行的 3 个基本机制（理性选择、路径依赖和结构同形）、3 个组织机制（委托代理、项目制和行政发包制）和 3 个技术机制（沟通机制、公正机制和整合机制）。本书认为，人文社会科学研究评价制度结构是由规制性、规范性、文化认知性等规则要素与符号系统、关系系统、惯习系统、人工器物等社会建构彼此嵌入、耦合而形成的复杂系统。人文社会科学研究评价绩效扭曲的结构性因素在于制度约束与评价利益相关者能动作用之间的结构能动"二重性"。

在评价制度优化上，本书提出人文社会科学研究评价需要在深层次上处理好评价所涉及的价值和利益分配问题，从简单的注重指标、权重、方法、模型等技术层面上的评价体系建构，转换到综合考虑多元化价值取向和多样化利益诉求的社会建制上来，亦即从技术、管理、政策 3 个维度，以及意义、体系、方式、组织、环境 5 个方面切入，建立一个多元多方的人文社会科学研究评价制度。

本书是笔者近年来探索人文社会科学研究评价问题的一个阶段性成果，得到了国家社会科学研究青年基金项目的支持，虽然结题报告获得了优秀的评价，但是笔者深知，人文社会科学研究评价本身是对评价的评价，在一个社会价值框架急剧变化的转型时期，知识和真理的范围、尺度和边界都可能是不确定的，也许只有历史才能揭示究竟应当如何建构人文社会科学研究评价制度。

有鉴于此，本书所做的探索无论是在研究的深度上，还是在研究的广度上，都是远远不够的，加上笔者水平和精力有限，书中难免存在不足之处，在此恳请学术界同人和广大读者批评指正。

李 冲

2020年6月

目　录

第一章 绪 论

第一节 人文社会科学研究评价的制度视角

一、引入制度视角的目的

本书尝试通过在人文社会科学研究评价中引入制度分析范式，为解决同行评议与文献计量不可通约，化解评价要求与评价绩效之间关系扭曲的难题，建构人文社会科学研究评价新场域，推进中国人文社会科学健康发展提供新的理论路向。在当代制度理论分析中，制度被认为是用来解决实践中反复出现的集体行动问题。制度的作用在于避免集体行动“新兴效应”（emerging effect）的负面影响，约束行动者为达到共同的目标而协作，实现个体层面与集体层面理性相互协同的目的。① 从制度分析范式看待评价，开启了一种新的理论路向，有助于还原人文社会科学研究评价困境的实质，揭示评价绩效扭曲的结构性因素与机制性障碍。

二、制度视角分析的作用

本书通过综合制度和行为科学的相关理论，分析评价制度结构的分配效应和形成机制，揭示人文社会科学研究评价的技术、管理、政策困境，剖析人文社会科学研究评价要求与评价绩效之间关系扭曲的结构性因素和机制性障碍，探索多元多方评价制度构成的结构要素和关键控制点，丰富我国结构—功能视角下人文社会科学研究评价制度研究的理论认识，提出优化我国人文社会科学

① 〔美〕杰克·奈特. 制度与社会冲突[M]. 周伟林，译. 上海：上海人民出版社，2009：9.

研究评价制度结构与运行机制的制度化建议，对推进中国人文社会科学健康发展具有理论意义和应用价值。

第二节 本书的研究问题与内容安排

一、研究问题

（一）我国人文社会科学研究评价的视角

根据理论进路的不同，我国人文社会科学研究评价可以归纳为价值—认知分析、事件—过程分析和结构—功能分析 3 个视角。

1. 价值—认知分析的视角

价值—认知分析的视角关注人文社会科学研究的多元属性，强调价值—认知框架决定评价对象的价值，方法论基础建立在理性选择理论之上。核心观点是：人文社会科学研究评价是对人文社会科学多元属性价值理性认识的回归。在价值—认知的途径上，坚持使用理性分析的方法划分价值的维度和类型；在评价方法的使用上，质疑从评价对象的量化特征能够推导定性价值判断的可行性。

2. 事件—过程分析的视角

事件—过程分析的视角关注人文社会科学研究评价主体的多方价值取向，主张从评价事件与过程的动态性和流变性之中去把握价值，方法论基础建立在社会选择理论之上。核心观点是：人文社会科学研究评价是对评价主体多方价值取向社会选择的收敛。在价值—认知的途径上，借鉴面向公共决策技术的理论与方法，对评价主体的多方价值取向进行排序与整合；在评价方法的使用上，肯定定量评价方法的合理性，强调定量方法和定性方法的结合。

3. 结构—功能分析的视角

结构—功能分析对价值—认知分析和事件—过程分析的视角进行了初步整合，聚焦于整合多元属性价值和多方取向价值观的评价制度，强调制度结构对评价过程的形塑作用以及评价机制对评价结果的影响，方法论基础建立在制度理论和行为科学之上。核心观点是：人文社会科学研究的价值是评价制度结构分配效用制度化作用的结果。不过，评价制度结构是怎样影响评价绩效的？多元多方的评价制度结构和运行机制是如何形成的？评价的技术手段、管理方法和政策工具是如何制度化的？相应的研究工作尚存在理论空白。

（二）我国人文社会科学研究评价亟须解决的问题

本书聚焦于我国人文社会科学研究评价亟须解决的4个问题：①人文社会科学研究的真理性、意识形态性、经济性和社会性等多元属性之间相互冲突的问题[①]；②学术共同体、政府、社会组织和公众等评价主体多方价值取向之间彼此竞争的问题[②]；③人文社会科学研究价值显现的潜在性和长期性与评价要求的终结性和短时性之间难以兼顾的问题；④学术性、行政性和社会经济效益性评价的制度设计预期与实际评价效果之间不相一致的问题。使用制度分析范式的结构能动“二重性”理论，以评价与制度的关系为出发点，以评价的制度困境为切入点，以结构分析与机制分析为主要维度，尝试通过3个维度（技术、管理和政策）、5个方面（意义、体系、方式、组织和环境）的评价制度模型构建，打通同行评议与文献计量相互通约的机制机理，解决评价要求与评价绩效之间关系扭曲的难题。

二、内容安排

本书以结构—功能分析为进路，以我国人文社会科学研究评价的制度结构和运行机制为研究对象，尝试构建多元多方的人文社会科学研究评价制度。全书由七章构成。

第一章：绪论。本章主要是概述本书的研究视角、研究的主要问题、内容安排以及学术价值。

第二章：评价与制度。本章主要是在研究术语的层面上，科学界定评价与制度的内涵以及制度在评价活动中的分配效应。评价制度不能被单纯地理解为

---

① 邓正来. 中国社会科学的再思考——学科与国家的迷思[J]. 南方文坛，2000，(01)：4-15.
② 朱学勤. 健康的写作，来自健康的生活[N]. 文汇报，2002-09-06（015）.

评价活动的组织规则，而应当更为广义地把制度视为政策、法律、社会网络规则、正式组织等对评价的影响乃至决定性的作用。我们既不能工具主义地视评价活动为简单的理性选择，也不能行为主义地视评价活动为机械的规则遵循。真实的评价活动是主体的“能动性”、制度的“约束性”以及复杂的社会互动等多方位、多层面和多维度因素综合作用的结果。

第三章：基于文献计量的人文社会科学研究评价可视化分析。本章主要梳理现有研究文献，了解已有研究的整体概貌、焦点热点，以及研究存在的缺陷、不足和理论空白。本章研究采用科学计量的研究方法，以中国知网（CNKI）数据库收录的 7046 篇人文社会科学研究评价论文为研究样本，使用由英籍华裔学者陈超美教授开发的 CiteSpace 5.0 R2 软件，采用分类比较与知识图谱可视化方法，从宏观、中观与微观的多维视角，系统、全面、直观地梳理我国人文社会科学研究评价的发展历程与整体概貌。

第四章：人文社会科学研究评价的制度困境。本章主要是依据文献综述梳理出的理论研究空白，在技术、管理、政策 3 个维度上聚焦人文社会科学研究评价存在的困境。本章研究使用“理解”和“理想类型”的方法，提出人文社会科学研究评价的技术困境在于研究对象、研究方法和研究价值上的特殊性，以及同行评议与文献计量两种方法在机制机理上的不可通约性；管理困境在于评价活动中由于信息不对称所导致的道德风险和逆向选择；政策困境在于政策制定、执行和评估环节上的不完备性。

第五章：人文社会科学研究评价的制度结构分析。本章主要是从结构能动“二重性”的视角，分析人文社会科学研究评价制度的构成要素和组织场域。本章研究基于评价实践中的现实问题：当评价主体、评价代理人和被评价者高度相互依赖时，程序、方法和标准无法解释和解决人的策略行为问题。本章研究提出，人文社会科学研究评价制度结构是由规制性、规范性、文化认知性等规则要素与符号系统、关系系统、惯习系统、人工器物等社会建构彼此嵌入、耦合而形成的复杂系统。人文社会科学研究评价绩效扭曲的结构性因素在于制度约束与评价利益相关者能动作用之间的结构能动“二重性”。

第六章：人文社会科学研究评价制度的运行机制分析。本章主要是从制度有效运行的视角，分析当前维系我国人文社会科学研究评价制度运行的组织机制和技术机制。本章在分析制度运作的基本机制的同时，着重探讨了引文分析用于人文社会科学研究评价的科学性、合理性和可靠性。在本书提出的形式性、程序性、实质性3种引用类型划分的基础上，证明了笼统的引用次数多少、引用频率的高低，对微观个体学术评价仅具有参考的价值，不具备评价学术贡献大小的可靠依据。证明了引文分析方法所揭示的宏观规律和微观规律之间具有绝非偶然的关联性，但基于因果推理及统计概率所形成的“学术主张”，并不足以构成判定知识可靠性的足够证据。①

第七章：人文社会科学研究评价制度与机制优化的路径。本章主要是从制度构建的角度，聚焦于意义、体系、方式、组织、环境5个关键方面，提出我国人文社会科学研究评价制度优化的路径。本章使用结构—功能分析的方法，根据研究揭示的制度化形成机理以及制度结构生成的影响因素和关键控制点，针对我国人文社会科学研究评价在技术、管理、政策3个维度上存在的困境，提出从5个方面（意义、体系、方式、组织和环境）构建人文社会科学研究多元多方评价制度的思路和建议。

第三节 本书的主要观点和学术价值

一、主要观点

现有人文社会科学研究评价主要是聚焦于评价技术与方法的改进和优化，这仅是在浅层次上改变了人文社会科学研究评价的形式或程序问题，学术评价在深层次上所涉及的价值和利益分配问题仍然没有得到有效的解决。②

在评价制度构建的理论路径上，本书提出人文社会科学研究评价需要在深层次上处理好评价所涉及的价值和利益分配问题，从简单的注重指标、权重、方法、模型等技术层面上的评价体系建构，转换到综合考虑多元化价值取向和

① 李冲. 引文分析的本质与学术评价功能的条件性[J]. 科学学研究，2013，31（08）：1121-1127.
② 李冲. 建立多维的学术评价制度[N]. 中国社会科学报，2016-07-26（001）.

多样化利益诉求的社会建制上来[①]，亦即从技术、管理、政策3个维度以及意义、体系、方式、组织、环境5个方面切入，建立一个多元多方的人文社会科学研究评价制度。

在同行评议与文献计量结合的机制上，本书提出量化评价模式的研究范式取向是逻辑实证主义，适用于学术评价必须满足研究成果或效果的可测量性、研究方法及其理论的可逆性和研究价值及其评判标准的恒定性3个逻辑前提。依据人文社会科学和自然科学研究的特点，本书提出量化评价不是一个普适性的学术评价模式：量化评价在人文学科研究中不适用；在自然科学评价中适用，但是需要注意学科差异性；在社会科学评价中可谨慎使用，不仅要注意学科之间的差异，而且还要分析指标的有效性[②]。

在引文分析用于学术评价的条件性和可靠性上，本书提出了形式性、程序性、实质性3种引用类型的划分，使用实证数据分析证明了笼统的引用次数多少、引用频率的高低，对微观个体学术评价仅具有参考的价值，不具备评价学术贡献大小的可靠依据。证明了引文分析方法所揭示的宏观规律和微观规律之间具有绝非偶然的关联性，但基于因果推理及统计概率所形成的“学术主张”，并不足以构成判定知识可靠性的足够证据。

二、学术价值

本书以制度分析范式的结构能动“二重性”理论为基础，提出了构建人文社会科学研究评价制度的新范式，丰富了国内本领域研究的理论路向。以往的研究多是从价值—认知和事件—过程的视角聚焦于个别问题的深入研究，本书采用结构—功能的视角将二者进行了有机整合，提出了评价的制度结构分析和运行机制分析的新思路，强调评价行为嵌入社会结构之中，重视由价值、标准、规则、信念和惯例等预设观念所构成的网络的作用，在国内该领域研究中具有创新性。

本书把制度理论应用于学术评价问题研究，并提出了“3个维度、5个方面”优化我国人文社会科学研究评价制度的路径，为我国解决人文社会科学研

① 李冲. 建立多维的学术评价制度[N]. 中国社会科学报，2016-07-26（001）.
② 李冲，苏永建. 学术评价：量化模式的反思与超越[J]. 自然辩证法研究，2017，33（02）：59-63.

究评价问题提供了新思路。本书综合制度和行为科学的相关理论和方法，分析了人文社会科学研究评价的制度困境，研究了人文社会科学研究评价制度结构的构成要素、制度化的形成机理以及评价制度结构生成的影响因素和关键控制点，揭示了人文社会科学研究评价要求与评价绩效之间关系扭曲的结构性和机制性原因，丰富了国内在该研究领域中的理论认识。

第二章　评价与制度

第一节　什么是评价

评价是作为主体的人建构意义、价值的一种观念性活动。评价渗透在人类社会生产、生活的方方面面。可以说，只要有人类参与的事物，评价都如影随形，相伴其中。对于非专业人士来说，定义和解释评价似乎不是一件很复杂的事：评价无非就是根据某一标准，考查事情做得怎么样的一种活动。这种认识虽然没错，但是却缺乏对评价问题的深入思考。对于专业的评价人士而言，评价被认为是一个十分复杂、深奥的问题。例如，心理学家布卢姆（B. S. Bloom）认为，评价是人类认知结构中的最高层次，这个层次的要求不是凭借直观的感受或观察的现象做出评判，而是综合内在与外在的资料、信息，理性深刻地对事物的本质做出符合客观事实且有说服力的价值判断。① 从这一表述可以看出，评价具有较高程度的复杂性和深奥性。评价是观念、知识与客观事实经由人的大脑系统化、结构化加工之后的综合性产物，其困难性和复杂性程度由此而突显出来。长时期以来，由于评价的复杂性和深奥性，再加上工具与方法的限制，评价理论仅限于小部分知识阶层的主观质性认识。20 世纪初，凭借自然科学和社会科学理论与方法的新进展，评价的理论与实践走出了主观质性认识的藩篱，进入客观精确的量化阶段。

① 〔美〕洛林・安德森，等. 布卢姆教育目标分类学：分类学视野下的学与教及其测评（完整版）（修订版）[M]. 蒋小平，张琴美，罗晶晶，译. 北京：外语教学与研究出版社，2009：67.

一、评价的定义及内涵

（一）评价的哲学意蕴

评价是人类把握事物意义和价值的一种认识活动，与人类把握世界是什么的认识活动不同，评价所要揭示的不是世界是什么，而是世界对于人意味着什么，世界对人有什么意义和价值。[①] 学者冯平在《评价论》一书中指出，价值就其深层次而言，是客体满足主体需要的关系；就其表层而言，是客体满足主体需要产生的一种效应。在现实中，人与世界的关系主要有认识与被认识、改造与被改造和利用与被利用 3 种基本类型。在这三重关系中，认识是改造的前提；改造是认识的目的；利用是认识的归属，人对世界的认识不仅要知道世界本身是什么，而且还要掌握世界对人的意义，哪些对人是有价值的，哪些对人是无价值的。[②] 评价正是人类认识这种关系的行为、活动和建构。从哲学的视角看来，评价主要有 4 种基本形式：①对已有的客体做出价值判断；②对将要生成的客体做出价值判断；③对具有相同价值的客体进行比较，做出价值大小、多少的判断；④依据价值判断对实践活动进行调控，实现有价值，避免无价值。[③]

（二）“评”与“价”的关系

从哲学的视角看来，评价是认识价值的一种观念性活动，评价既属于价值论的研究范畴，也属于认识论的研究范畴。[④] 从学科术语范畴归属上看，评价是处于认识论和价值论交叉范畴之上的研究领域。不过，在哲学学科中，无论是认识论还是价值论都不把评价作为自己的研究范畴。在学科专业领域，评价的理论与实践是作为经济学、社会学、管理学、教育学、政策科学等实体学科的研究范畴而存在的。若从实体学科的角度看，应当从“评”和“价”两个层面加以认识评价，方能认清其本质。

1.“评”是“价”的前提和基础

没有“评”的过程和环节，人就无法给出被评对象的“价”。按照评价对

① 文庭孝. 科学评价的理论基础研究[J]. 科学学研究，2007，25（06）：1032-1040.
② 冯平. 评价论[M]. 北京：东方出版社，1995：30.
③ 冯平. 评价论[M]. 北京：东方出版社，1995：1-4.
④ 朱少强，张洋. 科技评价活动的要素分析[J]. 技术与创新管理，2009，30（04）：435-437.

象的性质和评价目的上的差异，评价可以分为评比（比较高低或优劣）、评点（评析圈点）、评定（经过评判或审核来决定）、评议（经议论来评定）、评断（经评议来裁断）、评分（经评定给出分数）、评改（经评定修改错误）、评功（经评定认定功绩）、评级（经评定给出级别）、评理（经评判确定是非曲直）、评论（批评或议论）、评奖（经评比来授奖）、评选（经评比来择优）、评介（评论和介绍）等。

2.“价”是“评”的目标和归宿

“价”就是事物的价值。“什么是价值”是一个复杂、深奥的问题。从实体学科的角度看，“价值”一词原初的含义主要是指经济学研究中的交换价值。19 世纪以降，在一些重要的哲学家和思想家的努力之下，价值的含义被拓展到更多的领域。不过，对于价值的认识，不同学科甚至同一学科内部都存在着大量相互矛盾的论点。

（1）在不同社会科学学科中，价值的内涵和度量方式存在不小的差异。例如，在价值哲学或哲学价值论中，价值的含义聚焦在伦理与道德方面，衡量标准是真善美或假丑恶；在西方经济学中，价值的含义聚焦在商品的生产费用或劳动成本，衡量标准是生产、交换和消费过程中所耗费的货币量；在马克思主义政治经济学中，价值的含义聚焦于凝结在商品中的无差别的人类劳动或抽象的人类劳动，衡量标准是生产该种商品所耗费的社会必要劳动时间。①

（2）在同一社会科学学科中，不同学术派别观察、认定价值的角度和层面不同。例如，在哲学价值论中，“主观价值论”和“客观价值论”划分的依据是观察的角度；“人本价值论”和“进化价值论”划分的依据是研究的出发点；“属性价值论”和“关系价值论”划分的依据是价值的属性；“主体价值论”“客体价值论”“两因素价值论”“三因素价值论”划分的依据是价值的决定因素；“非统一价值论”“统一价值论”划分的依据是事物的价值关联性；“非还原价值论”“还原价值论”划分的依据是事物价值的还原性；等等。②

（三）评价的学科属性

概而言之，上述每一种观点都有其正确性或合理性，但也都有其脱漏和疏

① 〔德〕马克思. 资本论（第一卷）[M]. 郭大力，王亚楠，译. 上海：上海三联书店出版社，2013.
② 《马克思主义哲学》编写组. 马克思主义哲学[M]. 北京：高等教育出版社，人民出版社，2018：299.

离的成分。事实上，价值所反映的往往只是特定社会领域和社会历史时期的人们如何看待事物的一种观念。人类有什么样的价值观念，被评价的事物也就会有什么样的价值。因此，“价值”是一个具有较低系统性、兼容性和公认性的概念范畴。[①] 价值在其实践意义上就是人们对客体满足主体需要状态与程度的认知、体验和感受。价值存在于人们的观念体系、思维方式和社会结构之中。由此可知，在实体学科中，对“评价”一词的使用并不十分准确，需要区分好评价与评估的联系和区别。评估（assessment）是指通过观察、测量等方式客观地理解事物状态或情况的过程；评价是指通过比较相似的事物或者是依据一定的标准，判断和决定事物的价值。例如，在教育领域，评估和评价经常混合使用，彼此替代。但实质上，评估和评价的含义是不同的。“教育评估”是指对教育效果或效能在观察、测量的基础之上得出的结论；“教育评价”是依据教育评估的结论，通过与相关结论或者同先验设定的标准进行比较之后而做出的判断（judgement）。一般来说，形成性评价（formative assessment）的目标是为了改进，并不进行比较，因此准确意义上的形成性评价，应当称为“形成性评估”；总结性评价（summative assessment）要进行比较，做出孰好孰坏的判断，因此，总结性评价才是真正意义上的评价。由此可知，在实体学科中，“评价”的准确含义是评估，而不是评价。从学科范畴上看，评估仍然属于实体学科认识论的范畴，而评价则超越了实体学科认识论的范畴，进入了价值论的范畴。一言以蔽之，评价是认识论和价值论交叉范畴之上的一种应用社会研究。

二、评价的三种类型及结构

评价的类型多种多样，从评价主体类型的角度出发，可以将评价划分为个体层面的评价、组织（群体）层面的评价以及社会层面的评价 3 种类型。

（一）个体层面的评价

个体评价，顾名思义也就是指作为评价主体的个人，依据自己所掌握的信息、经验、知识和信念，使用一定的方法，按照个人的理智和意志所做出的评

① 〔德〕马克思，恩格斯. 马克思恩格斯全集（第 44 卷）[M]. 中共中央马克思恩格斯列宁斯大林著作编译局，译. 北京：人民出版社，2001：48.

价。人不仅能认识世界是什么和为什么，而且还知道做什么和选择什么，发现事物对自己的意义和价值。[①] 个体评价与个人的价值观密切相关。

价值观代表一系列基本的信念：哪些人、事物、行为和关系等事实或现象，较之其他事实或现象更为可取。[②] 价值观具有多重属性，其中最为基本的是内容和强度两种。内容属性指向人、事物、行为和关系的重要性；强度属性指向关系的重要性程度。个体具有什么样的价值观、选择什么样的价值观这本身就是一种特殊的评价——对评价的评价。这种特殊的评价建构了人对自身、他人、事物、行为及其互动关系的意义和价值。个体人在生存过程中必然要和其他人或者事物进行交流、交换而结成各种各样的关系，同时也会在心目中对这些关系的轻重、好坏进行排序，当人们根据这些关系的强度来排列人、事物、行为的重要性时，就构成了一个人的价值观体系。[③] 事实上，在价值观体系中，关于正确与错误、好与坏、可取与不可取的观念本身就是经过评价形成的，而且是一旦形成在一定程度上是不可逆的。德国哲学家斯普朗格（E. Spranger）曾提出人的 6 种理想价值观类型，分别是理论的（重经验、理性）、政治的（重权力和影响）、经济的（重实用和功利）、审美的（重形式、和谐）、社会的（重利他和情爱）、宗教的（重宇宙奥秘）[④]。不同的人对这 6 种价值观类型都有不同的排列顺序，这决定了个体人对事物稳定的评价。虽然价值观与评价行为之间不能简单、线性地联系在一起，但是在没有其他外加因素干扰的情况下，价值观是判断个体评价行为及其结果发生的重要参考系。一般说来，人有什么样的价值观就会做出什么样的评价。

（二）组织（群体）层面的评价

组织（群体）评价，顾名思义也就是指以组织或群体为主体，按照组织或群体的价值观体系进行的评价。在现代社会中，组织是人们依据特定的目标、任务和方式构建起来的社会集团，具有专门的社会功能。[⑤] 组织的目的、性质和功能决定了组织的价值观体系，反过来，一个组织的价值观体系也在不断地

① 冯平. 评价论[M]. 北京：东方出版社，1995：30.
② 韩庆祥. 核心价值观该如何凝练[N]. 光明日报，2011-08-04（011）.
③ 张岱年. 论价值与价值观[J]. 中国社会科学院研究生院学报，1992，（06）：24-29.
④ 龚华平. 人生价值标准的三个维度[J]. 中国青年研究，2009，（07）：1.
⑤ 崔佳颖. 企业价值观管理研究综述[J]. 经济管理，2007，（22）：4-7.

修正、调整着组织的需求、动机和行为，把组织的性质及其功能导向其目的。菲利普·塞尔兹尼克（P. Selznick）认为：一个组织的建立，是靠决策者对价值观念的执着，也就是决策者在决定企业的性质、特殊目标、经营方式和角色时所做的选择。[①] 通常，这些价值观并不是明文规定的，也不是刻意形成的。组织生存涉及方方面面的因素，其中，非常重要的一个方面就是维系组织的价值观，以及保持组织成员对组织价值观的认同。

不同性质的组织具有不同的价值观体系，对人、事物、行为和关系价值强度的排列顺序不同。例如，在经济型组织中，尤其是营利性经济组织，无论是组织领导者还是组织员工都把经济效益，也就是实现盈利放在首位，否则，组织的生存和发展就难以保证。普拉哈拉德（C. K. Prahalad）认为，组织价值观体系就是组织在长期的生产和经营过程中形成的一种定向思维，是组织判断事物价值优劣的依据；价值观体系就像是一个过滤器，它使得组织在分析各种数据信息、制定战略时把注意力集中于某些部分之上，而忽略一些其他的内容。[②③] 不过，组织价值观体系并非具有完全的统一性和公认性。一般意义上的组织价值观体系往往只是对于正式组织而言的，非正式组织的存在往往使组织价值观体系多样化。组织内部经常有多个非正式组织，如果这些非正式组织的价值观体系与正式组织的价值观相一致，那么组织的评价及其行为也就是统一的。不过，组织中或多或少都会存在一些与正式组织价值观相偏离的非正式组织。非正式组织成员由于相互之间的联系会产生一种要求个人服从，但没有强制性的不成文、非正式的行为准则或惯例。当这种非正式的行为准则或惯例与正式组织的价值观体系相冲突时，组织的评价及其行为则可能会发生偏离，从而导致一些不可预知的后果。

（三）社会层面的评价

社会评价，顾名思义也就是指从某种社会角度去评价人、事物、行为、关系等社会现象的意义和价值。对于社会评价有两种理解：一是把社会作为被评

① 〔美〕理查德·斯科特，杰拉尔德·戴维斯. 组织理论：理性、自然与开放系统的视角[M]. 高俊山，译. 北京：中国人民大学出版社，2011：172.

② 丁孝智，刘浏. 精神动力论：企业价值观及其作用机理[J]. 经营管理者，2016，(25)：13-15.

③ 彭锐，张蓓. 企业价值观与战略管理[J]. 经济管理，2003，(05)：20-22.

价对象，亦即对社会的评价；二是把社会作为评价主体，从社会的角度出发来评价一切与社会价值有关的现象。从学术意义上讲，社会评价主要是把第二种含义作为研究的主要内容。

社会评价不同于个体评价和组织评价。由于社会是由个体、族群、正式组织、非正式组织等多种社会主体构成的，这些社会主体在社会结构中的地位、角色和身份不同，他们认识社会现象的出发点和所采用的视角具有差异性，难以形成完全统一、一致的价值观念体系，因此，社会评价会展现出较之个体评价和组织评价更多的复杂性。根据评价主体的差异，社会评价可以分为一般个人评价、公众舆论评价、组织权威评价和社会公决评价等。①

1. 一般个人评价

一般个人评价不是指一个人基于个人价值观体系而进行的评价，而是指一个人站在社会整体立场上，依照社会普遍的价值，以社会利益为尺度而进行的价值判断。这里的“一般”所指的不是普通意义上的一般社会个体，而是普遍意义上的一般社会个体，也就是指具有韦伯（M. Weber）意义上的杰出品质、个人魅力的社会精英们所进行的评价。通常来说，个体评价是分散、不系统和不稳定的，明显带有个体所独具的个性化特征，它代表着社会评价原初的感性、直观水平，是社会评价最基本的形式之一。

2. 公众舆论评价

公众舆论评价指的是某一社会中的群体或集团，针对客观事物或社会现象，采用某种一致或共同的利益或需要作为评价标准而进行的价值判断。这种价值判断是对某一类事物或现象人的心理感受、感情倾向、意志信念或一致看法的共同表达。公众舆论评价反映的是不同组织或群体价值观体系中普遍性和共同性的方面，经常以某种流行倾向或社会思潮的方式呈现出来，其显著特点是多种不同价值判断并列共存，多样性和非统一性明显。

3. 组织权威评价

组织权威评价指的是在特定的社会环境中，具有“合法性”权威的社会组织或者具有一定社会影响力和社会威望的人，针对某种具体的客观事物或现象

① 靳安广. 社会评价探析[J]. 黔东南民族师范高等专科学校学报，2003，21（01）：23-24.

所进行的价值判断。组织权威评价一般是由具有某种特定功能的社会组织做出的，由于其在本质上被授予了社会评价的权力，因此，组织权威评价往往代表着一定社会的理性化水平，具有较强的指导性和权威性。

4. 社会公决评价

社会公决评价指的是社会上大多数人对于大家普遍关心或严重利益关切的事件或公共政策做出的价值判断和裁定。社会公决评价往往和社会集体行动、公共决策等重大社会问题联系在一起，反映着社会生活中的人心所向，代表着一定时期社会上绝大部分人的共同利益和需要。社会公决评价是现代社会民主评价的一种高级形式，其特点是广泛性、民主性与合法性的程度较高。不过，社会公决评价的成本一般较高，频繁进行是任何社会都难以承受的，因此，社会公决评价只能作为国家治理的一种辅助形式，对社会民主制度发挥补充的作用。一般情况下，社会公决评价是很少进行的，多数都是政治生活领域中出现了严重分歧，才会采用全民公决的评价形式加以最终决断。对于社会公决评价的科学性与合理性需要理性看待，社会公决评价包含着理性和非理性、感受和愿望、理智和情感、信念和意志等复杂因素，有时并不能客观、真实和全面地反映一定事物对社会的意义和价值[①]，英国脱欧公投就是一个典型的案例。

三、评价的四个构面

就具体的评价活动而言，任何类型的评价至少都要包含评价主体、评价客体、评价标准和评价指标、评价方法 4 个方面的内容。

（一）评价主体

定义评价主体，首先要理解什么是主体。在不同的学科之中，“主体”一词有着不同的含义。例如，在哲学领域里，主体属于认识论的概念范畴，主要是指对客体有认识和实践能力的人；在经济学、政治学和管理学中，主体主要指的是行动者（actor），亦即为实现某种目的，依据一定价值标准、行为规则而采取实际行动的人、组织或社会集团等。主体的具体形式可以分为 3 种[②]：

① 靳安广. 社会评价探析[J]. 黔东南民族师范高等专科学校学报，2003，21（01）：23-24.
② 陈胜云. 主体–主体价值分析模式的理论与现实依据[J]. 理论文萃，2001，（05）：46-51.

①个人主体，即具有独立进行活动资格的个体人；②集团主体，即依照特定的信仰、目标价值观念而组织起来的群体，如民族、国家、政党、政府、社会团体等；③社会主体，即在共同的生产和生活中因彼此联系、共同行动而形成的总体。

评价主体，顾名思义也就是指把评价作为人的认识活动或实践活动时，该活动的具体承担者。理解评价主体要注意把评价主体和评价行动主体之间的异同区分开来。我国科学技术部在《科学技术评价办法（试行）》（国科发基字〔2003〕308号）[①]中指出：科学技术评价工作的行为主体包括评价委托方、受托方及被评价方。委托方是指提出评价需求的一方，主要是各级科学技术行政管理部门或其他负有管理科学技术活动职责的机构等；受托方是指受委托方委托，组织实施或实施评价活动的一方，主要包括专业的评价机构、评价专家委员会或评价专家组等；被评价方是指申请、承担或参与委托方所组织实施的科学技术活动的机构、组织或个人。从这一表述中可以看到，评价行动主体指的是评价作为实践活动的参与者。从严格意义上说，评价行动主体包括评价主体在内，但二者不能等同视之。在评价活动中，应当把被评价方视为评价主体意图认识和评判的客体或对象，因此，不可以将其归入评价主体的范畴。尽管作为被评价方的单位、组织或个人属于具有认识和实践能力的主体，但在评价活动中它们属于主体的客体化。同理，受托方虽然属于评价的组织者和实施者，但是，它们在评价活动中属于评价委托方的认识“器官”延长，需要按照委托方的目标、意图、价值标准行事，并不具有完全独立的自主性。如果评价活动中，受托方不按照委托方的目标、意图、价值标准行事，而是完全按照己方的观念行事，那么，评价活动就会产生委托代理问题。因此，从严格意义上说，评价活动中的评价主体主要指的是评价的委托方。[②]

（二）评价客体

同理，定义评价客体，首先也要理解什么是客体。如同主体一样，作为概念的客体在不同学科中的含义各不相同。在哲学中，客体是指主体认识和实践的对象，既包括客观存在并可以主观感知的事物，如树木、房屋、桥梁等，也

① 科学技术部关于印发《科学技术评价办法》（试行）的通知[EB/OL]. http://www.safea.gov.cn/fggw/zfwj/zfwj2003/200512/t20051214_54941.htm.

② 邱均平，谭春辉，任全娥，等. 人文社会科学评价理论与实践[M]. 武汉：武汉大学出版社，2012：228.

包括人类意识建构的抽象物，如公平、正义、民主、自由等；在法学中，客体是指法律关系主体的权利和义务所指向的对象，具体说来，可以包括物、行为、智力成果和人身利益等。

客体和主体是一对相互依存，既对立又统一，在一定条件下可以相互转化的概念范畴。当作为主体的人把自己的目的、计划、愿望从主体中分离出来，并把它们作为认识和改造的对象时，主体就被客体化了。同理，当作为主体的人把客体改造成为人的思想、理论和知识，或者是使自然物成为人使用的工具时，客体就被主体化了。①

主体和客体之间具有两种主要的关系——实践关系和认识关系。实践关系反映的是主体改造客体以及客体被改造的关系；认识关系反映的是主体在观念上掌握和反映客体以及客体在观念上被掌握、被反映的关系。事实上，评价就是主体和客体在互动过程中所发生的一类特殊的、价值参与其中的认识关系。理解评价客体要注意区分评价客体与评价对象、评价载体之间的异同。

评价客体，是指评价作为主体认识活动或实践活动的指向物。这里的“指向物”一词涵盖的范围十分广阔，既可以是客观的自然物、社会事实，也可以是主观的思想、观念等。当评价活动的指向物是自然物、社会事实时，评价客体与评价对象、评价载体经常是等同的。例如，当我们评价空气、水、阳光以及法律、道德、风俗、习惯等事物时，客体、对象和载体是一致的，无须进行区分。不过，当评价活动的指向物是主体客体化或者是客体主体化的事物之时，评价客体与评价对象、评价载体就是有区别的。例如，当我们评价一个人的品格、道德情况时，评价对象是该人，评价客体是蕴含在该人身上的与该人不可分离的品格、道德；当我们评价一个计算机软件时，评价客体是该软件之于使用者的便捷性和功用性等，评价对象是该软件区别于其他软件的独特之处，评价载体是承载该软件的介质，如软件说明书、存储方式等。

我国科学技术部在《科学技术评价办法（试行)》中把科技评价对象分为5类：科学技术计划、科学技术项目、研究与发展机构、研究与发展人员和科学技术成果。这里，评价对象与评价客体是不能等同视之的。其中，科学技术计划的评价客体指的是，满足科学技术、经济、社会发展和国家安全的战略需

① 肖前. 马克思主义哲学原理（上册）[M]. 北京：中国人民大学出版社，1994.

求，以及促进国民经济和社会发展中重大的科学技术问题和科学技术前沿重大的问题（潜在的或实际的）。科学技术项目主要包括战略性基础研究项目、应用研究项目、科学技术产业化项目和社会公益性研究项目4类。其中，战略性基础研究项目的评价客体指的是，科学前沿的原始性创新和集成性创新、对国家重大需求的潜在贡献以及优秀人才培养。应用研究项目的评价客体指的是，技术理论、关键技术和核心技术的创新与集成水平、自主知识产权的产出、潜在的经济效益和社会效益等。科学技术产业化项目的评价客体指的是，培育具有自主创新能力的高新技术企业，带动产业技术升级、引导新兴产业形成和促进社会可持续发展，或与国家重大工程建设的配套集成等。社会公益性研究项目的评价客体指的是，技术支撑及服务体系的先进有效性、共享与服务的能力和水平，以及潜在的社会效益等。研究与发展机构的评价客体指的是，机构的发展目标与定位、研究与发展能力、人才队伍建设、条件建设与服务水平、运行机制与创新环境建设以及科学技术产出绩效等。研究与发展人员的评价客体指的是，代表性产出和业绩、创新潜力和职业道德等。科学技术成果的评价客体指的是，科学价值或技术水平、市场前景等。

（三）评价标准和评价指标

“标准”是指用来衡量客体满足主体需要程度的尺度。评价标准是指在评价活动中，评价主体评判被评价客体意义和价值的尺度、界限或者是限定性规则。评价标准与价值标准既相互联系又彼此区别。价值标准是主体的需要在价值关系和价值活动中衡量客体意义、价值的尺度。评价标准反映价值标准，价值标准决定评价标准。评价主体持有什么样的价值标准，就会选择什么样的评价标准。不过，价值标准是主体（人）的主观建构，这种主观建构自然会影响到具体评价标准的制定、选择和实施。但是，评价标准并不完全是由主体（人）所决定的，价值标准还需要与外部现实具有统一性，才能完全决定使用什么样的评价标准。也就是说，评价标准还要把评价对象、评价客体和社会现实等多种因素考虑在内。例如，我们在评价化工厂建设时，不能只考虑建设的成本、资源利用和经济效益等优势，还要考虑大气污染、废弃物处置的难度，尤其要考虑到一旦发生有毒物质泄漏可能带来的生态灾难等劣势。在评价实践中，由于评价对象的差异，相应的评价标准也不同。从普遍意义上看，评价标准包含被评价对象的属性、评价主体的意愿两个方面的内容。

依据预先设定的评价标准，用来衡量评价客体符合评价主体需要的性质和程度的单位和方法就是评价指标，由若干个相互联系的评价指标所组成的体系则被称为指标体系。评价活动中经常使用的评价指标通常包括质量（quality）、水平（level）、声誉（reputation）、影响和效果（influence & effect）、产出和成果（output & outcome）、产量（production）、生产率（productivity）、效率（efficiency）、绩效（performance）、效用（utility）、效能（effectiveness）等。其中，质量和影响和效果是经常使用的评价标准。对待评价指标和指标体系我们应当这样认识：首先，指标具有主观性的含义。指标的选择和数值的测定都是由人进行的，因人而异的理论、思想、认识、偏好、态度、经验等主观因素渗入指标生成和测量过程之中就会产生差异性，因此选择指标和建立指标体系应尽量减少人的主观因素，这对最终评价结果的可靠性和有效性具有十分重要的意义。其次，指标具有客观性的含义。指标的生成和测量虽然是人为的过程，但指标所反映和描述的现象是客观存在的，即指标指示值和所标示的现象之间具有客观的一致性。虽然指标不会完全与现实情况相一致，但一致性却是一种客观趋势和规律。最后，指标具有相对性的含义。指标的相对性含义包含两个方面：其一是指标所要标示和反映的现象之间的关系是相对的。如果指标概念是科学的，那么指标的具体量值就能够有效和可靠地反映现象的本质特征。如果指标概念不科学，指标的具体量值即使再准确，也不能够反映现象的本质特征。因此，在指标体系中，指标的科学性是根本，指标量值的准确性是关键。其二是依据指标获得的评价结果是相对的，也就是评价结果往往只具有某种程度的参考意义。因为社会现象的内容和结构异常丰富，虽然符合社会规律和特点的评价指标对社会现象的反映也具有一致性，但是，获得绝对客观精确的评价结果是不可能的。

（四）评价方法

“方法”一般是指为获得某种东西或达到某种目的而采取的手段与方式。评价方法也就是指评价主体为达到认识评价客体意义和价值的目的，用于处理评价对象、载体以及对有关数据资料进行统计、分析的方式或手段。评价方法是对评价活动的技术支持。在理论上，评价方法是保证评价过程科学性和可靠性的前提；在实践上，评价方法是保证评价结果有效性和合理性的基础。科学的评价方法不仅可以满足得出正确评价结果的需要，还可以实现达成实现评价目标的要求。在评价实践中，依据评价对象的特殊性和评价目的要求的差异性，具体的评价方法多种多样，但总体上可以区分为定性评价和定量评价两种类型。

定性评价不采用数学方法，而是强调观察、分析、归纳与描述，对评价对象做质的分析。如果把评价中的认识论和价值论作为两个相向的维度，那么定性评价更主要的是强调价值论的维度，更加注重使用“分析和综合、比较和分类、归纳和演绎”等逻辑分析的方法。根据评价需要，定性评价对搜集获取的数据、信息和资料等直接进行思维加工，进而得出对评价对象的定性结论和价值判断。具体说来，定性评价方法主要有同行评议法、案例研究法、德尔菲法、标杆分析法和调查研究法等。与定性评价方法相区别，定量评价更加注重采用数学和统计的方法，依据收集并进行量化处理之后的数据资料，得出对评价对象的定量结论和价值判断。同理，如果把评价中的认识论和价值论作为两个相向的维度，那么定性评价更主要的是强调认识论的维度。较之定性评价，定量评价具有客观化、标准化、精确化、数量化、简便化等特征，但是，它更多的是关注评价对象可测量性的特质，对于评价对象蕴含的潜在价值难以通过定量评价精确测量。定性评价在这一方面虽然比定量评价更具有优势，但是，定性评价得出的结果往往过于模糊笼统，弹性较大，难以精确把握。在评价实践中，为了扬长避短，定性评价和定量评价经常是结合在一起使用的。从方法论上讲，定性评价和定量评价的理论前提和思维逻辑不同，二者难以通约，评价实践中出现的许多问题都与这一理论困境密切相关（参见第四章第二节）。

就科学技术评价而言，评价实践中主要使用的定性评价方法是同行评议（peer review）法。同行评议也就是指依据一位或若干位该领域的专业人士（专家、学者等）评价该领域知识活动的做法。1990 年，英国同行评议调查组对同行评议给出的定义是，一项研究工作的学术价值和重要程度，只能由从事该领域的专家进行评定的机制；美国国家科学基金会（NSF）给出的定义是，依据和申请者同属相同研究领域的其他研究人员的评价，最终确定应向哪些申请项目提供研究经费的机制；我国国家自然科学基金委员会（NSFC）将同行评议定义为，同行评议专家根据申请项目的创新性、研究价值、研究目的、研究方案等做出的独立判断和评价，一般采取通信评议的方式。① 在评价实践中，同行评议有很多同义词，如专家鉴定（refereeing）、价值评议（merit review）、同行评价（peer evaluation）、同行审查（peer censorship）、同行判断（peer judgement）等。根据评价的具体操作形式，同行评议大体可以分为 3 种类型：①单隐或“单盲”评议（single-blind review 或 single-masked review），即单向隐匿，指被评价者不知道谁在评价自己，但评价主体了解被评价者的基本信息，如被评价者的姓名、年龄、籍贯等；②双隐或“双盲”评议（double-blind review 或 double-masked review），又称双向隐匿，指评价主体和被评价者双方均不了解对方的任何信息；③公开评议（open review），即被评价者与评价主体彼此相互知晓，相比单隐和双隐评议，公开评议透明度高、信息充分，但是，因为双方知己知彼，评价主体需要考虑的因素更多，可能难以做出完全独立的判断。②

在科学技术评价中，主要使用的定量评价方法是文献计量法和经济计量法。文献计量法兴起于 20 世纪中叶以来的文献计量学和科学引文分析。文献计量法主要是以发表物的数量和发表物的被引用情况，以及专利和专利的被引用情况作为计量对象，并依此来评价被评价对象的研究能力、研究水平和研究潜能等。文献计量法的主要理论根据是文献计量学中的布拉德福定律、洛特卡定律、齐普夫定律和引文分析等，数据来源和统计工具主要是科学引文索引（SCI）、社会科学引文索引（SSCI）、工程索引（EI）、中国科学引文数据库（CSCD）、中文社会科学引文索引（CSSCI）等数据库。目前，文献计量法已经形成了一套比较完善的计量评价方法，如核心期刊、影响因子、*h* 指数、自然指数等，被广泛应用于科研评价、人才评价、学科评价、科研管理等许多研究领域。

经济计量法也就是从计量经济学的视角考察科学技术活动现实或潜在价值的方法，其核心内容在于将科学技术活动视为经济活动的要素或资源，从投入和产出的视角考察科学研究给经济活动带来的贡献和影响。经济计量法用于

① 王国豫，朱晓林. 同行评议与“外行”评议[J]. 科学学研究，2015，33（08）：1121-1126，1133.

② 贺颖. 基于科学计量视角的同行评议专家遴选问题研究[D]. 天津：天津大学，2008.

科学技术评价，其理论基础是对“科学技术是第一生产力”“知识就是力量”“知识经济”“人力资本投资”的广泛社会共识。经济计量法主要有成本效益法、生产功能法、边际成本效益分析法和生产函数法等，其中最为常用的方法是成本效益法。当前，由于科学技术与经济发展的联系愈加紧密，经济计量法特别受到非学术性评价主体，如政府、生产部门和其他社会组织的青睐，有时甚至把经济效用作为评价科学技术的唯一方法加以认识，这种倾向需要引起评价主体的重视。经济计量法用于应用性科学研究，如果组织合理、程序得当，是较为合理的，但是科学技术不仅是应用性研究，大量的基础性研究，尤其是在人文社会科学研究中，是无法直接和经济效益联系起来的，如果只看重研究的经济社会效果，不注重科学研究潜在的、多维的价值属性，不仅会造成评价失真，而且还会给整个科学事业带来巨大的损失。①

第二节　什么是制度

世界上任何地方，只要存在人与人之间的交往和互动，社会制度就必然存在。社会制度可以给人类社会带来诸多益处，小到日常生活，减少因观点不同而带来的沟通障碍，乃至行为冲突，大到协调社会集体行动，完成单靠个体行动者无法完成的任务。②

在社会科学领域，制度是一个十分重要的学术概念。政治学、经济学、社会学、人类学、历史学等学科都把制度作为一个重要的研究范畴。几乎没有任何一个社会科学学科公开贬低，甚至否定制度之于学术研究的重要性。尽管制度如此重要，但是在大多数学科中，制度又是一个概念和内涵十分宽泛、模糊的概念。不同的学科对制度都有不同的解释，不同学者要么是抓住制度的一个或是几个维度建构自己的理论，要么是把制度视为无所不包、涵盖一切的范畴加以认识。任何学术概念如若不是建立在共同理解的基础之上，结果只能是仁

① 邱均平，谭春辉，任全娥，等. 人文社会科学评价理论与实践（上册）[M]. 武汉：武汉大学出版社，2012：240-247.

② 〔美〕杰克·奈特. 制度与社会冲突[M]. 周伟林，译. 上海：上海人民出版社，2009：1.

者见仁、智者见智。探讨制度之于评价的关系亦然，首要的任务是对制度有一个较为清晰、明确的认识。

一、制度的定义及内涵

（一）中西话语对制度内涵解释上的差异

“制度”一词在不同的学术话语体系之中，其含义也有所不同。在中文学术话语体系中，“制度”一词主要有三层含义。一是指要求组织或社会全体成员共同遵守的规章或准则，这一层含义与英语中的 system、institution 基本一致。例如，《易传·象传下·节》中有：“天地节，而四时成。节以制度，不伤财，不害民。”孔颖达将其解释为：“王者以制度为节，使用之有道，役之有时，则不伤财，不害民也。”二是指在一定历史条件下形成的政治、经济、文化等方面的体系，这一层含义与英语中的 order 基本一致。例如，《续资治通鉴·宋孝宗隆兴元年》：“尚书省奏：‘永固自执政为真定尹，其繖盖当用何制度？’金主曰：‘用执政制度。’”三是指事物的样式和规格，这一层含义与英语中的 style 基本一致。例如，《史记·孝武本纪》：“上欲治明堂奉高旁，未晓其制度。济南人公王带上黄帝时明堂图。”

在英美学术话语体系中，“制度”（institution）一词的含义更加丰富，泛指一切给个体行为、集体行为、组织行为以及社会运动带来抑制或使能作用的规则及其相应的资源。制度在不同的层面有不同的体现：在社会最基本层面上体现为影响人类日常生活方式的一系列社会习俗、规则和准则；在经济社会层面上体现为规制经济行为的产权体制，规范政治、经济决策规则、程序、法律、法规乃至一个国家最高层面上的宪法；在国际层面上体现为处理国家之间经济、政治、军事和文化交流关系的惯例、准则、条约和规则；等等。

（二）制度意涵的多学科取向

经济学、政治学和社会学是较早和较为深入探讨制度的学科。经济学家是最早关注制度并给制度进行定义的学者。旧制度经济学家凡勃伦（T. B. Veblen）给制度下的定义是：制度实质上就是个人或社会对有关某些关系或某些作用的共有的、固定的习惯性思维方式；另外一位旧制度经济学家康芒斯（J. R.

Commons）把制度定义为一种普遍的规则，是集体行为对个体行为控制的行为机制和规则；埃尔塞纳（C. Elsener）把制度定义为是一种决策或行为规则，可以为与决策有关的预期提供基础；尼尔·福克纳（N. Faulkner）把制度定义为是一种可观察且可遵守的人类事物安排；舒尔茨（T. W. Schultz）给制度下的定义是：制度是社会、政治及经济行为的一种行为规则。① 一言以蔽之，旧制度经济学家们对制度的定义虽然各自的表述有所不同，但实质上都是强调人类社会行为受约束或抑制的方面，普遍带有描述、刻画的特点，尚不足以成为一个可用以分析、建构理论的概念范畴。

诺斯（D. North，也译作诺思）是新制度经济学家中给“制度”一词下定义最多的学者。在其《经济史中的结构与变迁》《制度、制度变迁与经济绩效》等书中都对制度进行了界定，虽然文字表述有所不同，但其实质内容基本相同。诺斯认为，所谓制度，就是一个由道德、习惯和行为准则等非正式约束与宪法、法令和产权等正式约束组成的社会游戏规则。制度作为一种社会游戏规则，在经济生活中的作用在于它能够降低交易成本来促进交换的发展和市场的扩大。②新制度经济学家对制度的定义，使其从一个宽泛、笼统的描述性概念转变为一个可以严格界定的理论范畴，并将其作为影响人类经济行为效率的生产性要素引入经济学理论之中。

在政治学中，关注制度的历史源远流长。虽然政治学家没有如同经济学家那样给制度下一个十分明确具体的定义，但在有关他们的政治思想和理论中，制度是最为古老、使用频率最高的概念之一，例如，在伯吉斯（J. W. Burgess）、威尔逊（T. W. Wilson）和威洛比（W. F. Willoughby）等政治学家的著作中，都十分关注那些规定和刻画特定治理结构特征的立法框架和行政惯例安排。当代政治科学对制度关注的理论路向更加丰富。政治学家盖伊·彼得斯（G. Peters）总结并论述了政治科学中主要存在理性选择主义、历史主义、经验主义、社会学主义、利益代表主义和国际主义 6 种制度理论。③

① 〔美〕理查德·斯科特. 制度与组织——思想观念与物质利益[M]. 3 版. 姚伟，王黎芳，译. 北京：中国人民大学出版社，2010：7-10.
② 〔美〕诺思. 制度、制度变迁与经济绩效[M]. 杭行，译. 上海：格致出版社，上海人民出版社，2008.
③ 〔美〕盖伊·彼得斯. 政治科学中的制度理论：“新制度主义”[M]. 2 版. 王向民，段红伟，译. 上海：上海人民出版社，2011.

在社会学中，社会学家对制度的关注比经济学家和政治学家更为持久和连续。社会学家萨默（J. B. Summer）认为，制度是一种观念和结构，其构成要素包括思想、观念、理论、学说与物质资源等；戴维斯（K. Davis）把制度视为是规范性秩序的不同组成部分，是为了实现一种或多种功能而建立起来的一套相互交织的社会民俗、民德和法律；社会学家休斯（E. Hughes）认为，制度是一种相对持久而独特的社会设置（establishment），是由一套民德或正式规则，或者由二者共同构成的具有连贯性、一致性和组织化的体系。①

作为社会学制度分析的开创者，马克思（K. Marx）、涂尔干（É. Durkheim）、韦伯（M. Weber）和帕森斯（T. Parsons）等人对制度都有丰富的理论论述。虽然马克思在他的很多著作中一直强调物质世界才是一个真实的世界，生产力决定生产关系，但是，他也多次表达出社会实在具有建构性的思想。相比较于马克思，涂尔干对制度的认识更进了一步，他认为人类社会的符号系统，诸如知识、信念与道德权威等都属于社会范畴。在他看来，制度是在人的主观个人行动和判断方式之外凝聚和固定下来的结果，是人与人之间由于共同活动而相互联合之后的产物。②奠定现代社会学学科基础的另一位巨擘韦伯，对制度理论也做出了重要贡献。韦伯从习惯、风俗与合法确立的宪法或规则系统的视角界定社会结构与社会行为的开创性工作，为制度分析提供了思想和理论的来源。帕森斯综合了涂尔干、韦伯与弗洛伊德（S. Freud）的观点，将制度视为调节和界定个人之间关系的规范系统。当代组织社会学家理查德·斯科特（R. Scott）把前辈思想家给制度所下的定义综合起来，他认为："制度是包括为社会生活提供稳定性和意义的规制性、规范性和文化——认知性要素，以及相关的活动与资源。"③从这个表述可以看到，制度所涵括的范围十分广泛，包含着多重的取向，主要是强调制度作为持久社会结构中的符号性要素、社会活动和物质资源的作用。

（三）制度内涵的综合性理解

综上所述，尽管制度的内涵十分丰富，但其核心主旨都是强调社会结构中

① 〔美〕理查德·斯科特. 制度与组织——思想观念与物质利益[M]. 3 版. 姚伟，王黎芳，译. 北京：中国人民大学出版社，2010：15.
② 〔法〕涂尔干. 社会分工论[M]. 2 版. 渠东，译. 北京：生活·读书·新知三联书店，2013.
③ 〔美〕理查德·斯科特. 制度与组织——思想观念与物质利益[M]. 3 版. 姚伟，王黎芳，译. 北京：中国人民大学出版社，2010：56.

那些对个体行动、集体行动提供约束性和限制性的方面。不同学科对制度理解的视角不同，所强调和关注的制度内涵及其构成要素也有所不同。例如，经济学家对制度的理解比较强调法律、法规等硬性的规制性因素；政治学家对制度的理解比较强调习俗、惯例等柔性的规范性因素；社会学家对制度的理解更为宽泛，不仅强调规制性和规范性的要素，而且还比较强调符号、仪式和惯例等文化性因素。制度理论如此丰富多彩，这虽然给我们理解制度及其作用提供了丰富的思想资源，但同时也给我们带来了认识和理解上的困惑：究竟什么是制度？制度是通过什么途径发挥作用的？制度分析是如何建构理论的？本书将从如下 3 个层面认识和理解制度，并据此建构制度与评价之间的关系。

二、制度的三张面孔

（一）作为价值观念的制度

通过上述对制度定义及其内涵的综述我们可以看到，尽管经济学、政治学和社会学对制度认识和理解的侧重点有所不同，但有一点是共同的，那就是任何制度，在其构成要素中价值观念都是不可或缺的。实质上，制度中的规制性和规范性要素在一定意义上都是人类社会互动关系中，某种共同认可的价值观念经过检验、沉淀之后，人们将其理性化、结构化和社会化的结果。可以说，无论何种制度，其深层结构中都隐含着一个固化的内核，这个内核就是价值观念体系。一个人的价值观体系隐含在人的意识、心理和认知结构之中；一个组织的价值观念体系隐含在组织目标、宗旨或愿景之中；一个国家的价值观念体系隐含在其所倡导和宣扬的意识形态之中；一个社会的价值观念体系隐含在其民族性格和文化的深层次结构之中。作为制度形态的价值观念体系，其内涵主要包括如下两个层面。

1. 个体心理认知层面的价值观念

诚如前文所述，价值观与价值虽然密不可分，但其是两个不同的概念。价值是一个标志人（主体）与外界事物（客体）关系的范畴，价值产生并存在于人与客观事物的关系之中。作为社会实在，价值的属性是客观存在。价值观是存在于人脑中主观建构，是人基于一定的思维感官加工之后而对客观事物做出的认知、理解、判断和抉择，是人认定、辨别价值的一种思维取向。存在于不同时代、不同民族、不同国家的人，其价值观既千差万别，又带有明显的共性。例如，西方人的价值观具有明显的个体主义倾向；东方人的价值观中集体主义和国家主义的特征更为突出。在作为个体的人的认知系统中处于最高的层次的是赞同、选择和持有的价值观。

心理学家布卢姆将认知体系分为 6 个层次：①知识（knowledge）层次，这一层次的认知所涉及的是具体知识或抽象知识的辨认，如术语和事实、处理特殊问题的方法或途径的知识（序列、分类、标准、方法等）、一般或抽象的知识（原理、理论、知识框架等）；②理解（comprehension）层次，这一层次所涉及的是对事物的初步领会，包括转换（用自己的话或与原先不同的表达方式陈述自己的思想）、解释（对一项信息加以说明或概述）、推断（估计将来的趋势或后果）；③应用（application）层次，这一层次认知所涉及的是对所学知识（概念、法则、原理）的直接初步运用，亦即在不知晓问题解决办法的条件下，能够恰当地把比较抽象的概念运用于相应的问题，但并不是全面、系统地分析和综合运用知识；④分析（analysis）层次，这一层次认知所涉及的内容是分解材料的组成要素部分，明确各概念间的相互关系，厘清材料的组织结构，阐明基础理论和基本原理；⑤综合（synthesis）层次，这一层次认知所涉及的内容是基于材料分析全面分解加工已知的要素，按要求重新组合，使之成为一个有机整体，达到能够综合性、创造性地解决问题的要求；⑥评价（evaluation）层次，这一层次是认知体系中的最高层次，所涉及的是综合内在与外在的资料、信息，对事物本质及其价值做出理性、深刻、有说服力的判断。[①]

作为认知体系中的最高层次，评价一经形成，亦即代表着人对“价值”所持观念的固化。在特定的时间、地点和条件之下，价值观总是相对稳定和持久的，并对人的行为起到定向和调节的作用。具体的作用方式主要体现在以下两个方面。

（1）价值观支配和制约人的行为动机（motivation）。心理学家奥尔波特（G. W. Allport）曾把价值观分为社会型、科学型、实用型、信仰型、审美型、

① 〔美〕洛林·安德森，等. 布卢姆教育目标分类学：分类学视野下的学与教及其测评（完整版）（修订版）[M]. 蒋小平，张琴美，罗晶晶，译. 北京：外语教学与研究出版社，2009：67.

政治型6种类型。其中，具有社会型价值观的人注重人际关系与友爱，把人与人之间的情谊放在首位；具有科学型价值观的人注重理性思考，重理轻利，讲原则，不拘人情；具有实用型价值观的人追求实用，看重功利，讲究经济效益；具有信仰型价值观的人追求理想与信仰，注重精神生活与道德修养；具有审美型价值观的人追求艺术美感，认为美的体验价值更大；具有政治型价值观的人追求自尊与自强，以振兴国家与民族为己任。[①] 在同样的条件下，价值观类型不同，其动机模式不同，产生的行为也不相同。动机方向受价值观的约束和支配，只有那些经过认知体系判断是有价值的观念才被认为是可取的，才能转换为动机，并据此成为引导人行为的目标。

（2）价值观反映人的优势需求，进而决定人的行为。美国心理学家马斯洛（A. H. Maslow）在《人类激励理论》一书中将人类需求划分为生理需求、安全需求、社交需求、尊重需求和自我实现需求5个由低到高的层次，同时，他认为优势需求决定人的动机和行为。[②] 事实上，在不同的情境之下，人的优势需求并非简单、机械式的应激反应。究竟哪种需求应当作为当下的优势需求，同样要经过认知系统进行筛选和判断。需求不管合理与否，都要经过人脑进行整理，成为人的自觉意识，只有那些被人们意识到的需求才能成为决定人行为的优势需求。

2. 社会文化认知层面的价值观念

文化是一个十分宽泛的概念，清晰、明确地界定文化的内涵和外延是十分困难的事情。20 世纪以来，哲学家、社会学家、人类学家、历史学家和语言学家开始关注文化在人类生产和生活中的作用，并尝试从各自学科的角度来界定文化的概念。

总体上说，学者们定义文化主要采用了广义和狭义两个不同的视角。广义视角下的人类文化等同于人类文明，指的是人类社会在长期的历史实践中，征服自然和改造自然所创造出的物质财富和精神财富的总和。广义视角下的文化主要可以划分为物质文化、制度文化和精神文化3个方面。狭义的文化主要是指不包括物质文化在内的、人类在社会生活中自然形成或主动建构的社会习

① 陈维政，余凯成，黄培伦. 组织行为学高级教程[M]. 2 版. 北京：高等教育出版社，2015.

② Maslow A H. A theory of human motivation[J]. Psychological Review，1943，50（4）：370-396.

惯、意识形态以及与之相适应的制度和组织机构。1871 年，英国文化人类学家泰勒（E. B. Tylor）在《原始文化》一书中提出了狭义文化的经典概念，即文化是包括知识、信仰、艺术、道德、法律、习俗以及作为一个社会成员的人所习得的其他一切能力和习惯的复杂整体。[①②] 1963 年，人类学家艾尔弗雷德•克鲁格（A. Krueger）定义文化的表述是：文化由外层和内隐的行为模式构成；这种行为模式通过象征符号而获致和传递；文化代表人类群体的显著成就，包括他们在人造器物中的体现；文化的核心部分是传统的（历史地获得和选择的）观念，尤其是它们所带的价值。[③]

人是社会性的动物。马克思在《关于费尔巴哈的提纲》中指出："人的本质不是单个人所固有的抽象物，在其现实性上，它是一切社会关系的总和。"[④] 人在社会中生活，任何行为都难以避免地与周围的其他人发生各种各样的关系，如邻里关系、朋友关系、亲属关系、同事关系等。生活在现实社会中的人，必须有一套评价行为和事物的标准，才能据此建构行为的意义和价值。这个标准不是外显于行为，而是内隐于心灵，只能通过态度和行为表现来观察，我们欣赏、热爱事物以及生活方式等，都与这个标准密切相关。韦伯曾指出，当且仅当行动个体把一种主观意义赋予其行为时，行动才是社会性的。[⑤] 社会中的人采用不同的标准评价行为和事物的前提就是存在于该文化深层次结构之中的文化价值观念不同。文化价值观念支配着人们的信念、态度、看法和行动，人怎样思考和如何行动，文化价值观念起规定和指令的作用。正如人类学家吉尔兹（C. Geertz，也译作格尔茨）曾指出的那样："我们的思想、我们的价值、我们的行动，甚至我们的情感，像我们的神经系统自身一样，都是文化的产物——它们确实是由我们生来俱有的欲望、能力、气质制造出来的。"[⑥] 社会的文化价值观念就是评判存在于该社会中人的思想、态度和行为的标尺，有什么样的文化价值观念就会有什么样的社会行为。文化价值观念构成社会行为的

---

① 傅铿. 文化：人类的镜子——西方文化理论导引[M]. 上海：上海人民出版社，1990.
② 〔英〕泰勒. 原始文化[M]. 蔡江浓，编译. 杭州：浙江人民出版社，1988.
③ 〔英〕汤因比. 文化概念和定义述评[J]. 敏紫，译. 国外社会科学文摘，1965，(4)：33-34.
④ 中共中央马克思恩格斯列宁斯大林著作编译局. 马克思恩格斯选集（第一卷）[M]. 北京：人民出版社，1972：56.
⑤ 〔德〕马克斯•韦伯. 社会科学方法论[M]. 李秋零，田薇，译. 北京：中国人民大学出版社，1999：36.
⑥ 〔美〕克利福德•格尔茨. 文化的解释[M]. 韩莉，译. 南京：译林出版社，1999：63.

根本动因。人类学家鲁斯·本尼迪克特（R. Benedict）指出：人们既然接受了赖以生活的价值体系，就不可能同时在其生活的另一部分按照相反的价值体系来思考和行动，否则就势必陷入混乱和不便。[①]在制度理论学派之中，社会学新制度主义流派的理论家们尤其注重于从文化的视角进行制度分析。

（二）作为社会网络规则的制度

作为社会性的动物，人们在共同的物质和精神活动过程中会结成各种各样的社会关系，如朋友关系、同学关系、邻里关系等。社会网络即是指社会个体成员之间通过彼此互动、联合而结成的相对稳定的关系体系。作为一种社会学研究，社会网络理论是随着对社会结构的研究而逐渐形成的。社会网络研究最开始主要聚焦于探讨文化对有界群体内部成员行为的规定，慢慢地，其研究范围不断拓展，而后超越了人际关系的范畴，逐渐拓展为个人、家庭、部门、组织因获取知识、信息等资源而结成的相对稳定的社会结构。

根据不同的分析着眼点，社会网络理论可以划分为两大分析层面：关系层面和结构层面。关系层面的分析关注行动者之间的社会黏着性，通过社会联结的密度、强度、对称性、规模等来说明特定的行为和过程；结构层面的分析则关注网络参与者在网络中所处的位置，讨论两个或两个以上的行动者和第三方之间的关系所折射出来的社会结构，以及这种结构的形成和演进模式。[②]当前，强弱联结、社会资本、结构洞是社会网络理论的三大核心理论。

作为一种社会实在，社会网络在很大程度上是人与人之间因互动行为而自发形成的。一方面，人与人之间的互动行为塑造了网络的特质；另一方面，既定的网络特质也制约和形塑着网络内部行动者的行为模式。例如，在一个组织之中，领导者、管理者和员工之间长时间一起工作，往往就会形成一个稳定的“网络”。在这个“网络”之中，内部行动者必须遵循一定的行为规则才会被其他行动者所接受和认可。这些规则往往是约定俗成、潜移默化的，一般仅是当其遭到挑战或破坏之时才会被意识到。不同类型网络遵循的规则各不相同，如经济型网络强调互惠互利、政治型网络强调相互支持、情感型网络强调彼此信任等。

---

① 〔美〕鲁斯·本尼迪克特. 菊与刀——日本文化的类型[M]. 吕万和，熊达云，王智新，译. 北京：商务印书馆，1990.

② 刘军. 社会网络模型研究论析[J]. 社会学研究，2004，(01)：1-12.

上述规则通常是以传统、惯例和习俗等形式存在于社会关系网络之中的。这里所谓传统、惯例和习俗指的是生存在一个国家、民族、地区的人们，或者从事某种行业的人们世代相传、从历史上沿袭下来的思想、文化、道德、风俗、艺术、制度以及行为方式等。① 传统、惯例和习俗是历史继承性的表现，被认为是现代人从过去当中精选出来的，通过对过去重构或者新构所形成的思维方式、思想意识和行为模式的总称。传统、惯例和习俗对人们的社会行为有无形的影响和控制作用。例如，韦伯曾指出，只要大多数人的行为考虑了风俗的存在并参照了风俗，某一个人不按风俗行事，他的行为就不适应环境，他就必须承受一定的不快和损失。②

政治学和社会学的新制度主义者们特别强调从合法性的视角看待传统、习俗和惯例在维系网络关系稳定性方面的重要作用。在社会科学中，"合法性"一词是由英语 legitimacy 翻译而来，可做广义和狭义两种解释。广义的合法性指社会的秩序、规范，或者约束社会行为的规范系统；狭义的合法性指国家的统治类型，或政治秩序。③ 这一概念与中文"合法"一词主要用来描述某件事物没有触犯法律的含义不同。当"合法性"用于探讨政治或者法律问题时，其所指并非"合乎法律"的程度，而是指法律或者政府机构权威性的来源。在此种意义上，"合法性"一词与中文中的"正当性"一词的含义更为接近。萨奇曼（M. C. Suchman）对合法性的概念进行了如下定义：合法性主要是指一种普遍化理解或假定，即由某个实体所进行的行动，在社会建构的规范、价值、信念和身份系统中，是有价值的、适当的假定。④ 在社会网络理论中，无论是强弱关系、结构洞还是社会资本理论，其所强调的重点并不是网络行为规则，而是行动者的网络状态，如地位、身份之于信息、资源获致的优劣状态。事实上，网络中的任何行动者在网络规则面前都是平等的，无论是个体行为、群体行为还是组织行为，其发生的动机和结果都须经网络规则的检验，只有那些具有"合法性"的行为才会被其他行动者接受。在社会网络中，为行动者行为提

---

① 高丙中. 中国民俗学的人类学倾向[J]. 民俗研究，1996，(02)：6-14.

② 〔德〕马克斯·韦伯. 社会学的基本概念[M]. 胡景北，译. 上海：上海人民出版社，2000：42.

③ 〔德〕哈贝马斯. 交往行为理论·第一卷　行为合理性与社会合理化[M]. 曹卫东，译. 上海：上海人民出版社，2004.

④ Suchman M C. Managing legitimacy：strategic and institutional approaches[J]. Academy of Management Review，1995，(20)：571-610.

供具有“合法性”作用的因素，除了法律等规制性因素外，还有传统、惯例和习俗等规范性因素。

社会网络理论家格兰诺维特（M. Granovetter）在其著作《经济行动与社会结构：嵌入性问题》中把“整体社会”细化成了“社会的人际关系网络”，认为行动者既不具有“运行于社会网络之外的独立性”，也不具有“黏着于所属社会类别赋予角色的依附性”，而是“具有目的性的行动企图实际是嵌在真实的、正在运作的社会关系系统之中”[①]。真实的、正在运作的社会关系系统是建立在各种各样的行为规则基础之上的，这些规则可以划分为对行为起到强制性约束作用的规制性规则和对行为起到非强制性约束作用的规范性规则。格兰诺维特之前，学术界对“合法性”的认识基本停留在规制性规则和规范性规则单独的作用上，当“经济行为社会嵌入性”的观点提出之后，引发了学术界对传统、惯例和习俗等规范性规则研究的热潮。在社会网络中，传统、惯例和习俗作为行动者符合传统的行为才能够被其他行动者所认可和接受。传统、惯例和习俗在网络中作用方式如下。

首先，传统、惯例和习俗保留在网络中行动者之间的互动关系之中。当传统、惯例和习俗被打破之时，行动者就会通过记忆、话语或行动等多种方式被唤醒。行动者之间的互动关系就会紧张，甚至发生冲突。当这种紧张状态弥散在整个网络中之后，全体网络成员就会重新评估新的互动关系。一般情况下，违反传统、惯例和习俗的行为会被矫正，行动者可能会受到惩罚。从这个角度来看，传统、惯例和习俗虽然是保留人记忆、话语和行动当中的隐性规则，但是仍然对人的行为起到约束和限制的作用。

其次，传统、惯例和习俗并非一成不变，其对人的行为约束和限制作用是相对而言的。人类历史上曾经存在的传统、惯例和习俗纷繁众多、不胜枚举，但对人的行为仍然起约束和限制作用的部分，却是被现代人精选出来的，是现代人基于当下的背景和情境，通过重构或新构的方式构建起来的。传统、惯例和习俗不能脱离当下的现实意义和价值而孤立地存在，必须经由现代人的选择。只有那些被选中的部分，才得以保留并赋予当下的意义和价值，成为现代

① 曲仲丽. 社会学与经济学的对话——读《经济行动与社会结构：嵌入性问题》[J]. 经济研究导刊，2012，（11）：216-217.

生活的一部分。同时，传统、惯例和习俗并不具有绝对的意义和价值，在不同的社会网络之中，并不存在纯粹的、完完全全的、本来意义的传统、惯例和习俗。新的行为规则的确立往往包裹在旧传统、惯例和习俗的外衣之下。所以传统、惯例和习俗对人的行为的约束和限制作用不是绝对意义上的规则，而只是一种相对意义上的规则。[①] 正如拉图尔（B. Latour）指出的那样，任何事物（主张、秩序、人工器物、产品）在时空中的扩散，都必须通过人的手；而所有人都可能以不同的方式行事，或放弃其所选择的，或对其进行修正，或使其发生偏转，或背离之，或增补之，或窃用之。[②]

（三）作为治理体系的制度

治理（governance）是一个公共管理的概念范畴，原意是指控制、引导和操纵，亦即在特定范围内行使权力的意思。治理所表明的是一个政治进程，即在众多利益相关者共同发挥作用的领域中建立一致性或取得认同，以便实施某项计划。[③] 治理概念的内涵相对模糊和复杂，詹姆斯·罗西瑙（J. N. Rosenau）认为，治理是通行于规制空隙之间的那些制度安排，或许更重要的是当两个或更多规制出现重叠、冲突时，或者在相互竞争的利益之间需要调解时才发挥作用的原则、规范、规则和决策程序。[④] 格里·斯托克（G. Stoker）认为：结构和秩序不从外部强加，不依靠政府的权威和制裁进行统治，充分依靠行为者之间的互动及其所产生的影响。[⑤] 在众多的定义中，全球治理委员会给治理所下的定义最具代表性和权威性。该委员会认为，治理是掌管同类事务的个人和机构（或公或私）调和不同利益间的相互冲突，并使之采取联合行动的持续过程。既包括机构和规章等正式制度安排，也包括各类非正式制度安排。[⑥] 治理有 4 个特征：①治理是一个过程；②治理以调和为基础；③治理同时涉及公、私部门；④治理有赖于行动者之间持续的互动。[⑦]

20 世纪六七十年代以来，西方社会政治、经济形势发生了深刻的变化，

① 石甜，叶荫茵，韦小鹏，等. 传统是什么？[N]. 光明日报，2010-08-09（012).
② Latour B. The powers of association[J]. The Sociological Review，1984，32（S1)：264-280.
③ 俞可平. 治理与善治[M]. 北京：社会科学文献出版社，2000：16-17.
④ 〔美〕詹姆斯·罗西瑙. 没有政府的治理[M]. 张胜军，刘小林，等译. 南昌：江西人民出版社，2001：9.
⑤ 〔美〕格里·斯托克. 作为理论的治理：五个论点[J]. 国际社会科学（中文版），1999，(02)：19-29.
⑥ 俞可平. 全球治理引论[J]. 马克思主义与现实，2002，(01)：20-32.
⑦ 陈广胜. 走向善治：中国地方政府的模式创新[M]. 杭州：浙江大学出版社，2007：124-125.

单凭政府（government）已无法解决日益复杂的社会问题。在此背景之下，以奥斯特罗姆（E. Ostrom）为代表的制度分析学派提出了多中心治理理论。具体地说，单中心代表着政府的排他性管理，政府是对社会公共事务进行管理的唯一主体；多中心则代表着存在多个主体，例如中央政府、地方政府、非政府组织、私人组织以及公民个人等，共同参与到社会公共事务的管理过程之中，它们在特定规则的约束之下，采用多种形式共同行使主体的权力。[①②] 在此视角下的制度规则主要包括如下方面。

1. 法律、法规

法律通常是指由社会认可、国家确认的由立法机关制定并监督实施，主要以规定当事人权利和义务为内容的行为规则。法律区别于道德、传统、惯例等行为规则的不同之处在于，法律是国家制定并由国家强制力（主要是司法机关）保证实施、对全体社会成员具有普遍约束力的一种特殊行为规范（社会规范）。法律作为一种约束和制约人的行为规范，具有如下几个方面的特征。①概括性。概括性是法律的核心特性。概括性表现为法律对大量实际、具体行为的高度抽象，成为一般人行为的模式、标准、样式和方向。②普遍性。法律的普遍性也就是法律适用对象的非特殊性，法律所提供的行为标准对所有公民一概适用。③严谨性。法律的严谨性是指它由特殊的逻辑构成。每一个法律规范都包括行为模式和法律后果两个部分，依据法律行事，行为的标准和方向十分清晰。[③]

2. 社会组织

社会组织（social organization）包含着广义和狭义两种含义。对社会组织广义的理解是指以群体方式进行共同活动的形式；对社会组织狭义的理解是指有意识地组合起来而实现特定目标的群体，如工厂企业、政府机构、高等学校、医疗单位等。制度理论主要从狭义视角上理解社会组织。

在现代社会中，人类的大部分社会需要（经济、政治和文化等），基本上都是通过社会组织来实现的。就个人的能力而言，没有人具备足够的素质和能量可以完全满足自己的需要，人们结成群体能够增强满足自己需要的能力。人

① 孔繁斌. 多中心治理诠释——基于承认政治的视角[J]. 南京大学学报（哲学·人文科学·社会科学），2007，(06)：31-37.
② 毛寿龙. 公共事物的治理之道[J]. 江苏行政学院学报，2010，(01)：100-105.
③ 曹茂君. 法学导论[M]. 武汉：华中科技大学出版社，2012.

类社会基于社会分工而建立起各种专业化组织，把具有多种能力的人凝聚起来，使用特定的组织目标和组织规范协同、指引人活动的方向，从而更有效地实现了满足人们的多种需要的目的。[①]社会组织的主要特征有：①目标明确，社会组织的目标可以是单一的，也可以是多元的，但无论怎样，目标一般都必须是明确和具体的，只有长期围绕某一特定的目标持续互动，共同活动才能够发生、发展和存续；②人员固定，社会组织的进入与退出必须依照相应的程序，组织成员资格的获取须经一定的考核与审核，组织成员一经固定就能够明确地知晓自己的归属；③结构稳定，在现代社会中，社会组织为达成组织目标，一般都会依据组织功能和社会分工划分职位和部门结构，通过职位、角色和权力结构，部门或个体成员之间的行为得以协调和统一；④规范统一，规范是指组织主动设立或自然形成的稳定的规则与规章制度，组织规范一般是以组织章程的形式出现，主要规定了组织成员如何思考、理解与信仰，组织规范使组织成员的互动行为标准化，规定了组织成员在不同情境或关系状态当中应当采取什么样的行为模式，尤其是组织一般都会使用奖惩制度约束和限制组织成员的行为，用以维护组织行为的统一性；⑤环境开放，社会组织面对复杂的外部环境，需要不断进行物质、成员、信息的输入和输出，而且还会与其他组织联合，形成一个场域，以便于扩大和提高与外部环境进行各种交换的范围和水平。[②]与外部环境完全隔离、自我封闭的组织是毫无生命而言的。

3. 公共政策

公共政策是政府、非政府公共组织和民众在对社会公共事务共同管理过程中所制定的行为准则或行为规范。对公共政策的理解，不能仅停留在政府官方表达的目标之上，还要看到被公共政策所包括在内的全程参与者，以及它们之间模式化的行为方式。[③]对于公共政策，不同的学者有着不同的看法。

美国伍德罗·威尔逊（T. W. Wilson）认为，公共政策是由具有立法权的政治家制定出来、由政府行政人员具体执行的法律和法规；哈罗德·拉斯韦尔（H. Lasswel）和亚伯拉罕·卡普兰（A. Kaplan）认为，政策是一种为某项目标、

① 高兴国. 浅论社会组织的特点[J]. 现代经济信息，2014，(23)：86，88.
② 佚名. 社会组织的概念、特征及分类[J]. 瞭望，2010，(37)：21.
③ 〔美〕托马斯·戴伊. 理解公共政策[M]. 12版. 谢明，译. 北京：中国人民大学出版社，2010：13.

价值与实践而设计的计划；戴维·伊斯顿（D. Easton）认为，公共政策是政府对整个社会的价值作权威性的分配；托马斯·戴伊（T. Dye）认为，公共政策就是政府选择要做的或者不要做的事情；罗伯特·艾斯通（R. Eyestone）认为，公共政策就是政府机关和它周围环境之间的关系，用公式表达即为 $P=f(G, E)$，其中，P 指公共政策（public policy），G 指政府系统，E 指生存环境；司图亚特·内格尔（S. Nagel）认为，公共政策就是政府为解决各种各样的问题所做出的决定。[①] 我国学者陈庆云认为，公共政策是指公共权力机关经由政治过程所选择和制定的为解决公共问题、达成公共目标、实现公共利益的方案，规范和指导有关机构、团体或个人的行动，在广泛的参与下所制定的行为准则。[②] 我国人文社会科学研究评价制度的建构过程与国家繁荣哲学社会科学的一系列公共政策密不可分。

法律、法规、社会组织和公共政策作为治理体系制度在人文社会科学研究评价中发挥着十分重要的作用，制度的维系、演化与变迁经常是从上述几个方面的变化开始的。

第三节 评价与制度的关系

按照通常的理解，评价属于认识论和价值论的研究范畴，制度属于政治学、社会学和经济学等实体社会学科研究的范畴，二者之间并不能建立起直接的联系。20 世纪以来，随着实证科学的研究方法逐渐进入评价领域，特别是组织研究的制度主义转向，制度的视角进入了评价研究者的视域。许多睿智的学者认识到，现代社会中的评价活动，既是人类的一种特殊的认识活动，也是一种实践活动，评价活动发生在人类社会的各个层面，特别是组织和社会层面的评价活动，不能被视为简单、机械的输入输出活动。评价过程中，评价主体的选择、评价目标的确定、评价标准的排序、评价程序的组织等要素无不受到制度的形塑与规约。评价与制度的关系不能狭义地理解为评价制度，也就是单纯的

---

① Anderson J E. Public Policy-making：An Introduction[M]. 5th ed. Boston：Houghton Mifflin Harcourt Company，2003：135.

② 陈庆云. 公共政策分析[M]. 北京：北京大学出版社，2006：23.

评价活动的组织规则，而应当更为广义地把制度视为政策、法律、社会网络规则、正式组织等对评价有影响乃至决定性的作用的因素。我们既不能工具主义地视评价活动为简单的理性选择，也不能行为主义地视评价活动为机械的规则遵循。真实的评价活动是主体的能动性、制度的约束机制以及复杂的社会互动等多方位、多层面和多维度因素综合集成的结果。本书的主要视角集中于在科学技术评价实践中，制度因素是如何影响评价的，制度与评价的关系是什么。

一、制度为评价活动分配价值标准

在评价活动中，评价主体、评价客体、评价标准和评价方法 4 个构面是一个完整的整体，任何一个方面都是不可或缺的要素。其中，评价标准处于中间环节，起着十分重要的桥梁或纽带作用。表面上看来，评价标准无非是达成评价主体目的的参考尺度而已，评价主体的目的如何，评价标准亦即如何。不过，诚如上文所述，评价发生在个体、群体、组织和社会的各个层面，无论何种层面的评价，具体的评价过程都要涉及一个个以单独个体形式存在的评价主体，这对于个体层面的评价并不存在问题，但是，当评价上升到组织和社会层面时，评价标准不可能是仁者见仁、智者见智地任意选择和取舍，也不能简单地化约为个体价值取向的数理化集结。评价需要有一个相对统一、能够达成集体共识的评价标准。这个评价标准一方面取决于评价客体的自然属性，也就是评价标准的客观性；另一方面取决于评价主体的价值取向，也就是评价标准的主观性。在这一层面上，价值标准是由评价主体之间的社会互动关系决定的。

（一）制度分配价值标准的途径

制度作为一种社会关系的规则体系，是由一群人为了达到某种社会目的而共同活动所引起的。由于确定制度的主体不是个人，而是群体、组织或社会，所以，制度在评价活动中属于最稳定、最基本的价值分配规则。正如汤因比（A. J. Toynbee）所指出的那样，人类社会的社会关系超越了个人所能直接接触的最大范围之后，就变成了非个人的关系，而这种关系是通过社会机构的所谓制度来维持的。没有制度，社会就不能存在。[①] 制度实现分配价值标准的功能

---

① 〔英〕汤因比. 历史研究（上册）[M]. 曹未风，等译. 上海：上海人民出版社，1997：58.

主要通过3种途径。①给予评价主体及其委托者以价值导向，告诉他们评价客体什么样的属性是有价值的，什么样的属性是无价值的，什么样的属性价值较高，什么样的属性价值较低。②为评价主体之间协调价值取向提供资源。评价主体具有自身的能动性，并非刺激—反应、命令—执行式的关系，评价主体选择什么样的价值取向具有资源依赖性。制度通过规制性、规范性和文化性规则等多种途径为评价主体提供资源，如物质利益、道德压力、社会舆论等。③维持评价活动中价值体系的稳定性。评价活动中，评价主体的价值取向不是单一的，而是一个由重要性、强度等级等多个标准组成的体系，这个体系必须维持一定程度的稳定性，方能达成多方评价主体的统一性。单个评价主体的价值观念不会因评价客体、评价主体之间关系的变化而变化。制度在评价活动中起到了刹车片或稳定剂的作用，保证评价主体按照社会约定的稳定的价值标准及其权重体系对评价客体进行价值判断。

（二）制度分配价值标准的两种机制

制度为评价活动分配价值标准主要通过制度化的两种机制来实现。一是通过正式制度安排（formal system arrangement）的激励机制，二是通过非正式制度安排（informal system arrangement）的扩散机制。

1. 正式制度安排的激励机制

正式制度安排也就是指有意识设计或规定的规则。经济学的一条重要原理是：人们会对激励做出反应。① 正式制度安排中所包含的各种资源会对人产生不同的激励作用，进而也会导致不同的行为反应。正式制度安排经常是通过政策设计的方式实现的，例如，在科学技术评价活动中，我国《科学技术评价办法（试行）》中规定：科学技术计划评价应以满足科学技术、经济、社会发展和国家安全的战略需求为导向，包括前期评价、中期评估和绩效评价3个方面。其中，前期评价主要是对拟设立的科学技术计划的必要性、可行性及其定位、目标、任务、投入、组织管理等进行评价；中期评估主要是对科学技术计划执行中的进展情况及存在的问题进行评价；绩效评价主要是对科学技术计划目标的实现程度、完成效果与影响、经费投入的效益、组织管理的有效性等进行评

---

① 梁小民. 曼昆著《经济学原理》简评[J]. 经济学动态，1999，(10)：78-80.

价。科学技术项目根据各类科学技术项目的不同特点，选择确定合理的评价程序、评价标准和方法，注重评价实效。其中，战略性基础研究项目评价应以解决经济、社会、国家安全以及科学自身发展中的重大基础科学问题为导向；自由探索性基础研究项目评价应以保障科学研究自由、鼓励科学探索和原始性创新为导向；应用研究项目评价应紧密结合经济建设和社会发展的需求，以技术推动和市场牵引为导向；科学技术产业化项目评价以建立企业为主体的科学技术成果转化与产业化机制，发展高新技术产业，优化调整产业结构为导向；社会公益性研究项目评价应以研究解决国家战略性公益事业发展的共性科学技术问题，增强科学技术为重大社会公益问题提供科学技术支撑和服务的能力，为社会、经济协调发展，为人民生活水平的提高提供技术保障为导向；科学技术条件建设与支撑服务项目评价应以为科学技术、经济、社会发展和国家安全等提供科学技术条件支撑和公共服务为导向；研究与发展人员评价以促进形成“公平、公开”的竞争与合作机制和优秀人才脱颖而出为导向；科学技术成果评价以鼓励创新、加快人才培养、促进科学技术成果转化和产业化、推动科学技术和经济与社会发展密切结合为导向。

2. 非正式制度安排的扩散机制

任何一项制度的实际运行，都是社会成员相互博弈的结果。单纯依靠正式制度安排不足以完全达到分配价值标准及其权重的目的，非正式制度安排不仅是构成制度的重要成分，而且对人们如何选择价值标准起着至关重要的约束作用。

评价活动中，评价主体采用何种价值标准既是一个正式制度安排引导的结果，同时也是一个非正式制度安排接受、吸纳某种价值标准的过程。正如菲利普·塞尔兹尼克指出的那样，制度化的过程就是灌输“手头任务的技术要求”之外价值观的过程。[①] 在评价活动中，非正式制度安排不关心价值标准、权重及其指标体系的科学性，而更加重视它们的合理性。正式制度安排规定的价值标准只有与非正式制度安排所倡导的价值观念、伦理规范、道德观念和风俗习性等要素相结合，才能真正保持评价活动中价值标准的稳定性。这一过程主要

① 〔美〕理查德·斯科特. 制度与组织——思想观念与物质利益[M]. 3 版. 姚伟，王黎芳，译. 北京：中国人民大学出版社，2010.

通过以下机制来实现。①替换机制，也就是正式制度安排所倡导的价值标准替换非正式制度安排中原有价值标准的机制。价值标准在非正式制度安排中处于核心的地位，对非正式制度安排起着维系、整合的作用。不过，价值标准在非正式制度安排中并非一成不变，当正式制度安排所倡导的价值标准对原有价值标准形成较高的比较优势时，非正式制度安排中原有的价值标准就会被正式制度安排所倡导的价值标准所替换。②间隙机制，也就是正式制度安排所倡导的价值标准填补非正式制度安排原有价值标准体系中间隙地带的机制。任何制度中的价值标准体系都不可能是绝对完备、毫无间隙的，当非正式制度安排为评价活动提供的评价标准出现某种间隙，而评价实践又对这一评价标准提出了现实要求时，正式制度安排所倡导的价值标准就会对这一间隙进行填充。③空位机制，也就是非正式制度安排中的某种价值标准出现空位、空置，正式制度安排所倡导的价值标准对之进行补充的机制。随着社会互动范围、边界的不断扩张，非正式制度安排无法为新的评价活动提供价值标准，正式制度安排所倡导的价值标准就会补充这一空位。

二、制度为评价主体分配行动的逻辑

任何评价活动都离不开评价主体。在评价活动中，对评价客体的价值判断或者是由评价主体作为评价的行动主体直接做出的，或者是由评价主体委托其代理者作为评价行动主体做出的。当评价活动由评价主体的观念性活动转化为一种特定的社会建构时，评价主体的行动逻辑就成为一个十分重要的研究问题。例如，在科技评价活动中，进行评价活动的评价主体依照既定的价值标准、评价程序对评价客体做出价值评判之后，评价结果却又不能满足评价主体的要求。出现这一悖论就与评价行动主体在评价活动中采用的行动逻辑密切相关。

（一）社会行动逻辑的制度回向

20 世纪 30 年代，美国政治学和社会学领域率先兴起了一场行为主义革命，其主旨在于取代古典政治、社会研究带有道德和哲学色彩的历史、法律和组织等研究方法，强调根据观察到和可观察的行为来解释政治现象。行为主义抛开传统政治学对制度的研究，力图使政治学成为一种与当代社会科学和自然科学理论、方法论和技术手段密切关联的学科。历经几十年的发展，美国政治学领域内占据主导地位的学术思想和方法论发生了转换，行为主义不仅发展势头强劲，而且逐步影响到了整个社会科学领域。

行为主义对基于个人主义方法论的两种基本理论——行为心理学和理性选择理论十分偏爱。行为心理学基于社会心理学特征，理性选择理论基于个人效用的理性计算，二者都认为个人是具有行动自主性的主体，并不是完全被正式或非正式制度安排所严格约束的，而是可以做出自主的选择。例如，拉斯韦尔提出，政治学的研究对象是影响力和有影响力的人，而影响力则根据服从、安全和收入而定，有影响力的人的特征是阶级、技术、人格和具体物质等[①]；卡特林（G. E. G. Catlin）认为，政治学的研究对象是权力，政治舞台是权力市场。[②]行为主义作为一个重要的学术流派，从最初与社会学结合，关注人的目的、企图、动机、欲望、情绪、感觉等精神层面的因素，再到与经济学结合，强调人运用自己的理性最大限度地利用和适应环境，成为近 90 年以来社会科学研究的主流。

20 世纪 80 年代以来，新制度主义的兴起对行为主义发起了挑战。新制度主义沿袭了旧制度主义的一些特征，同时也吸收了许多行为主义和理性选择理论的思想营养。新制度主义并不反对行为主义的个人主义方法论，而是反对其不问偏好来源的理论路径。行为主义的根本特征不像传统政治学那样关注制度、国家、权力性质这些事物的本源，而只是把它们当作是既存的事物。但是，制度解释在政策和管理研究中一直有着广泛的应用，政治的实证内容是围绕制度展开的，想要理解组织的运作，组织成员具有什么样的权利和承担什么样的责任是不容回避的内容。[③]单纯从组织成员的行为着眼，无法解释复杂的社会生活过程。旧制度主义之所以被行为主义所替代，其根本原因并不是旧制度主义本身存在什么错误之处，而是其过于宏观的描述性和解释性研究过于宽泛、笼统，难以深入社会生活的过程之中，尤其是对个人行为缺乏深入、细致的分析。例如，新制度主义的倡导者詹姆斯・马奇（J. G. March）和约翰・奥尔森

① 王沪宁. 拉斯韦尔及其政治学理论[J]. 国外社会科学，1983，(09)：65-67.

② Hall P A，Taylor R C R. Political science and the three new institutionalisms[J]. Political Studies，1996，44(5)：936-957.

③ 周少来. 人性、政治与制度：应然政治逻辑及其问题研究[M]. 北京：中国社会科学出版社，2004.

（J. P. Olsen）对行为主义都做出了比较正面、积极的评价，但是他们也突出强调必须要重新思考旧制度主义的思想营养。他们认为，社会依赖于国家和法律来界定其存在。行为主义的核心理念——集体层面的结果只取决于个体行动者之间错综复杂互动的看法是值得商榷的。[①] 个体被规范、规则和制度价值所影响是不容忽视的，对集体行为的分析应当为社会和政治中更大的结构性影响留下足够的空间。新制度主义研究更加关注社会结构（制度）为个人、组织和社会的集体行动提供了什么样的行动倾向，而不仅仅是代表他（它）们自身的价值。

（二）评价主体的三种行动逻辑

受行为主义方法论的影响，评价行动主体在评价活动中的行动逻辑问题一直被研究者所忽视。从行为主义的视角看来，评价行动主体是能够自由选择、自由行动的人，集体层面的评价结果只是个体评价者价值判断聚合的结果。这种评价的行动逻辑无论在理论上还是在实践中都不断地遭到诟病和批评。新制度主义的研究路向为分析评价活动提供了三种可资参考的行动逻辑。

1. 最优化的行动逻辑

迄今，对评价行动逻辑的最普遍认识是评价主体的理性选择。理性选择最典型的特征是基于结果的最优化计算。评价过程被理解为是一个理性的程序，不考虑制度、环境等因素对评价行动主体的约束和限制。评价主体的行动主要是回答以下 4 个基本问题：①有关“评价对象”的问题：哪些评价对象是可以选择的？②有关“评价结果”的问题：针对每个评价对象，不同选择可能出现的结果是什么？③有关“评价标准”的问题：针对每个评价对象可能产生的评价结果，其价值有多大？④有关“评价方法”的问题：就不同评价结果可能产生的价值，如何在评价对象中进行选择？

从理论的角度看，最优化的行动逻辑并非不能实现，只是必须要满足三个前提条件：一是评价主体具有共同的、一致的价值观念；二是评价主体对评价对象具有完全的信息；三是评价主体处理（计算）各种评价信息的能力是无限的。然而，现实的决策活动鲜有条件能够完全符合这三个前提条件。首先，评

① 〔美〕詹姆斯·马奇. 决策是如何产生的（珍藏版）[M]. 王元歌，章爱民，译. 北京：机械工业出版社，2013.

价主体及其代理者的价值观难以完全达成一致。评价活动中的行为主体及其代理者往往是不同利益的代表者，他们会从各自的利益出发看待问题，比较、衡量和判断价值的重要性和程度是极其困难的。例如，我国国家《科学技术评价办法（试行）》中，对“科学技术计划”“科学技术项目”“研究与发展机构”“研究与发展人员”“科学技术成果”的评价都规定了明确的价值取向以及评价的侧重点。但是，人的价值观是无法证明的，评价行动主体及其代理人具有何种价值观，在评价活动中究竟使用了何种评价标准，不可能通过一纸公文或者是用行政命令的方式完全达到。其次，决策过程中，评价主体对评价信息的获取和掌握不可能是完全的。评价的目的是要获得并知悉评价客体的价值，评价客体的价值隐含在评价对象之中，多数时候评价主体可以直接触及的评价对象往往只是评价对象的载体。例如，对“科学技术计划”“科学技术项目”“研究与发展机构”“研究与发展人员”“科学技术成果”的评价基本都是通过评估可行性报告、项目论证报告、项目成果（专利/著作/论文/研究报告）等载体的形式进行的。这些载体限于篇幅、作者的语言能力等因素，并不能完全承载评价对象所包含的全部价值信息。即便是一些具有实际可见性的评价对象，如研究与发展机构、研究与发展人员等，评价主体可以对其进行直接实地考察、面对面的交流等，但这也并不足以获得评价对象所具有的全部价值信息。最后，评价主体的评价能力是有限的。评价过程中，一方面是评价主体不可能搜集到与评价对象有关的全部信息；另一方面是评价主体的理性处理能力是有限的。评价者只具有有限的评价信息处理能力，不可能依据有限的能力做出无限的处理与分析。即便是评价主体的能力无限，但评价还受到时间和资源的限制，对于复杂的评价活动，评价主体不可能投入无穷无尽的时间进行分析和判断，而且也不会花费过于昂贵的代价用于分析和判断，否则评价就失去了其本源的价值。

一言以蔽之，尽管最优化的评价行动逻辑理性主义的色彩过于浓厚，在现实中难以存在，但是并不能完全否定它的意义。追求最优化，使评价达到尽善尽美是人类社会的理想，问题在于，我们如何尽最大的可能创设条件，让评价过程达到这一状态。

2. 满意化的行动逻辑

最优化的行动逻辑的理论框架是绝对理性的行动者模型。虽然这一理论模型对于处理结构化的评价问题比较有效，尤其对定量总体的评价准确度很高，但是对于非结构化和半结构化的评价问题，特别是用来评价单独的个体或者组织等少量的评价对象是难以令人信服的。例如，使用学术成果数量的多少来评价一所大学的学术水平的高低较为合理，但是，使用这一指标来衡量一个研究所，尤其是单独的一个学者的水平的高低显然说服力不足。实际上，面对非结构化和半结构化的评价问题时，人们很难相信评价主体会运用此类理论框架，并要求评价结果达到最优化。现实中，所有的评价主体都会承认，评价行动主体及其代理人的理性是有限的，他们所掌握的评价信息也是有限的。

基于有限的理性和不完全的信息，在评价过程中，评价行动主体及其代理人只会考虑为数不多的几个评价对象，而且也不会同时考虑这几个评价对象。如同教师批阅学生试卷一样，只是按照试卷排列顺序逐一批阅。评价行动主体及其代理人不会考虑每个评价对象可能出现的所有结果，而是把注意力主要集中在若干个结果之上。对于这若干的结果，他们也只会在可获得的信息中寻求支持其价值判断的“正面”信息，而不会刻意去搜寻反对其价值判断的“负面”信息。同时，评价行动主体及其代理人的评价标准并不是完整一致、一成不变的。针对不同的评价对象，他们可能采用不同的评价标准，例如，对研究与发展人员的评价，评价行动主体及其代理人可能对某个被评价者集中在其著作上，而对另一个被评价者又会集中在其发表的论文上。所谓的综合评价，只不过是被评价对象的某些特质吸引了他们的注意力，给他们留下了深刻的印象。

现实中的评价行动主体及其代理人的行动逻辑与绝对理性行动者模型的理论假设是不一致的，他们在评价活动中创造了新的行动模型，这个模型不是要寻求一个最优化的评价结果，而是要达到一个足够“满意化”的结果。满意化的行动逻辑的思想最初是由诺贝尔奖得主西蒙（H. Simon）和詹姆斯·马奇首先提出来的，当前，这一认识已经得到了广泛的认同，在经济、政治、教育以及组织决策等领域有大规模的应用。满意化的行动逻辑强调，行动者尤其是个体行动者，在注意力、记忆力、理解力和信息沟通等方面受到的限制，以及他们在应对信息和处理信息能力方面的局限性。有限理性行动者模型同样适用于对评价过程的分析。对于大多数评价行动主体及其代理人而言，今天进行的评价活动和昨天进行的评价活动没有什么不同，重新思考评价标准、评价程序和评价方法等问题只会消耗额外的时间和精力，基于过去的经验对这一过程进行简化不仅是可行的，而且也是合理的。与最优化的行动逻辑相比，满意化的行动逻辑需要思考简化如下 4 个问题。

（1）评价对象的简化问题：面对大量的评价对象，或者复杂的评价环境，评价者在进行价值判断之前倾向于首先对评价对象进行简化。最常用的简化办法就是分类，评价者会主动创造出适合解决评价问题的分类方法。例如，在科技成果评价中，即便是双隐评议，评价者也会在研究类型、学科隶属等基本分类的基础上再进一步进行分类，比如根据研究问题的相似性、相关性等进行编辑，使之简化。分类之后，把评价对象先按类别进行比较，比较择优之后再在同类别内部进行比较，被评价对象的数量也就由此逐渐缩减。

（2）评价标准的简化问题：现实中，评价对象的价值是多元的，例如，科学技术成果会具有经济、社会、教育、学术等多重价值。面对基于复杂评价标准而逐条分解的评价指标体系，评价者会尝试对其进行简化，把复杂问题转化为简单问题。例如，评审专家对科学技术成果的评价，委托单位一般都会给评审专家提供一个分解为具有不同权重的指标体系作为参考。但在实际的评审过程中，评审专家基本上不会完全按照这一指标体系逐项打分。惯常的做法是把这个指标体系分解为合格的指标与选优的指标两个部分。首先评审的是该成果是否达到了合格标准。具体的合格标准可能因人而异，比如有的评审专家关注经济价值，有的评审专家关注社会影响，有的评审专家只关注支撑材料的来源，等等。评审专家认为该成果达到合格标准之后，评审才会进入下一轮选优的程序。

（3）评价方法的简化问题：任何一种评价都会指向某种现实的结果，虽然这一结果并不完全是由评价者决定的，但是，评价者会根据可能发生的现实结果来简化自己的评价方法。例如，科学技术项目经专家评审之后，具体是否予以立项和经费支持，最终是由科学技术部或相关管理单位决定的。评审专家知道只有少数项目才能够获得立项和经费支持，因此他们一般不会对所有参与评审的项目一视同仁，而只会对那些他们认为获得支持可能性较大的项目认真评审，而对其他项目进行简单评审。

（4）信息搜集的简化问题：评价过程中，评价者需要搜寻信息为进行价值判断提供因果关系的逻辑根据。囿于时间和精力的限制，评价者一方面不可能搜集到有关评价对象价值的全部信息；另一方面也不可能搜集到为进行价值判断提供因果关系逻辑根据的全部信息。在此情境下，评价者尤其是那些经验丰富的评价者一般都是通过记忆、回想或者外部援助的方式简化信息搜集的过程。例如，对科学技术计划的评价，评价者首先是在记忆中搜寻是否评审过同类计划，如果评审过，就会进一步回想当时自己是如何进行评价的。如果在记忆中并没有评审过同类计划，则就会通过外部援助的方式进行搜寻，比如咨询同事、同行，从他们那里获取评审类似计划的相关信息。

依据上述的简化过程，评价者在评价过程中需要投入的时间、精力乃至思维的成本都会大大减少。虽然上述简化与评价所要求的科学、客观、全面、系统等原则不相符合，但是在有限理性的条件下，这一行动逻辑又是最为“理性”的，它虽然不能保证评价结果的最优化，但却完全可以保证达到一个“最不坏”的评价结果。

3. 适恰性的行动逻辑

最优化的行动逻辑和满意化的行动逻辑虽然有所不同，但差别主要集中在评价主体及其代理人注意力的分配方式和程度之上，二者所基于的根本思维路径都是一样的，那就是评价结果都是经由理性计算而产生的，并未考虑评价主体及其代理人的行动受其地位、身份的约束，行动逻辑与所处情境相应而生的方面。最优化和满意化的行动逻辑与适恰性的行动逻辑形成了鲜明的对比。

适恰性的行动逻辑的根本特征是，作为主体的行动者在行动时，会根据具体的情境，遵循适合于他们认同自我身份的规则或程序。这一思想适用于评价活动，也就意味着评价主体及其代理人在评价过程中，既不是主要考虑个人的价值观念，也不是主要考虑评价结果未来发生的可能性，而是主要考虑如何做出与自己地位、身份相称的价值判断。适恰性的行动逻辑用于评价过程分析，需要主要考虑以下 3 个问题：①“情境识别”的问题：评价活动的背景是什么？自己所处的情境是什么？②“身份识别”的问题：我是什么样的人？我在评价活动中所扮演的角色是什么？在因评价活动形成的社会建构中，我的地位和身份是怎样的？③“规则识别”的问题：如我一样的评价者，在当下的情境应当如何行动？遵循什么样的规则和程序才与我的角色、地位和身份相称？

基于身份和规则进行的评价活动在社会生活中是比较普遍的。例如，大学人力资源部门在招聘新教师的活动中，求职者的年龄、学历和工作经历等起到的作用不过是他们能够进入面试者视野的准入门槛，短时间内的交流、回答问题并不能真正考察出他们已具有的或者是潜在的工作能力。面试者更多关注的问题是，就教师这一岗位而言，求职者能否按照这一岗位所要求的规则行事，一旦被录用后，他们的行为表现能否与这一岗位所提供的组织角色、地位和身份相称。

适恰性的行动逻辑由詹姆斯·马奇和约翰·奥尔森共同提出，在学术界产生了十分深远的影响，使制度主义在社会科学领域重新恢复了学术地位。追根溯源，适恰性的行动逻辑的提出，主要是源于社会科学研究中的两个重要理论进展。

一是经济行为的社会"嵌入性"（embeddness）理论。"嵌入性"一词是波兰尼（也译为波拉尼，K. Polanyi）在《大变革》一书中首次提出的。波兰尼认为，人类的经济行为嵌入并纠缠于经济和非经济的制度之中，将非经济的制度因素包含在经济行为的研究之中是极其重要的。由于受当时自由主义经济思想统治地位的影响，经济界普遍认同市场的非嵌入性特征，嵌入性思想在波兰尼的时代并没有引起学者们的重视。

1985年，格兰诺维特对嵌入性思想进行了新的解释。论文《经济行动与社会结构：嵌入性问题》在《美国社会学杂志》上发表之后，引起了社会学界的高度关注。[①] 格兰诺维特认为，经济活动是在社会网络互动过程中做出的，社会网络中行动者的地位、身份和角色，以及不同类型社会网络规则对行动者具有重要的影响。继格兰诺维特提出了关系性嵌入和结构性嵌入两种嵌入类型之后，祖金（G. Zukin）和迪马吉奥（P. Dimaggio）提出了结构性嵌入、认知性嵌入、文化性嵌入和政治性嵌入4种嵌入类型；安德森（U. Andersson）、福斯格伦（M. Forsgren）和霍尔姆（U. Holm）等人提出了业务性嵌入、技术性嵌入等社会嵌入的类型。嵌入性理论的发展，打破了行为主义和功利主义忽略制度作用的局限，使社会行动规则遵循的逻辑重新受到了重视。[②]

---

① Granovetter M. Economic action and social structure：the problem of embeddedness[J]. American Journal of Sociology，1985，91（3）：481-510.

② Andersson U，Forsgren M，Holm U. Subsidiary embeddedness and competence development in MNCs：a multi-level analysis[J]. Organization Studies，2001，22（6）：1013-1034.

二是地方性知识理论的发展。20 世纪 60 年代以来，行为主义把人的行为仅仅理解为是社会或心理结构载体的思想受到了广泛的批评。一些人类学家开始从制度、文化的视角重新阐释人类行为的逻辑。他们认为，决定人类行为的因素十分复杂，其中知识的改变是一个十分必要的条件。其中，吉尔兹的著作《文化的解释》《地方性知识》产生了十分深远的影响。长期以来，知识被认为是具有统一属性的人类共同财富，不具有时间和空间上的差异性。吉尔兹通过人类学的研究发现，文化具有多样性，知识是嵌入于文化的人类认识，文化的多样性使得知识不可能具有“放之四海而皆准”的真理性。为此，吉尔兹提出了“地方性知识”（local knowledge）的概念与之区分。吉尔兹的地方性知识，不是指任何特定的、具有地方特征的知识，而是指具有文化特质的地域性知识。“地方性”不仅是特定的地域意义，它还涉及在知识的生成与辩护中所形成的特定情境，包括由特定的历史条件所形成的文化与亚文化群体的价值观，由特定的利益关系所决定的立场、视域等情境。① 地方性知识概念的提出，颠覆了人们对西方文化背景下知识统一性认识。人类所有的知识都是地方性知识，这一思想成为适恰性的行动逻辑的又一个重要的理论根据。

三、制度为评价活动分配技术和方法

任何评价活动都涉及技术和方法的使用问题。评价主体如何行动，需要依靠组织化的技术手段进行协调统一；评价标准的具体适用，需要使用科学的方法对指标分解与整合；评价信息的获取、采集和分析，需要使用恰当的工具和方法。评价活动中的这些技术和方法的使用都是经由制度，通过制度化的方式具体展开和实现的。

（一）制度使评价技术和方法组织化

评价是人类社会活动中的一项复杂高级的智力活动，同时也是一个组织化的社会过程。有了评价对象和评价标准并不必然产生评价主体所期望的评价结果。评价主体需要依赖组织化的技术和方法，把评价标准和评价对象连接在一起。其中，评价技术和方法使用越得当，评价结果就越具科学性与合理性，反

① 盛晓明. 地方性知识的构造[J]. 哲学研究，2000，(12)：36-44.

之，评价结果的科学性与合理性程度就会降低，甚至发生严重的评价错误。不过，评价主体使用什么样的评价技术和方法，怎样处理信息，这不仅是一个科学问题，也是一个政治问题。对这一问题的解决方式主要是通过确定制度的形式实现的。

例如，我国《科学技术评价办法（试行）》第六条规定，科学技术部是科学技术评价工作的主管部门，负责全国科学技术评价工作的宏观管理、统筹协调和监督检查。国务院其他相关部门按照各自的职责范围，负责有关的科学技术评价工作；第三条规定，科学技术评价是指受托方根据委托方明确的目的，按照规定的原则、程序和标准，运用科学、可行的方法对科学技术活动以及与科学技术活动相关的事项所进行的论证、评审、评议、评估、验收等活动。这两条规定事实上就是从正式制度的角度限定了科学技术评价活动的组织原则，只有按照相应的原则、程序和标准组织起来的评价活动才具有“合法性”。具体说来，这一组织原则又包括如下几个方面的具体规定：①评价工作由专业评价机构、评价专家委员会或评价专家组作为受托方进行；②委托方依据评价工作的规范性要求与受托方签订书面合同或任务书；③受委托方独立开展评价工作，任何组织和个人不得干涉；④受托方采取实地考察、专家咨询、信息查询、社会调查等方式，收集评价所需的信息资料；⑤受托方在定性与定量分析的基础上，进行分析研究和综合评价，形成评价报告，按时提交给委托方并由委托方归档保存；⑥评价结果由评价专家委员会或评价专家组以会议或通信方式评议产生。对重大科学技术计划、项目、成果及重要机构、人员等的评价以及合同有特别约定的，采取记名投票表决方式产生。

（二）制度使评价技术和方法合理化

世界上没有绝对完美的评价技术和方法，任何评价技术和方法都有其可适用的范围和边界。就目前评价活动中广泛适用的技术和方法而言，主要有定性和定量两种类型的评价技术和方法，这两种类型的评价技术和方法的优势和劣势都十分明显。例如，定性评价技术和方法适用范围更广，对评价信息的依赖程度低，但是却对非评价性因素（如人情、关系等）难以有效控制，而且评价结果也无法做到客观、精确；定量评价技术和方法对非评价性因素的控制较好，评价结果也比较客观、精确，但是其对评价信息的依赖程度高，可适用的范围更窄。评价实践要求对这两种评价技术与方法综合起来使用，才能保证评价结果的科学化与合理化。不过，定性和定量评价技术和方法的理论假设和方法论前提不同，二者无法通过纯技术手段进行通约，这一要求主要是依靠管理手段、经由制度化的形式实现的。例如，从我国《科学技术评价办法（试行）》中的规定可以发现，科学技术计划的立项、前期、中期和后期以及绩效评价主要是采用专家定性评价的方法。对科学技术项目的评价，战略性基础研究项目、自由探索性基础研究项目主要采用专家定性评价的方法，侧重于应用基础研究的项目以专家定性评价为主同时辅以定量评价，如使用定量评价方法考察学术论文的质量、使用经济计量法评价其市场价值等。对研究与发展人员采取个人评价与群体评价相结合的方式进行分类评价。其中，对从事科学技术成果转化与产业化工作的人员不以学术论文发表作为主要评价指标，对从事条件保障与实验技术工作的人员不以发表学术论文或获得成果、专利为主要评价指标。

从上述规定可见，不同类型的评价对象由于性质和特点的差异，评价主要考察的侧重点不同，制度通过管理机制，以提出要求、明文规定的方式实现了技术和方法使用上的合理化。

第三章　基于文献计量的人文社会科学研究评价可视化分析

人文社会科学研究是科学事业的重要组成部分。对其进行合理评价，不仅是科研管理的现实需要，更是我国繁荣哲学社会科学的政治任务。教育部2003年《教育部关于进一步发展繁荣高校哲学社会科学的若干意见》和教育部、财政部2011年《高等学校哲学社会科学繁荣计划（2011—2020年）》发布之后，已有学者的研究为解决人文社会科学研究评价问题提供了较为厚实的理论基础和实践经验。①②③④⑤⑥ 为了解已有研究的整体概貌、焦点热点、缺陷和不足以及存在的理论空白，本书采用科学计量的研究方法，以CNKI数据库收录的人文社会科学研究评价领域的文献数据为研究样本，采用分类比较与知识图谱可视化的分析方法，从宏观、中观与微观的视角，系统、全面、直观地梳理我国人文社会科学研究评价的发展历程与整体概貌。

---

① 李卫红. 努力开创高校哲学社会科学“走出去”工作新局面[J]. 中国高等教育，2012，（09）：4-7.
② 韩新民，苏新宁. 利用CSSCI对我国高等院校人文社科研究状况的分析[J]. 中国图书馆学报，2001，（04）：19-24，72.
③ 马晓军，吴向东，袁培国. 我国高校系统哲学社会科学研究能力初析——基于CSSCI（1998—2004）数据的统计分析[J]. 清华大学学报（哲学社会科学版），2007，（05）：132-138.
④ 姜春林. 从科学计量看我国人文社会科学研究评价的现状[J]. 情报资料工作，2010，（03）：33-36.
⑤ 任全娥. 国内人文社会科学成果评价研究文献计量分析[J]. 社会科学管理与评论，2013，（03）：21-32.
⑥ 谭春辉，桑静. 我国人文社会科学研究评价三十年——基于CNKI期刊数据库的可视化分析[J]. 情报杂志，2013，32（12）：132-138.

第一节　数据来源与研究方法

一、数据来源

科学研究的始点和基础是对既有研究成果进行有效梳理。学术文献具有前瞻性、及时性、全面性等特色，承载着集聚人类重要知识成果的功能与任务。为保证样本数据的代表性、全面性与内容的覆盖性，本书以 CNKI 数据库为数据源，将有关人文社会科学研究评价主题的共计 7046 篇研究文献作为分析样本。

研究以“主题”为检索项，将“评价”分别与“人文社会科学”“人文科学”“人文与社会科学”“社会科学”“人文社科”“社科”“哲学社会科学”检索词进行组配，择取精确匹配，期刊文献与硕博士学位论文文献的时间跨度分别为 1983～2017 年、1998～2017 年，剔除通知、征稿和简介等不相关的数据 2511 条[①]，最终分别得到有效样本 4464 条、2582 条，从而探寻人文社会科学研究评价的总体态势。

二、研究方法

本书从整体视角出发，从宏观与微观两个层面把握人文社会科学研究的整体态势；从研究的成熟程度与活跃程度两个方面探究该领域研究的发展程度[②]，考虑到数据的可获得性和适用性需要，本书使用发文量、学科分布和发文作者与机构具体分析纵览人文社会科学研究评价的总体态势与研究走向；使用关键词聚类分析的方法，探析人文社会科学研究评价发展历程中的热点问题、焦点论域以及问题聚焦。

（一）工具选取

知识图谱融合了图论和科学计量等理论与方法，具有图形可视化的优势，成为学术研究的重要分析工具之一。与其他研究工具相比，其能够将相关研究

① 鉴于“评价”一词含义较为广泛，如相近的词语“评估”“评介”“测评”“评述”等，本书只择取“评价”进行相应组配检索；检索日期为 2018 年 3 月 12 日。

② 王续琨. 设计科学在中国：发展概观和学科体系[J]. 大连理工大学学报（社会科学版），2011，32（04）：131-136.

领域的知识分布与演进详情更直观形象地呈现，且以定量的数据进行分析，较好地排除了主观因素的阻挠，使得研究结果更加客观、清晰。

本书使用由英籍华裔学者陈超美教授开发的 CiteSpace 5.0 R2 文献可视化分析软件，该软件能够通过可视化的形式展现特定时期相关研究领域的热点趋势与前沿领域的发展演化路径，尤为注重时间维度的研究发展历程。[①]

（二）参数设置

在 CiteSpace 5.0 R2 软件中，参数设置的适当性和准确性直接影响研究结果的科学性，其主要涉及时间切片、网络配置、网络剪裁与可视化设置 4 个方面。具体的参数设置如下。

1. 时间切片（time slicing）设置

时间切片意指被分析数据的时间年代跨度与单个时间分区的长度。考虑到文献的可获得性，本书将研究成果时间跨度设置为 1983～2017 年，单个时间分区为 2 年。

2. 网络配置设置

网络配置由阈值设置与节点类型（node types）两个部分构成。鉴于 CiteSpace 软件中的关键因素模块值（modularity，*Q* 值）和平均轮廓值（mean silhouette，*S* 值）可以判断知识图谱的科学性与有效性（当 *Q* 值大于 0.3 时，表明模块之间的边界清晰、结构显著；当 *S* 值大于等于 0.5 时，说明聚类信息有效合理），为使得到的知识图谱更具科学性，经反复调试，本书将节点类型选择为关键词，阈值设为（2，2，20）、（3，2，20）、（3，3，20）。

3. 网络剪裁与可视化设置

为简化网络并突出该研究领域重要的结构特征，总体成果研究使用寻径网络（pathfinder）算法对数据进行修剪。可视化方式设置为静态网络和混合网络，得到社会科学总成果热点主题的关键词聚类图谱（185 个节点，242 条连线；Q=0.8486，S=0.5149）。

① 陈悦，陈超美，胡志刚，等. 引文空间分析原理与应用：CiteSpace 实用指南[M]. 北京：科学出版社，2014：12.

第二节 人文社会科学研究评价的总体态势分析

以期刊文献与学位论文等为表征的科学文献的发文数量和变化特点是衡量和测度科学知识的重要尺度。① 一定程度上，某一时期文献的增长速度反映了该研究领域的研究水平和活跃程度。累积发文量指当年可查阅到的相关文献数量，映射了总体研究规模庞大与否，能够较为客观地揭示学科领域的发展态势与基本特点②；根据普赖斯逻辑增长律，科学文献有其自身的发展规律，当文献处于不稳定增长状态时，进入该学科领域发展的初期，当文献数量呈指数型急剧增长时，表明该学科步入发展期。③

一、期刊发文量分析

根据前期设定的检索词，以《中国学术期刊（网络版）》为检索数据源进行检索，结果绘制 1983～2017 年人文社会科学研究评价期刊文献年度发文详情图（图 3.1）。

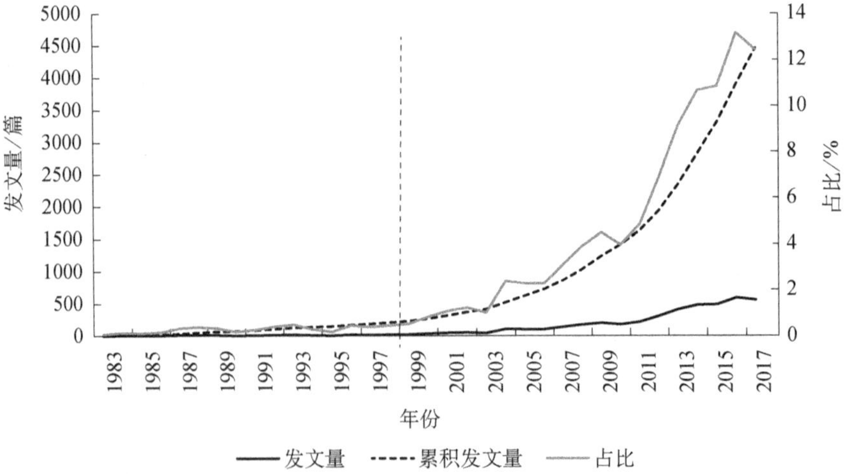

图 3.1 1983～2017 年人文社会科学研究评价期刊文献年度发文详情

① 马维野. 评价论[J]. 科学学研究，1996，(03)：5-8.
② 邱均平. 信息计量学[M]. 武汉：武汉大学出版社，2007：45-55，65.
③ 向东. 普赖斯逻辑增长律的证明与推论[J]. 科学学与科学技术管理，1987，(06)：14-18.

从期刊文献的年度发文情况看（图 3.1），整体而言，人文社会科学研究成果于 20 世纪 90 年代左右开始逐渐增多。全国哲学社会科学规划领导小组于 2001 年制定了《国家哲学社会科学研究“十五”（2001—2005 年）规划要点》，该规划旨在推动我国人文社会科学的发展与繁荣，若以 2001 年为时间界点，可检索文章仅有 314 篇，占总发文量的 7.03%，尽管此阶段发文量很少，但表明国家与学界已开始重视人文社会科学的发展，仅 2001 年一年发文量已接近 50 篇。其间，国家对哲学社会科学发展重心的调整一定程度上助力了人文社会科学研究的发展，使其进入了研究的初创期。2002～2017 年，发文量高达 4150 篇，值得注意的是，成果总量的九成以上（92.97%）的文章发表于此阶段，2004 年论文的数量达到 100 篇以上，2016 年和 2017 年均突破 500 篇，表明我国人文社会科学研究评价进入发展繁荣阶段。

二、学位论文发文量分析

基于中国优秀硕士学位论文全文数据库和中国博士学位论文全文数据库，以前期设定的检索词进行检索，并根据文献所属学科与期刊所属学科，绘制 1998～2017 年人文社会科学研究评价硕博士学位论文文献年度发文详情图（图 3.2）。

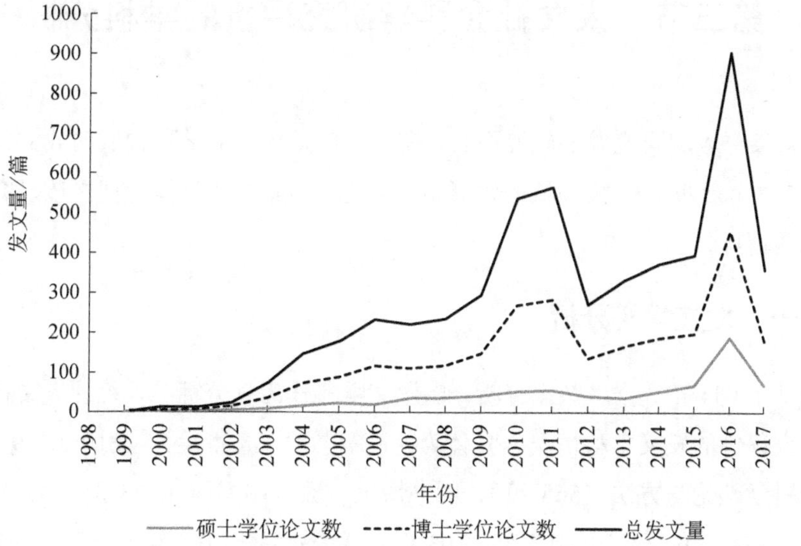

图 3.2　1998～2017 年人文社会科学研究评价硕博士学位论文文献年度发文详情

总发文量是包括硕士学位论文、博士学位论文、期刊论文在内的文献发表总量

从硕博士学位论文文献年度发文情况看，学位论文方面的发展趋势与期刊研究结果相吻合，印证了我国人文社会科学研究从滥觞到快速增长的发展历程。具体说来，21 世纪之前，可查阅的文献量有限，尤其是学位论文资料，1998～2001 年，硕博士学位论文均不足 10 篇，研究规模极小，其总发文量仅占全部发表文献量的 0.54%，处于人文社会科学研究评价的零星发展阶段。之后，该研究领域的学位论文成果日臻丰硕，譬如，2010 年、2011 年和 2016 年分别发表硕博论文 268 篇、282 篇和 454 篇，是人文社会科学研究评价的发展高峰期；这一时期发表的硕博论文数高达总量的 99.46%，约为发展初期的 183 倍，该阶段的迅速发展与崛起系源于国家政策的引领与导向。

从期刊和学位论文两方面看，我国人文社会科学研究经历了滥觞到跨越式发展两个阶段。20 世纪 80 年代后，人文社会科学研究评价滥觞，属于该研究领域的发轫初创期。20 世纪 90 年代，人文社会科学研究评价逐步迈入发展期。21 世纪初以降，以 2001 年为时间界点，我国人文社会科学研究评价逐渐进入跨越式发展期。

第三节 人文社会科学研究评价的学科分析

就某一领域研究发展轨迹而言，在一定时期内，某学科领域的载文数量统计可以大致反映该研究领域的发展走向与态势，能够从整体上把握该研究领域的发展趋势。

一、发文学科分析

基于 CNKI 数据库数据分析，以发文学科作为划分标准，统计人文社会科学研究评价的发文学科情况，具体为：高等教育（834 篇）、出版（659 篇）、社会科学理论与方法（568 篇）、图书情报与数字图书馆（475 篇）、科学研究管理（253 篇）、经济体制改革（103 篇）、贸易经济（100 篇）、哲学（97 篇）、金融（94 篇）、法理与法史（93 篇）、中国政治与国际政治（88 篇）、教育理论与教育管理（82 篇）、中国语言文字（56 篇）、中国共产党（55 篇）、职业教育（46 篇）、成人教育与特殊教育（45 篇）、行政学及国家行政管理（45 篇）、管理学（42 篇）、医学教育与医学边缘学科（42 篇）、社会学及统计学（41 篇）、外国语言文字（37 篇）、心理学（35 篇）、环境科学与资源利用（32 篇）、审计（27 篇）、财政与税收（26 篇）、特种医学（26 篇）、新闻与传媒（25 篇）、文艺理论（22 篇）、工业经济（21 篇）、农业经济（21 篇）、思想政治教育（21 篇）、经济理论及经济思想史（21 篇）、宏观经济管理与可持续发展（20 篇）、中国文学（20 篇）、体育（18 篇）、中等教育（18 篇）、外科学（17 篇）、心血管系统疾病（16 篇）、自然科学理论与方法（16 篇）、美术书法雕塑与摄影（15 篇）。[①]

由以上发文学科情况看，既有文献研究集中于高等教育、出版、社会科学理论与方法、图书情报与数字图书馆、科学研究管理等学科领域。从占比来看，排名前 10 的学科文献研究发文量高达 3276 篇，占总发文量的 73.39%。其中，高等教育居于首位，是该研究领域的第一主力军，出版、社会科学理论与方法、图书情报与数字图书馆学科处于第二梯队；发文量相对较少的成果分散于教育理论与教育管理、社会学及统计学、环境科学与资源利用等学科，发文量共计 996 篇，占比为 22.31%。值得注意的是，人文社会科学研究领域也针对环境科学与资源利用、农业经济、自然科学理论与方法等自然科学类研究成果进行评价。

二、发文期刊分析

基于 CNKI 数据库数据分析，以发文期刊作为划分标准，统计 1983～2017 年人文社会科学研究评价的发文期刊情况（表 3.1）。从发文期刊所属学科视角来看，根据期刊知识来源与期刊所在学科异同，学科期刊来源可以分为学科内期刊与学科外期刊[②]。

由表 3.1 可知，发文量≥25 篇的期刊中，所属教育综合类（269 篇）、图

① 发文量排名前 40 的学科；检索日期为 2018 年 3 月 12 日。
② 李秀霞，马秀峰，程结晶. 基于耦合强度的我国图书情报学核心期刊社会网络分析[J]. 中国科技期刊研究，2016，27（05）：526-534.

书情报与数字图书馆（159 篇）、社会科学理论与方法（71 篇）类学科占据绝对优势，高等教育（61 篇）类期刊约占教育综合类期刊的 22.18%，金融、法理与法史、管理学等比例较小；值得注意的是，上述 8 种教育类期刊中有 5 种设置了有关评价的常设专栏或主题，设置率达 62.50%，形成了较为稳定的有关教育评价主题的学术聚焦，为人文社会科学评价的发展奠定了一定的基础。此研究结果与人文社会科学研究的发文量研究相吻合。

表 3.1　1983～2017 年人文社会科学研究评价发文期刊分布

序号	发文量/篇	期刊名称	专辑名称	所属学科	评价专栏数
1	78	社会科学管理与评论	社会科学	社会科学理论与方法	1
2	71	评价与管理	信息科技	图书情报与数字图书馆	0
3	68	新金融	经济与管理科学	金融	2
4	54	法制博览	社会科学	法理与法史	0
5	50	重庆大学学报（社会科学版）	社会科学	教育综合	2
6	48	成都师范学院学报	社会科学	教育综合	0
7	47	科技管理研究	基础科学、经济与管理科学	管理学、经济与管理	0
8	34	艺术百家	哲学与人文科学	哲学与人文	1
9	33	高教发展与评估	社会科学	高等教育	3
10	33	图书情报工作	信息科技	图书情报与数字图书馆	3
11	33	情报资料工作	信息科技	图书情报与数字图书馆	0
12	33	学术界	社会科学	教育综合	3
13	32	西南民族大学学报（人文社科版）	社会科学	教育综合	2
14	30	国际商务（对外经济贸易大学学报）	经济与管理科学	贸易经济	0
15	29	老区建设	经济与管理科学	经济体制改革	3
16	28	高校教育管理	社会科学	高等教育	0
17	28	心理学报	哲学与人文科学	心理学	0
18	26	长春大学学报	社会科学	教育综合	0
19	26	放射学实践	医疗卫生科技	特种医学	2
20	25	情报科学	信息科技	图书情报与数字图书馆	1
21	25	云梦学刊	社会科学	教育综合	2

注：表中所列为发文量≥25 篇的期刊详情；评价专栏数为近 10 年数据；检索日期为 2018 年 4 月 6 日。

三、机构与作者分析

基于 CNKI 数据库数据分析，分别以机构、作者作为划分标准，统计 1983～2017 年人文社会科学研究评价的发文机构与发文作者情况（表 3.2 和表 3.3）。

表 3.2　1983～2017 年人文社会科学研究评价发文机构分布

序号	研究机构	机构性质	发文量/篇	占比/%
1	南京大学	综合性院校	156	25.91
2	武汉大学	综合性院校	88	14.62
3	中国人民大学	综合性院校	78	12.96
4	中国社会科学院	学术机构和综合研究中心	77	12.79
5	北京大学	综合性院校	49	8.14
6	大连理工大学	理工科院校	32	5.32
7	华中师范大学	师范院校	31	5.15
8	清华大学	理工科院校	25	4.15
9	北京师范大学	师范院校	23	3.82
10	浙江大学	综合性院校	23	3.82
11	复旦大学	综合性院校	20	3.32

注：表中所列机构发文量≥20 篇；占比为占发文量≥20 篇总量的比例。

表 3.3　1983～2017 年人文社会科学研究评价发文作者分布

序号	作者	作者单位	二级学院	发文量/篇	占比/%
1	邱均平	武汉大学	信息管理学院、教育科学学院	39	23.78
2	叶继元	南京大学	信息管理学院、中国人文社会科学评价国家创新基地	33	20.12
3	姜春林	大连理工大学	科学学与科技管理研究所	26	15.85
4	任全娥	中国社会科学院	图书馆	18	10.98
5	谭春辉	华中师范大学	信息管理学院	16	9.76
6	朱　剑	南京大学	南京大学学报编辑部	11	6.71
7	杨建林	南京大学	信息管理学院	11	6.71
8	赵蓉英	武汉大学	中国科学评价研究中心	10	6.10

注：表中所列作者发文量≥10 篇；占比为占发文量≥10 篇总量的比例。

结合表 3.2 和表 3.3 可知，综合性院校（414 篇）、理工科院校（57 篇）、师范院校（54 篇）均发挥着重要作用，其中南京大学与武汉大学位居前列。就发文机构统计而言，南京大学位于榜首；从发文作者来看，榜首属于武汉大学。这与 1997 年、2002 年南京大学和武汉大学分别设立中国社会科学评价研究中心、武汉大学中国科学评价研究中心密切相关。[①]

从发文学科与期刊所属学科角度来看，人文社会科学研究评价中学科评价研究整体呈现非稳态发展态势，主要集中在教育、图书情报与数字图书馆、社会科学理论与方法等学科，其中高等教育、图书情报学科贡献力较大，占据重要地位。就发文作者与机构而言，人文社会科学研究评价呈现出科研系统与高校系统协同研究的局面，综合性院校、理工科院校与师范院校发挥着主要作用，南京大学与武汉大学是人文社会科学研究评价的生力军。

第四节 人文社会科学研究评价的热点与变迁

作为表征特定学术研究领域现状的重要指标，研究热点集中反映了特定时期具有内在联系且发文量较多的论文集中探讨的问题。关键词是对科学文献研究内容的高度概括与凝练，一定程度上可以揭示学科研究领域中知识的内在关联，尤其是对文献中高频关键词的统计分析，可以判别某研究领域的主题与热点。[②③] 鉴于此，本书通过关键词共现分析与关键词聚类分析，探讨人文社会科学研究评价领域的热点趋势，从而展示其研究主题结构与发展变迁的路径。

一、基本主题变迁

在 CiteSpace 知识图谱中，突现率即度量检测词的变动频次和趋势，表征

① 朱少强. 国内外人文社会科学研究评价综述[J]. 评价与管理，2007，(04)：39-63，73.
② Chen C. Searching for intellectual turning points：progressive knowledge domain visualization[J]. Proceedings of the National Academy Sciences of the United States of America，2004，101（Suppl.）：5303-5310.
③ Lee W H. How to identify emerging research fields using scientometrics：an example in the field of information security[J]. Scientometrics，2008，76（3）：503-525.

关键词在单位时间内出现的骤增变化情况。突现率越大，表明该关键词在此时段研究中使用频次的突显程度越明显，进而展示该研究领域某时期的热点态势。①②

根据前期的参数设置运行 CiteSpace 5.0 R2 软件，绘制 1983～2017 年人文社会科学研究评价的关键词共现分析图谱（图 3.3），同时借助该软件后台运行并储存的相关数据，并根据研究前沿的分类③，导出并绘制 1983～2017 年人文社会科学研究评价的高频关键词和高频突现词的数据指标表（表 3.4）和突现词变化图（图 3.4）。

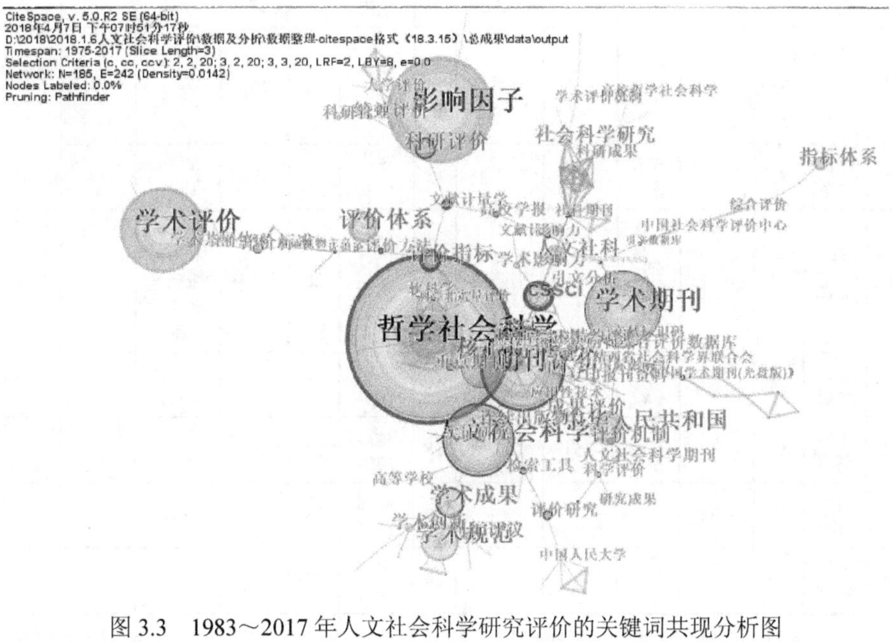

图 3.3　1983～2017 年人文社会科学研究评价的关键词共现分析图

① Havre S，Hetzler E，Whitney P，et al. ThemeRiver：visualizing thematic changes in large document collections[J]. IEEE Transactions on Visualization and Computer Graphics，2002，8（01）：9-20.

② 陈悦，陈超美，刘则渊，等. CiteSpace 知识图谱的方法论功能[J].科学学研究，2015，33（02）：242-253.

③ 潘黎，侯剑华. 国际高等教育研究的热点主题和研究前沿——基于 8 种 SSCI 高等教育学期刊 2000—2011 年文献共被引网络图谱的分析[J]. 教育研究，2012，33（06）：136-143.

表 3.4 1983～2017 年人文社会科学研究评价的高频关键词和高频突现词数据指标

初创发展期（1983～2001 年）							繁荣发展期（2002～2017 年）						
序号	高频关键词	频次	中心性	突现词	突现值	前沿属性	序号	高频关键词	频次	中心性	突现词	突现值	前沿属性
1	哲学社会科学	365	0.79	哲学社会科学	73.42	渐强型	11	学术评价	186	0.04	学术规范	21.23	渐强型
2	期刊评价	178	0.43	社会科学研究	9.81	渐强型	12	学术规范	89	0.04	学术成果	15.35	渐强型
3	核心期刊	107	0.11	CSSCI	8.4	渐强型	13	学术成果	67	0.2	学术创新	7.58	渐弱型
4	中华人民共和国	88	0.07	核心期刊	8.35	渐强型	14	影响因子	63	0.16	学术共同体	6.25	最新研究前沿
5	评价体系	85	—	成果评价	5.8	渐强型	15	评价机制	39	0.04	评价研究	5.8	渐强型
6	CSSCI	73	0.57	重点期刊	5.8	渐强型	16	学术影响力	28	0.04	中国学术期刊综合评价数据库	5.8	渐强型
7	评价指标	54	0.65	评价标准	5.77	渐强型	17	绩效评价	27	0.02	复印报刊资料	5.29	渐强型
8	指标体系	53	—	影响因子	5.51	渐强型	18	学术共同体	23	0.06	—	—	—
9	科研评价	53	0.25	—	—	—	19	期刊评价	23	0.43	—	—	—
10	来源期刊	49	0.9	—	—	—	20	学术创新	21	0.08	—	—	—

注：经合并整理后排名前 20 的高频关键词与排名前 15 的高频突现词；根据前期时间界点划分发展阶段。

综合图 3.3、图 3.4 和表 3.4，可以发现人文社会科学研究评价的热点主题主要围绕哲学社会科学展开，该研究领域的初创时期主要涉及如核心期刊、评价体系、CSSCI、评价指标、指标体系等期刊评价与指标研讨方面，对软科学较为关注，并逐步迈入对影响因子、CSSCI、核心期刊等量化评价方法的研究。进入 21 世纪之后，对学术评价研究的热度未减，对学术规范的探究与学术成果评价等热点研究进入新的发展阶段。近年来，对量化评价方法，如影响因子与期刊评价，以及对学术成果评价，如核心期刊、CSSCI、学术共同体、学术创新等主题更为青睐。值得注意的是，学术创新研究属于渐弱型主题，该研究主题的研究于 2008 年到达高潮后趋于消减趋势。

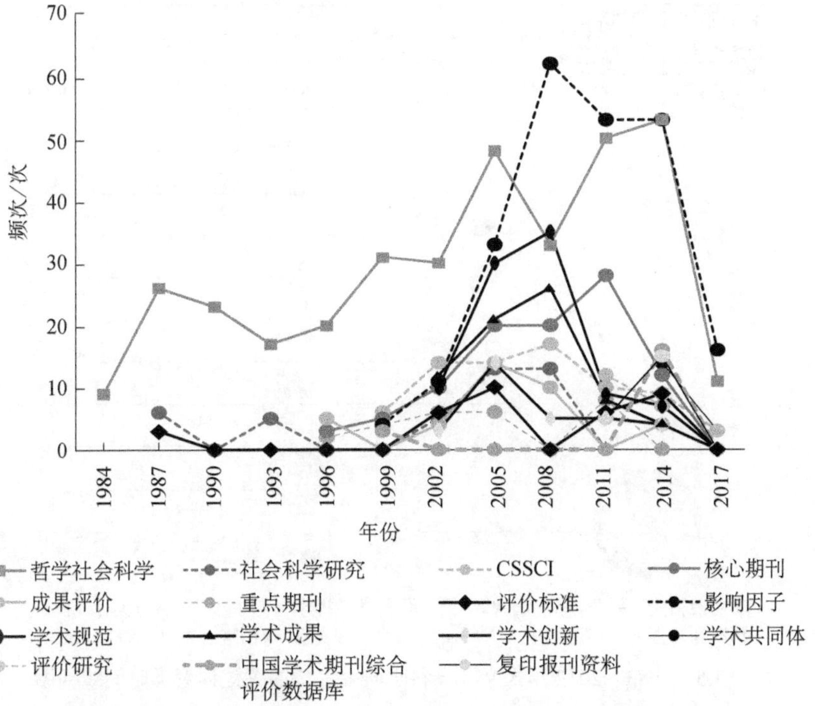

图 3.4　1983～2017 年人文社会科学研究评价突现词变化图

二、主要论域及变迁

在关键词共现图谱的基础上，使用关键词聚类时间线视图分析探究人文社会科学研究领域主要论域的微观进路。根据前期的参数设置运行 CiteSpace 5.0 R2 软件，生成 1983～2017 年人文社会科学研究评价的关键词聚类时间线视图谱（图 3.5）。

结合图 3.5 与表 3.5，由关键词聚类网络群组并结合研究相关度可知，在人文社会科学评价发展的初期，热点主题主要探讨其理论发展、学术价值及社会科学文化的繁荣①。进入 21 世纪之后，侧重点聚焦于探讨学术规范、科研成

① 刘大椿. 人文社会科学的学科定位与社会功能[J]. 中国人民大学学报，2003，(03)：28-35.

果量化评估、教育评价、国际影响力等方面[①②③]，主要焦点论域具体情况如表 3.5 所示。综合来看，与关键词共现图谱（图 3.5）视角的分析结果相吻合。

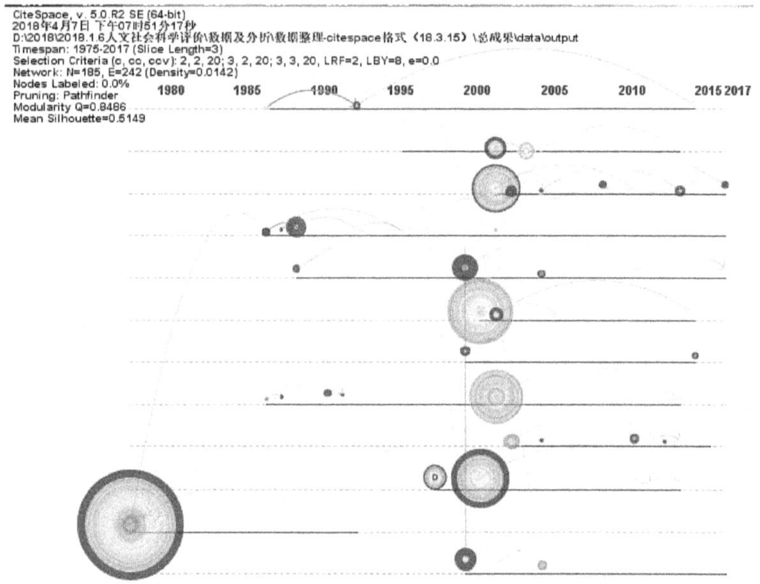

#0社会功能 #1学术规范 #2年报 #3科学指挥学 #4中小学 #5大学评价
#6期刊数据库 #7唯物主义 #8研究基地 #9文章 #10唯心主义 #11 altmetrics

图 3.5 1983～2017 年人文社会科学研究评价的关键词聚类时间线视图

表 3.5 人文社会科学研究评价的主要焦点论域的发展变迁

发展阶段	类团编号	关键词数	*S* 值	初始年	词频–逆文档加权算法	对数似然率算法	研究主题
初创发展阶段（1975～2001 年）	#10	9	0.98	1985	唯心主义、唯心论、辩证法、唯物主义、评价客体	哲学、唯心论、唯心主义	评价理论
	#3	16	0.962	1995	科学指挥学、评价矩阵、科技成果评价、数学模型、软科学	科学指挥学、软科学、科技成果评价	社会科学繁荣与国家发展
	#0	20	0.983	2000	社会功能、稿件质量、学术功能、展望未来、开拓进取	社会科学期刊、社会科学研究、社会功能	社会科学评价的价值
	#7	13	0.967	2001	唯物主义、当代学术、价值论、辩证唯物主义、认识论	学术评价、价值论、认识论	评价理论

① 林坚. 人文社会科学地位、功能及其评价[J]. 社会科学管理与评论，2007，(01)：19-24.
② 任全娥. 人文社会科学研究成果评价：科学性、创新性与价值性及其关系[J]. 评价与管理，2009，7(01)：13-17.
③ 方海明. 对我国大学评价与排名的量化分析与比较[J]. 高教发展与评估，2006，(01)：20-27.

续表

发展阶段	类团编号	关键词数	S值	初始年	词频–逆文档加权算法	对数似然率算法	研究主题
繁荣发展阶段（2002～2017年）	#11	6	0.925	2005	altmetrics、学术影响、学术影响力	人文社会科学、altmetrics、CSSCI	定量评价
	#1	17	0.98	2006	学术规范、学术积累、学术创新、学术成果、教育行政组织	学术规范、哲学社会科学、学术成果	学术评价与学术规范
繁荣发展阶段（2002～2017年）	#9	12	0.946	2006	文章、科技期刊、期刊评价、信息容量	期刊评价、应用性技术	期刊评价
	#5	15	0.981	2007	大学评价、教育评价、大学排名、综合竞争力、竞争力	人文社会科学、大学评价、教育评价	教育评价
	#4	16	0.935	2009	中小学、复印报刊资料、报刊资料、来源期刊、学科期刊	复印报刊资料、来源期刊、中小学	教育评估
	#2	16	0.89	2009	年报、清华大学图书馆、中国大学学报、中国科学引文数据库、JCR	学术期刊、年报、清华大学图书馆	高校发展
	#8	13	0.892	2010	研究基地、国际影响力	中华人民共和国	学术影响力
	#6	13	0.945	2010	期刊数据库	中国学术期刊综合评价数据库、期刊数据库	智库发展

注：聚类尺度排名前12的热点主题，根据前期时间界点划分发展阶段。

概言之，人文社会科学研究评价的初创时期较为关注研究的价值以及对评价理论的探讨。进入21世纪之后，定量评价、学术评价与学术规范、期刊评价、教育评价、学术影响力等问题成为研究的焦点。其中，量化评价几乎构成了整个人文社会科学评价研究繁荣发展阶段的主旨内容。

第五节 研究结论

本章研究基于CNKI数据库所收录的有关人文社会科学研究评价的7046篇文献题录数据进行描述统计和知识图谱可视化分析，分别从宏观、中观与微观视角分析了我国人文社会科学研究评价的总体发展历程，研究结论如下。

一、人文社会科学研究评价的学科维度

从学科维度来看，人文社会科学研究评价的学科分布多样性与差异性显

著。研究显示，我国人文社会科学研究评价发展整体呈现出良好的发展态势，表现为该领域研究成果的波动增长样态与研究学科视角的多样化趋势。需要注意的是，在研究成果总量不断增长的同时，学科分布上表现出非均衡、非稳态发展的趋向，究其本质，学科的复杂性与异质性使研究成果趋于不同，既有研究成果主要分布于高等教育、出版、社会科学理论与方法、图书情报与数字图书馆、科学研究管理等学科领域，其他学科领域的研究成果较少。

二、人文社会科学研究评价的方法维度

从评价方法角度来看，人文社会科学研究评价热衷于对量化评价方法的探讨。热点主题数据显示，对人文社会科学研究评价的聚焦点是期刊载文量与量化指标等问题。主要的论点是，单一的量化指标难以科学合理地进行价值评判，一味追求量化标准，往往背离人文社会科学研究的本质及其规律。人文社会科学研究评价是一项综合性较强的系统工程，价值判断、历史判断和性质判断等非量化的定性指标也是其必备要素。作为对研究结果的回应，2011 年教育部印发了《教育部关于进一步改进高等学校哲学社会科学研究评价的意见》，旨在改变重数量轻质量、重形式轻内容等不良的学术评价现象，要求人文社会科学研究评价要回归人文社会科学研究的本身价值，其要求之一就是要进一步建立健全科学、合理的评价制度①。

三、人文社会科学研究评价的内容维度

从研究内容来看，人文社会科学研究评价的原创成果不多。研究显示，就既有研究成果而言，尽管整体呈现逐年上升趋势，但是研究问题主要是集中在对人文社会科学研究评价量化模式的批判之上，诸如近年来炙手可热的期刊评价、影响因子等如何导致人文社会科学研究中学术失范与评价失真，以及影响和阻碍人文社会科学健康发展等。尤其值得一提的是，学界对建立科学、合理的人文社会科学研究评价制度呼声不断高涨，但是具有建构意义的基础性研究成果较少，在突现词年代变化中没有得到体现。人文社会科学研究评价制度建设滞后于人文社会科学研究事业的发展。

① 张东刚. 以科学发展观为指导 建设高校哲学社会科学创新体系[J]. 中国高等教育，2013，(01)：12-15.

第四章　人文社会科学研究评价的制度困境

人文社会科学研究评价，顾名思义也就是指对人文社会科学研究计划、研究项目、研究与发展机构、研究与发展人员、研究成果等进行的评价。人文社会科学研究评价是科学技术管理工作的重要组成部分，做好人文社会科学研究评价工作，对于繁荣哲学社会科学事业，促进研究资源优化配置，提高人文社会科学管理水平具有重要的意义和价值。然而，科学技术评价本身就是一个十分复杂、困难的事业，人文社会科学还具有比自然科学更多的复杂性，形成了人文社会科学研究评价制度建构的困境。

第一节　人文社会科学研究自身的困境

人文社会科学是人文学科与社会科学的统称。作为相对于自然科学的独立知识体系，人文社会科学是一个界定模糊、争议颇多的概念范畴。由于认识主体视角上的差异，人文社会科学也经常被称为哲学社会科学、社会科学或文科等，其中涉及对意识形态、学科划界标准与知识分类等基本理论问题的不同理解。[①]

一、人文社会科学研究对象的特殊性

自然科学与人文社会科学之间最根本的差异在于研究对象和研究方法上的差异。科学社会学家朱克曼（H. Zuckerman）和默顿（R. K. Merton）曾提出

① 刘大椿，等. 人文社会科学研究成果评价体系研究[M]. 北京：经济科学出版社，2009：5.

用“编码”（codification）的概念来检验科学的认知结构，意在把经验知识转化成简洁的、相互依存的理论公式的综合表达。他们认为，人文社会科学研究的编码化水平比较低，是高度经验主义的；而自然科学编码化水平较高，是低经验主义的。[①]按照我国学者李醒民的划分标准，人类知识体系可以划分为自然科学、社会科学与人文学科三大部类：自然科学以独立于人的意识之外的自然物（包括人本身）为研究对象，社会科学以人类的社会现象为研究对象，人文学科以人类的精神现象为研究对象。[②]与自然科学相比，人文社会科学研究的特殊性十分明显。自然科学研究的是能够与价值分离、客观的硬事实；人文学科研究的是无法与价值分离的、主观的软事实；社会科学研究的事实有软有硬，或者兼而有之。莫德（H. F. Moed）[③]对人文社会科学学科与自然科学的差异进行了总结（表 4.1）。

表 4.1　人文社会科学学科与自然科学的特点对比

标准	自然科学	人文社会科学学科
研究对象	自然现象	人类精神世界现象
研究方法	强调定量和逻辑推理	多采用直觉和想象
观点	数据模型的规则、规律	独特性、不可复归性
语言	数学表达	自然语言
组织	国际研究前沿领域	学术界和社会公共领域
知识增长	不断增加	全方位体验事物
研究单元	学术团队	个体
研究活动	短期项目	终生追求
信息传播速度	快	慢
出版物类型	期刊论文	图书
出版语言	英语	本土语言
合著情况	学术团队	独著

自然科学的研究对象是包括人在内的自然现象，独立于人的存在，属于客观的物质、现象或事件。例如，物理学在我们通常的观察范围内，可以把研究对象看作是相对独立于人之外的客观事物，人通过计算、测量结构或逻辑–数

① Zuckerman H，Merton R K. Age，aging and age structure in science[M]//Merton R K. The Sociology of Science. Chicago：Chicago University Press，1973：493-560.

② 李醒民. 知识的三大部类：自然科学、社会科学和人文学科[J]. 学术界，2012，(08)：5-33，286.

③ Moed H F. Research Assessment in Social Sciences and Humanities[C]. ECOOM Colloquium Antwerp，2008.

学结构对其进行认识。人文学科的研究对象是人本身或与个体精神直接相关的文化世界，如信仰、情感、心态、理想、道德、审美、意义、价值等。这些内容本身是“观念”的范畴，无法从自然的角度进行定义。社会科学的研究对象是由人与物或人与人的关系所构成的社会结构和社会实践。与人文学科研究的主观精神或思维相比，社会科学的研究对象在很大程度上独立于特定的观察者，具有较大的客观性（社会事实），例如，社会学研究中的自杀、犯罪等现象。不过，大多数社会行为或人类行为，都不是自然科学意义上的客观事实。任何个人或人类的行为只有在具有主观意义或价值时才可称之为社会行为。①社会科学的研究对象同样无法从自然的角度进行定义。

一言以蔽之，自然科学的研究对象属于客观事实，符合事实与价值相分离的逻辑；社会科学的研究对象属于事实和价值混合的社会事实，一定程度上符合事实与价值相分离的逻辑；人文学科的研究对象属于意义和价值上的观念事实，不符合事实与价值相分离的逻辑。

二、人文社会科学研究方法的多样性

研究方法是以方法论为理论支撑的认识方式、手段或途径。不同的方法论背后隐含着本体论和认识论上的先验差异。自然科学的研究方法是统一的逻辑实证主义。正如吴鹏森等人所概括的那样，科学应是具有高度的逻辑严密性的实证知识体系，它必须同时满足两个条件：一是具有尽可能严密的逻辑性，最好是能公理化；二是能用数学模型进行表达，或者至少也要有一个能自圆其说的理论体系，能够直接接受观察和实验的检验。②

社会科学的研究方法是多样化的，实证主义、解释主义、批判主义等方法在社会科学研究中都是逻辑自洽的。人文学科不存在自然科学和社会科学意义上的方法论，主要方法是人类自身体悟和理解的能力。主要包括：对物理符号（话语、色彩、空间形式）的心理生理接受；对熟悉或不熟悉事物的认知以及其语言中可重复、一般意义的理解；在现实语境中意义的理解；等等。③哲学

① 〔德〕马克斯·韦伯. 社会科学方法论[M]. 李秋零，田薇，译. 北京：中国人民大学出版社，1999：36.
② 曹胜强. 人文社会科学基础[M]. 北京：高等教育出版社，2014.
③ 佚名. 关于人文学科的方法论[J]. 世界文学，1995，(05)：221-230.

家赫西（M. Hussey）认为，在人文学科中，资料或数据不能够同理论分离，因为资料是由理论解释决定的。理论是事实本身的模拟重建，一个好理论的标准是对意义和意图（intention）做出理解，而不是做出演绎说明。在人文学科中，关系是内在的，是由研究者所辨识的（或施加的）理解范畴创造出来的。人文学科的语言是不可化约且多意的，并且不断地自行调整以便适应个别事例，人文学科中的意义是由事实构成的，和行为主体的意义不可分离。①

总的说来，在研究方法上，归纳和演绎在自然科学中取得了统一，在社会科学中取得了部分统一，而在人文学科中则无法运用。从哲学角度看，归纳和演绎都是人类获得知识的思维方式。不过，归纳逻辑属于经验主义的范畴，演绎逻辑属于理性主义的范畴。二者在认识论上是对立的，不能统一。自古以来，哲学家一直饱受这一问题的困扰：通过归纳得到的规律可能是错误的；通过演绎得出的规律可能与现实毫不相符。自然科学的研究方法主要是经验归纳法或假设演绎法。但是在经典力学中，可观察的绝大多数物理现象完全符合牛顿三大定律，归纳和演绎取得了统一。这一结果在绝大多数自然科学学科中都普遍适用，通过研究典型现象可以获得普遍规律（定律），根据普遍规律也可以推知个别现象的机制。②在科学的意义上讲，作为学科知识体系的社会科学指的是自然科学方法在人类社会领域的具体运用。不过，同样是使用实证方法和理性方法，社会科学无法通过研究典型现象而获得覆盖性的法则（普遍规律），普遍规律必须穷尽全部个别现象才能够获得。同时，社会科学的概括性或普遍性的结论，其规律性远远弱于科学定律，例如，通过统计分析所获得的某一社会或群体的共同特征（倾向），不能等同于该特征为此社会或群体全部个体成员所共有。社会科学知识体系中的归纳和演绎不能完全统一。人文学科鲜有无可争辩的经验材料（可通过实验观察或数据检验的材料属于自然科学或社会科学的研究范畴），研究主要依靠直觉和体悟（理解）来把握研究对象的个性、一次性与不可重复性。人文学科的知识体系没有系统的理论，它的最终结果也不是归纳性或演绎性的，它不过是发现新事实或新材料，抑或从旧有的事实及

① 江天骥. 西方社会科学的两大传统和发展我国社会科学的途径[M]//中国社会科学杂志社，上海社会科学杂志社. 当代社会科学研究新工具. 北京：华夏出版社，1989：74-88.

② 赵鼎新. 社会科学研究的困境：从与自然科学的区别谈起[J]. 社会学评论，2015，3（04）：3-18.

材料中发现新意义。①

三、人文社会科学研究价值的潜在性

价值是客体满足主体需要的表现，是人的主观性与认识对象客观性的对立统一。现代以降，科学技术以其改造自然与社会的巨大力量，深刻地影响并改造了主体人对其价值的主观认知。当今世界，没有任何一个国家或政府会否定科学技术之于政治、经济和文化的重要价值。即便如此，自然科学研究的价值也会受到主流科学价值观念的影响。例如，孟德尔（G. J. Mendel）等著名学者的学术成果在生前无法得到承认，直到去世后才被后人发现和重视。与自然科学相比较，人文社会科学研究的价值受社会主导价值观念的影响更是潜在和长期的，只有历史才能揭示出哪一个研究成果被抵制或得到了错误评价。②可以说，当今自然科学知识的共时性和历时性价值能够统一；社会科学不能完全统一；人文学科完全不能统一。

从实证主义方法论来看，知识的可靠性和有效性是相对的，环境和条件发生了变化，知识就可能被证伪。在人类可观察的范围内，自然科学知识是关于“永恒世界”的普遍原理（定律、法则、机制等），历史知识和现实知识具有累积的统一性。在历时性上，自然科学知识的新发现不是对已有知识的否定，而是在其基础上的升华和飞跃。例如，爱因斯坦的相对论不是高于牛顿力学，而是将其作为特例囊括其中。在共时性上，自然科学知识是全人类的共同财富。美国科学家的新发现、新发明在中国同样适用，反之也亦然。人文社会科学知识是关于“变化世界”的理论，历史知识和现实知识之间具有反复性和重叠性。在历时性上，没有哪种人文社会科学的理论是绝对正确的。例如，20世纪二三十年代的大萧条宣布了自由市场经济理论的破产，经济学家们开始拥抱凯恩斯主义；六七十年代经济危机又出现了，凯恩斯主义束手无策，经学家们又开始重新思考自由市场经济理论。在共时性上，人文社会科学知识的价值具有情境性和条件依赖性。例如，民主自由理论具有普适性，但是，美国式的民主自

① 李醒民. 知识的三大部类：自然科学、社会科学和人文学科[J]. 学术界，2012，(08)：5-33，286.

② 〔美〕乔纳森·科尔，斯蒂芬·科尔. 科学界的社会分层[M]. 赵佳苓，顾昕，黄绍林，译. 北京：华夏出版社，1989：26.

由制度移植到其他国家就未必适用。

第二节 人文社会科学研究评价的技术困境

人文社会科学研究就其评价内容而言，主要可以分为对内涵、形式和影响的评价 3 个方面，分别对应着学术评价、管理评价和社会评价 3 种主要的类型。在评价的技术操作层面上，主要可以分为以主观评价为主导和以客观评价为主导的两种途径，分别对应着定性评价和定量评价两种主要的技术途径。在评价实践中，学术评价、管理评价和社会评价彼此交叉，定性评价和定量评价均有难以克服的局限性，造成了评价的技术困境。

一、人文社会科学研究评价的类型

（一）学术评价

学术评价，顾名思义也就是对人文社会科学研究的“学术性”内涵进行的评价。人文社会科学研究学术评价的困境源于对“学术”一词理解的模糊性。正如刘梦溪先生在《中国现代学术经典（蔡元培卷）》总序中所言：“问题是到底什么是学术？学术思想究竟指什么而言？”① 《现代汉语词典》（第七版）对“学术”一词的解释是“有系统的、较专门的学问”。《现代汉语词典》（第七版）对“学问”一词的解释是“正确反映客观事物的系统知识”。如此一来，“学术”也就是指“系统的、专门的知识”。这种释义具有很大的模糊性，混淆了“学”与“术”内在特质上的差异性。很显然，知识是一个内涵十分宽泛的概念，至少可以划分为理论性知识和应用性知识两大类。如果二者都包含在“学术”的概念之中，学界今天就不会有何谓“学术”的争论；如果“学术”只包括理论性知识，不包括应用性知识，那么“学术”内涵的边界纵然明晰，但从知识发展的视角看，这样划分即便不是一个错误，也是一种狭隘（参见第七章第一节）。

本书认为，人文社会科学研究的学术性内涵可以从 3 个方面进行考察。第

① 刘梦溪. 中国现代学术经典（蔡元培卷）[M]. 石家庄：河北教育出版社，1996：1.

一，学科性，也就是学术的知识属性。综合古今中外对“学术”一词的理解，学术性研究很关键的一点就是要发现新的知识或者是丰富、补充旧的知识。学科，作为知识的分类体系，最终都会将它们囊括其中。因此，无论研究的类型（微观、中观或者宏观的）怎样，也无论研究的设计（量化研究、质性研究或思辨研究）如何，如果研究的内容不属于任何一个学科（包括跨学科），那么这样的研究就难以称为具有学术性。第二，教育性，也就是学术的学问属性。学术性研究所要揭示的是事实与事实、事实与人、人与人之间关系的一般规律，这样的研究不仅能够进入学科，而且还具有天然的教育性。也就是说，通过该研究能够丰富人类的心智，深化我们对宇宙、自然界、人类社会以及自身的认识和理解。如果一项研究不具有这样的特征，那么，不管具有何等的价值，我们也不应称其具有学术性。在学术的问题上，学科是第一性的质，教育是第二性的质，只有两种性质兼具的研究才可称之为学术研究。第三，创新性，也就是学术的智慧属性。学术性工作是做前人未想、未做、未成的事。事情做成与否并不重要，关键是要有所贡献。贡献以创新作为衡量标准，无论大小、多少，只要有所创新都是学术贡献。一项具有创新性的研究，即便没有成功，它的研究视角、方法，甚至研究中所犯的错误对于完善学科知识体系以及教育工作也有所裨益。相反，没有创新的研究，本质上就是重复或者模仿，不能对已有的知识体系和教育工作提供新的贡献，因此自然也不能称之为具有学术性。上述3个方面是对学术性内涵的一个整体性考察，缺失任何一个方面，都不能冠之以学术之名。

（二）管理评价

管理评价，顾名思义也就是指在学术组织层面对人文社会科学研究进行的评价。组织是现代社会一个十分重要的现象。在现代社会生活中，组织被认为是按照一定的目的、任务和形式编织起来的社会机制，是整合资源、发挥群体效能的重要手段。现代社会中的科学研究已经从分散的个体“单打独斗”的“小科学”，进入了“群体攻关”的“大科学”组织化阶段。例如，现代大学、科研院所是最为典型的学术组织。有了组织自然就会有对组织的管理。纵观各种管理理论，其根本目的无外乎都是围绕着成本和收益的关系而展开的，管理活动必然要涉及目标、程序、方法和途径等管理手段如何使用、使用效果如何的评价性问题。在现代社会中，管理评价是所有评价实践活动的主要方面。

与学术评价集中于对内涵的考察不同，管理评价主要是聚焦于对学术活动所产生的效应，尤其是对组织效能所起作用的考察。管理评价与学术评价之间存在学术性和应用性价值取向以及评价方法之间的冲突。在学术性评价中，评价的重点是为了理论和学术发展以及职业升迁而发表的研究成果。评价一般限于知识领域的各种思想或范式不同的学派之内，运用已经确认的方法对当前的概念进行检验和对现有知识进行推论求精。相反，管理评价的重点是以资源分配或政策调整为目的而进行的证据收集和数据使用。极端地说，管理评价属于应用社会研究的范畴，不属于任何严格意义上的学科范围。①在长时期的管理评价实践中，主要发展形成了以结果为导向和以过程为导向的两种不同的评价范式。当前，由于受公共管理运动的影响，企业治理思想逐渐进入学术组织的管理实践之中，以结果为导向的评价范式居于核心地位，由此引发了大量的管理难题。毕竟学术组织不同于企业，对学术组织及其成员的评价不宜全盘照搬企业管理评价的方式和方法，学术评价的原则和标准理应占据主导性地位。

本书认为，在学术组织层面进行管理评价应当实现如下 3 个方面的结合。

第一，质量与数量相结合。对于学术组织而言，尤其针对人文社会科学研究的评价，应当注重质量与数量相结合。注重质量是评价实践所要求的第一原则。不过，由于评价主体认识视角和角色上的差异，对于质量的理解是完全不同的。学术评价中的质量是单维的学术，学术管理评价中的质量是二维或多维的学术和组织目标的实现度。例如，学者、专家对质量的认识主要是学术内涵，也就是该研究或成果之于人类知识体系、学术共同体的意义和价值。学术管理者对质量的认识虽然同样强调学术内涵的重要意义和价值，但是他们更加关注的是学术研究的影响力，亦即学术研究所带来的正负效应（现实的或潜在的）之于组织目标达成的可能影响。因此，较之学术评价，管理评价自然要注重数量的层面。在评价实践中，管理评价必须处理好质量和数量之间的关系，任何偏废都有可能导致评价失效。

---

① 〔美〕尼古拉斯·泰勒，霍布森·布莱恩，科林·古德里奇. 社会评估：理论、过程与技术[M]. 葛道顺，译. 重庆：重庆大学出版社，2009：35.

第二，长期目标与短期目标相结合。对于学术评价而言，“学术性”的内涵并不涉及价值的长期性与短期性问题，学术价值短期与长期价值是统一的。但是，管理评价却必须涉及评价对象之于组织目标贡献的时效性问题。一项研究的学术价值虽然毋庸置疑，但是其产生的影响以及对组织的作用遥遥无期，这对于管理者而言是难以接受的。同时，管理评价不可避免地与资源分配密切相连，因而管理评价天然具有注重评价对象之于组织（当下或者可预期时间内的）意义和价值的倾向。因此，管理评价需要把长期目标和短期目标结合起来，既要看到评价对象之于组织的短期贡献，也应看到那些在短期内难以为组织带来收益，但是未来效益巨大的长期性研究。要重视研究周期长、潜在贡献大的研究，避免评价上的短视行为。

第三，结果评价与过程评价相结合。科学研究是一项高风险、高不确定性的事业，重大发现、重大突破并不是少数人的独立贡献，往往是学术共同体内部几代人甚至十几代人不断累积的结果。同时，不同学科研究课题的难度、成果发表的周期和形式都有所不同。因此，管理评价不应当仅仅关注于研究结果的表现度，还应看到研究者在研究过程中的投入度。对于人文社会科学研究而言，研究成果价值的潜在性更大，单纯的结果评价显然是不合理的，更应看到研究者在研究过程中投入的时间、精力以及努力的程度。形象地说来就是，既要歆羡花朵的芬芳，也应赞赏绿叶默默无闻的奉献。

（三）社会评价

社会评价又称社会影响评价（social impact assessment），是指对人文社会科学研究在社会层面，主要是对政治、经济、文化、环境和人类健康等方面已经产生或可能产生的影响进行的评价。社会评价最初源自环境研究领域，主要关注点是一些重大工程项目、技术应用等对生态、社会所带来的后果。该研究领域的主要创立者们认为，社会评价是“用来分析和管理项目预期和非预期后果的一种方法”[①]，20 世纪 90 年代以来，社会评价的范围不断扩展，逐渐延伸到所有公共资助的科研项目之上。

---

① Downs M，Stoffle R，Burdge R J，et al. Principles and guidelines for social impact assessment in the USA：the interorganizational committee on principles and guidelines for social impact assessment[J]. Impact Assessment and Project Appraisal，2003，21（03）：231-250.

与学术评价和管理评价相比较，社会评价更加复杂，主要表现在如下几个方面。

一是评价主体参与的多方性。学术评价和管理评价多是由评价组织者委托其代理人来实现的，一般都是通过由学者、专家担任评委或组成评审委员会的方式实现的。社会评价更加强调利益相关主体的直接参与，例如斯帕彭（J. B. Spaapen）等人指出，至少有如下 3 类人群参与到社会评价之中：①政府政策制定者，他们着重强调研究能够为制定政策提供依据，或者是通过研究可以向社会传送知识；②产业或社会组织，他们着重强调通过研究可以获得知识来发展产品或服务；③消费者，他们着重强调通过研究可以获得的直接收益。[①]

二是评价标准的多元性。主体的多方性自然带来评价标准的多元性。价值论专家曾指出，价值标准理论是哲学学科中困难性和严谨性最强的研究领域之一。对于人文社会科学研究而言，评价通常运用两类评价标准：一是学术标准，主要关注在研究的形式上揭示了什么现象，发现了什么事实，回答了什么问题，以及在内涵和方法使用上，逻辑严密性和创新程度如何。二是实用性标准，如这一研究有无实践意义，研究的过程和结果对其所属组织或管理者带来的利益如何。社会评价标准不仅局限于此，除了学术标准和管理标准之外，更加强调研究之于社会的意义和价值。例如，政治标准，用来评价研究的政治倾向性，看它是为哪些阶级、集团服务的，能否为国家、政府决策提供方案、参考或借鉴。多诺万（C. Donovan）、汉尼（S. Hanney）等人总结了社会评价 5 个方面的标准：①学术贡献标准，主要考察对现有知识体系的实际贡献，如期刊文章、大会报告、著作和研究报告等；②学术发展标准，主要考察研究对未来研究和研究应用的价值，如研究目标导向、研究技能和人力资源储备能力、研究人员发展以及对教育的价值；③政策和产品发展标准，主要考察对国家、政府决策的价值，如研究对国家政治、政策执行提供信息的能力；④公共服务标准，主要考察对公民健康和社会服务的质量，如研究对现有公共服务成本、过程和质量的影响；⑤经济社会效益标准，主要考察研究对于国家、地区和国际范围内的经济和社会效益，例如，研发可带来的商业及创新价值，健康工作方式以及

① Spaapen J B，Dijstelbloem H，Wamelink F. Evaluating Research in Context：A Method for Comprehensive Assessment[M]. The Hague，The Netherlands：Consultative Committee of Sector Councils for Research and Development，2007.

减轻工作负担所带来的经济收益。①

三是评价方法的多样性。评价标准的多样性自然带来了评价方法的多样性。学术评价坚持学术标准的价值取向，决定了以学者、专家为评价主体的同行评议方法居于评价方法的主导地位。管理评价坚持学术标准和管理标准的二维评价标准，决定了管理评价要把同行评议与科学计量的方法结合起来使用。社会评价的维度更加多元，所涉及的因素更加复杂，使用的评价方法也更加多样化。

二、定性评价方法的局限性

单纯从评价方法的角度看，定性评价方法是一个大范畴，泛指通过语言描述以及哲学思辨、逻辑分析等形式揭示被评价对象特征的信息分析和处理的方法。例如，专题组讨论、选题讨论、参与性观察、个案调查以及文献搜寻等都属于定性评价方法的范畴。就科学研究评价而言，主要是指区别于文献计量方法的同行评议方法，也就是指利用若干同行（即有资格的人）的知识和智慧，按照一定的评议准则，对科学研究的显性价值或隐性价值进行评价。同行评议是学术界普遍认同的一种评价方法，其使用范围十分广泛，经常被运用于“成果评价、职称晋升、项目评价、论文评审、机构评估”等科研评价活动。

“同行评议”在英语中的表述是 peer review。这里的“同行”（peer）指的是资格、能力相同的人；“评议”（review）指的是鉴定、审阅或检查。同行评议是用于评价学者及其学术成就的最早的一种测度体系。自古希腊时起，学术成就往往就由从事同一领域研究的人们来评定。现在，从世界范围看，各种科研项目立项以及正规学术期刊都在使用同行评议的方法来确定项目是否予以资助或论文是否具有发表的价值，在此问题上，还没有哪一种测度体系优于同行评议。同行评议的优点是不受统计数据的局限，可以充分发挥人的智慧和经验，避免或减少统计数据可能产生的片面性和局限性。② 与自然科学研究评价相比较，尽管同行评议对人文社会科学研究评价更为适用，但是同行评议测度

① Donovan C，Hanney S. The “Payback Framework” explained[J]. Research Evaluation，2011，20（03）：181-183.

② Abrams P A. The predictive ability peer review of grant proposals：the case of ecology & the U. S. national science foundation[J]. Social Studies of Science，1991，（03）：111-132.

体系本身并不是高度可靠的。

同行评议的困境主要表现在如下两个方面：首先，同行是一种稀缺资源，真正的同行难以寻找。科学的高度分化和高度综合，使得不同学科之间的差异日益显著，边界愈发模糊，难有绝对真正的同行。同行评议本身的目的就是要让掌握专业知识、熟悉该领域文献资料和了解该领域发展动向的专家对评价对象的知识水平做出正确的判断，当今世界知识发展的速度、知识更新的频率、学科综合与分化的程度远远超出了我们所能估计的范围，即便是处于相同学科领域，不同研究方向的知识工作者之间也存在很多沟通的障碍，真正能够把握他人知识水平与价值的专家越来越少。[①] 同时，由于研究范式的差异，同一学科、同一领域对同一问题进行研究的人，针对同一评价对象也可能做出完全不同甚至是截然相反的评价。在英国科学史上有一个典型的案例，著名物理学家瑞利（B. Rayleigh）有一次投稿时忘记了签名，同行评议给出的评价是：文章没有水平，缺乏新意。后来，瑞利签上了自己的名字后又将同一篇文章投寄了出去，同行评议的结果却非常好。社会学家们在调查中发现，有些名不见经传的科学家寻求与知名科学家合作，以便得到发表成果的机会和引起科学界的注意。[②] 1981 年，史蒂芬·科尔（S. Cole）曾把美国国家科学基金会（NSF）评审过的经费申请书交由另一组同样合格的评议人审阅，两组评议人对同一份申请书的打分结果相差很大，NSF 同意资助的很多项目反而被否决了，一些被 NSF 否决的项目反而获得了许多好评。[③] 这一结果表明，同行评议的随机性是很强的。科尔兄弟（S. Cole & C. Cole）对 NSF 同行评议所做的研究表明，评估时，大约一半是看申请研究项目的性质以及课题负责人的声誉，另一半则取决于其他（或许是随意的）因素。[④] 我国武汉市科学技术局（原科学技术委员会）曾做过一项关于获奖成果和鉴定专家个人特征之间的关系调查（表 4.2）。

---

① 李冲. 大学教师知识效能评价研究[D]. 大连：大连理工大学，2008.

② Merton R K，Storer N W. The Sociology of Science：Theoretical and Empirical Investigations[M]. Chicago：University of Chicago Press，1973.

③ 王平，宋子良. 同行评议制的固有缺点与局限性[J]. 科技管理研究，1994，(04)：22-26.

④ Cole S，Cole C . Peer Review in the National Science Foundation—Phase One[M]. Washington：National Academy Press，1981.

表 4.2 获奖成果与非获奖成果的专家个人特征相关系数表

分类	x1	x2	x3	x4	x5	x6	x7
获奖	0.322	0.197	0.299	0.396	0.387	0.315	0.296
未获奖	0.319	0.137	0.324	0.339	0.364	0.110	0.026

注：x1：专家的年龄；x2：科学职称；x3：科研论著；x4：科研论文或课题；x5：论文或课题的获奖；x6：科研产品；x7：科研产品的获奖。

调查结果显示，获奖组鉴定专家的个人特征具有明显优势，专家的年龄（x1）、科学职称（x2）、科研能力（x4、x5、x6、x7）与成果鉴定活动次数的相关系数大于未获奖组的鉴定专家的个人特征。这说明在科技成果鉴定中，鉴定专家的年龄愈大，科学职称愈高，科研能力愈强，所鉴定的成果愈有可能获得科学奖励，而另一些没有获得这种有利条件的鉴定成果，其科研水平和前者不相上下甚至略高。①这也就是说，学术界的专家也避免不了马太效应的影响。

其次，同行评议具有难以克服的黑箱性和主观性特征。同行评议是完全依赖专家知识和技能直接获得结果的评价方法，评价过程中的信息搜集和处理、价值判断的形成与修正完全是以黑箱的形式进行的，影响评价结果公正性的各种主观因素，如评价者的价值偏好、人际关系、利益倾向等无法得到有效的控制。

1986 年，美国西格马西学会（the Sigma Xi Society）对近 4100 名科学家进行了调查，结果显示，63%的人认为，申请者为已资助机构所熟知或已受过其资助的申请项目更容易通过。② 1975 年，美国国会也对美国国家科学基金会同行评议进行了同样的调查，调查结果显示，同行评议是一个由“老朋友”关系网所主导的“精英分子系统”③。我国学者也曾指出，中国传统文化十分重视人情关系，人情关系网是同行评议制必须超越又难以超越的一道坎。④ 2003 年 5 月，科学技术部联合五部委印发了《关于改进科学技术评价工作的决定》（国科发基字〔2003〕142 号），“重人情拉关系、本位主义等现象”被列为我国科技评价中存在的主要突出问题。究其深层原因，重视人情关系尽管可能是出于信任的原因，但是个人偏见、利益冲突以及个人道德等因素也难以避免地

① 苏年青，王平，宋子良. 同行评议中的越轨及控制[J]. 科学学研究，1993，(03)：58-64.
② 王平，宋子良. 同行评议制的固有缺点与局限性[J]. 科技管理研究，1994，(04)：22-26.
③ Cole S，Rubin L，Cole J R. Peer review and the support of science[J]. Scientific American，1977，237（04）：34-41.
④ 陈进寿. 从人际关系谈同行评议制的改进[J]. 中国科学基金，2002，(03)：182-184.

渗入其中，影响了评价工作的客观性与公正性，因此，在同行评议中，人情关系会一定程度上起腐蚀的作用。①

三、定量评价方法的范围和边界

量化评价方法是指使用数学、统计学中的方法、工具，根据收集、整理和处理之后的资料信息，经过数量化的分析和计算，给出评价对象价值判断的评价方法，如观察法、调查法、实验法、测量法等。单纯对科研评价而言，定量评价方法主要指的是文献计量法。文献计量又称文献统计分析，即利用统计学方法对科研成果的相关文献特征进行简单或者加权的统计分析，用数据来描述或解释研究工作的业绩。在文献计量评价模式出现之前，科研评价主要采取的是同行评议方法，近些年来，随着 SCI 等文献数据库的日臻完善，文献计量评价法逐渐受到人们的青睐。

（一）定量评价方法的理论渊源

1.“以量评质”与洛特卡定律

使用量化方法评价学术研究的历史，最早可以追溯到 19 世纪 70 年代。瑞士植物学家阿尔丰沙・德堪多（A. de Candolle）1873 年出版的《二百年来科学和科学家的历史》，还有英国科学家弗朗西斯・高尔顿（F. Galton）1869 年出版的《遗传天赋》和 1874 年出版的《英国科学家》，可谓是这一理论肇始的源头。不过，真正奠定量化评价模式理论基础的事件是文献计量学中洛特卡定律的发现。洛特卡定律又称科学生产率的“倒数平方定律”，由美国统计学家洛特卡（A. J. Lotka）在 1926 年率先提出。洛特卡定律揭示的规律是从事学术研究的作者数与学术论文发表数之间的关系。洛特卡通过对 1907～1916 年 10 年间《化学文摘》中作者姓氏以字母 A 和 B 开头的 6891 位第一作者，以及《物理学史一览表》中 1900 年前出现的 1325 位物理学家的论著进行统计分析，结果发现：写 2 篇论文的作者数约为写一篇论文作者数的 1/4；写 3 篇论文作者数约为写一篇论文作者数的 1/9……写 n 篇论文的作者数约为写一篇论文作者数的 $1/n^2$，而写一篇论文作者的数量约占所有作者数量的 60%。20 世纪 60 年

① 李冲. 大学教师知识效能评价研究[D]. 大连：大连理工大学，2008.

代，著名科学家与科学史学家普赖斯（Derek John de Solla Price）在其代表名著《小科学，大科学》中提出了与之相类似的论述（普赖斯定律）：在同一主题中，半数的论文为一群高生产能力作者所撰，这一作者集合的数量约等于全部作者总数的平方根。① 根据这两条定律，文献计量学界提出了核心作者群的概念，亦即在大多数学科中，主要的论文是由那些核心作者所撰写。这一规律与经济学、社会学和管理学中广泛使用的“20/80 定律”（又称帕累托法则）十分相近，引申到学术评价问题上，也就意味着优质论文都是由那些少数核心作者所贡献的。

2.“以刊评质”与布拉德福定律

洛特卡定律初步奠定了学术研究量化评价的理论基础，布拉德福定律则为“以刊评质”提供了理论依据，使学术研究量化评价的理论基础进一步强化。布拉德福定律又称文献分散定律，由英国文献学家布拉德福（S. C. Bradford）在 1934 年首先提出，后经维克利（B. C. Vickery）、布鲁克斯（B. C. Brookes）等人的研究不断完善。布拉德福定律揭示的规律是专业论文在专业期刊中集中的现象。布拉德福最初以“应用地球物理学”和“润滑”专业领域为样本，统计分析英国科学博物馆图书馆收藏的 490 种相关期刊、1727 篇论文，结果发现：每一门学科都或多或少地与其他学科相联系，一门学科的论文分散在其他学科的期刊上是正常的现象。如果按照刊载学科专业论文数量的多少将期刊划分为核心区、相关区和非相关区的话，在各区专业论文数量相等的情况下，核心区、相关区和非相关区的期刊数量成 $1 : n : n^2$ 的关系。② 根据这一规律，核心区期刊的专业论文集中度较高，论文发表竞争更加激烈，投稿的命中率低。如果学者个人或者学术机构的论文多是发表在核心区期刊之上，那么自然就说明这些论文属于上乘之作。

3.“影响因子”与引文分析理论

核心作者的概念（洛特卡定律）加上核心区期刊的概念（布拉德福定律）初步勾画出了量化评价模式的理论框架。不过，有鉴于文献资料和统计分析技术的时代限制，论文质量和期刊水平尚无法完全用精确的数值进行表示，对学

① 〔美〕普赖斯，等. 洛特卡定律与普赖斯定律[J]. 张季娅，译. 科学学与科学技术管理，1984，(09)：17-22.
② 邱均平，谢新洲. 论布拉德福定律、齐普夫定律和洛特卡定律的关系[J]. 情报学刊，1987，(05)：27-33.

术研究成果的量化评价还仅限于情报学家和文献计量学家的研究兴趣。真正使量化方法成为可用学术评价工具的理论突破是期刊影响因子等一系列引文分析指标的提出。1955 年，加菲尔德在《科学》(*Science*) 上撰文提出了“引文索引”的设想，1963 年，加菲尔德建立了著名的科学引文索引 (SCI) 数据库。这一开创性的工作为以量评质和以刊评质提供了更加强有力的经验性证据。[①] 例如，1977 年，加菲尔德对 SCI 数据库 15 年间 (1961～1975 年) 的近 3000 万条引文进行统计分析，结果发现，被引次数均在 4000 次以上的 250 位作者中，42 名 (约占 17%) 是历届诺贝尔奖获得者，151 名 (约占 60%) 至少是一个欧美发达国家科学院的院士。1978 年和 1981 年，他又进行了重复研究，得到了完全相近的结果。[②] 由此，一批能够用精确数值表示的学术评价指标，如期刊影响因子、*h* 指数等不断地被开发出来 (尽管这并非加菲尔德的本意)。加菲尔德的卓越贡献表明，在科学史上，那些被其他学者多次引用的论文，大多出自对学术研究做出较大贡献的学者。依据这一结论自然可以进行如下推论：如果高被引作者绝大多数是诺贝尔奖得主或者是发达国家科学院院士，而这些学者又是公认的高质量学术成果的贡献者，那么高被引论文的学术质量必定较高；反之亦然。

(二) 定量评价方法适用的前提条件

任何工具和方法都不是普适性的。考察量化评价模式可靠性和有效性的程度，首先需要考察其理论框架所设定的范围和边界。从理论来源上说，洛特卡定律、布拉德福定律和引文分析理论属于经验研究的结果，是情报学家和文献计量学家的科学发现。不过，科学研究 (包括社会科学研究) 的目的不是为了评价。科学研究不建立标准或价值，并使之与事实结果合并而得出评价性的结论。[③] 在此种意义上，量化评价把洛特卡定律、布拉德福定律和引文分析理论作为理论基础，使用核心作者、核心期刊和影响因子作为关键指标，这样的做法并不符合科学的理论逻辑。准确地说，这属于一种应用社会研究，目的是运

① 缪其浩. 加菲尔德和引文索引[J]. 情报科学，1981，(01)：77-81.
② 罗式胜. 文献计量学概论[M]. 广州：中山大学出版社，1994.
③ Coffman J. Michael Scriven on the difference between evaluation and social science research[J]. The Evaluation Exchange，2003，9 (04)：7.

用科学理论，正确地把握学术评价的方向。① 从认识论和方法论的角度来看，科学理论的基础是数学和逻辑，运用科学理论进行学术评价，研究范式的取向是逻辑实证主义。把学术评价限定在逻辑实证主义的框架之下，洛特卡定律、布拉德福定律和引文分析理论能够继续有效，如下 3 个前提条件必须首先成立。

1. 研究成果或效果的可测量性

逻辑实证主义认为知识以经验为根据，以数学和逻辑为方法，辨别知识是否正确的唯一途径是经验意义上的可证实性。量化评价模式按照这一理论逻辑把学术评价分解为事实描述和价值评判两个部分。由于事实描述需要依靠实证数据或感性经验材料，而且还应尽最大可能避免受到感觉的影响（方法客观化），因此，自然就引出了量化评价模式的第一个前提条件：研究成果或效果的可测量性。按照事物的可测量性程度，评价对象可以划分为直接可测、间接可测和不可测三大类。学术研究成果（真正意义上的）多数是以概念、命题、数学公式等形式表达的思想、观念、理论和方法等，因此基本上属于不可直接测量的评价对象。按照逻辑实证主义的理论逻辑，没有实证数据或经验材料支撑的事实描述，也无法逻辑推导出结论性的价值评判。量化评价模式采用间接测量的方式来处理这一问题。比如对学术研究成果质量的事实描述，量化评价模式的处理方式是通过测量贡献（contribution）、影响力（impact）、重要性（significance）、效用（utility）、效力（effectivity）等指标来代替的。② 逻辑实证主义对此的解释是，虽然我们无法直接测量诸如思想、观念和理论等事物，但是只要这些事物与其可测量的预期和非预期效果（数量的或质量的）之间存在必然的因果联系，那么测量它们也不失为一种有效的替代。一言以蔽之，逻辑实证主义取向的量化评价，评价对象被限定在了直接可测量与间接可测量的范围之内。那些研究成果既无法直接测量，也无法间接测量的学术研究，则被排除在了评价范围之外。

---

① 〔德〕赖因哈德·施托克曼，沃尔夫冈·梅耶. 评估学[M]. 唐以志，译. 北京：人民出版社，2012.

② Garfield E，Merton R K. Citation Indexing：Its Theory and Application in Science，Technology，and Humanities[M]. Philadelphia：ISI Press，1979：63.

2. 研究方法及其理论的可逆性

逻辑实证主义在认识论上是经验主义，强调一切科学理论都以经验材料为根据，在方法论上却是理性主义。逻辑实证主义不承认先验的正确认识，认为只有数学和逻辑才是认识的可靠工具，一切科学理论都必须能够证实或证伪。按照这一理论逻辑，量化评价也就是一个对价值进行证实或证伪的过程。由于多数研究成果无法直接测量，而且，间接测量的方式要求研究成果与效果之间具有对称性的因果联系，因此，自然就引出了量化评价模式的第二个前提条件：学术研究方法及其理论的可逆性。

具体说来，也就是通过观察和测量部分经验事实所获得的规律，使用逻辑推理把它们上升为在一定范围内有效的理论之后，应用这一理论继续观察和测量该类经验事实，新的观察和测量不会因理论的应用而发生改变。简单地说，就是方法及其理论适用于自身的有效性。这一前提条件是量化评价模式成立的核心要件。原因在于，如果仅是将洛特卡定律、布拉德福定律以及引文分析理论用于图书馆和情报机构确定核心作者、核心期刊以及索引论文的目的，那么这些理论适用的结果，只是影响了研究者学术检索的效率，并不会改变他们对作者、期刊以及论文的选择，即解释变量（量化评价模式）独立于被解释变量（研究者的选择）。但是，如果将洛特卡定律、布拉德福定律以及引文分析理论用于学术评价，情况则是不同的，此时，改变的不只是学术检索的效率，而且还有研究者对作者、期刊以及论文的选择，即解释变量（量化评价模式）受被解释变量（研究者的选择）的解释。此种情况下，洛特卡定律、布拉德福定律以及引文分析理论仍然能够成立，前提条件必须是学术研究的客观性足以抵消人的主观性的影响。也就是在解释变量受被解释变量解释的情况下，研究者仍然不改变对作者、期刊以及论文的选择，亦即研究方法及其理论的可逆性。

3. 研究价值及其评判标准的恒定性

价值及其判断标准是伦理学、价值论的核心问题，也是学术评价中一个无法回避的难题。逻辑实证主义对待价值问题持中立立场，即遵守事实与价值相分离的“休谟法则”。逻辑实证主义认为，事实独立于人的意识、意志，是客观存在的事物、事件或过程；价值依赖于人的意识、意志，是主观存在的感觉、情绪或体悟。价值与事实相对应，事实表示的是实然（is），价值表示的是应然（ought）。实然和应然是两种不同的关系，如果不加论述和说明，从实然到应然的转换是不被允许的。[①]按照这一理论逻辑，核心作者、核心期刊和影响因子只是反映了学术研究效果或影响的实然，并非研究成果的应然。实然和应然的性质不同，转换需要借助一定的衡量标准。量化评价模式用事实描述替代价值评判的做法，自然就引出了它的第三个前提条件：学术研究价值及其评判标准的恒定性。也就是说，如果不考虑价值衡量标准受外生因素（政治、经济和文化等）的影响，仅凭洛特卡定律、布拉德福定律和引文分析理论，就可以直接把实然的事实关系转换为应然的价值关系，那么，前提条件必须是价值及其评判标准保持恒定不变。具体说来，也就是学术研究需要独立于社会政治、经济和文化之外，知识在任何时间、地点都普遍有效，无论时代抑或情境怎样变化，学术发现的规律、学术生产的效率以及学术成果的表现形式都不因之而发生改变。一言以蔽之，只有价值及其评判标准恒定这一前提条件成立，使用核心作者、核心期刊和影响因子等作为关键指标的量化评价模式才能够成立。

（三）定量评价方法应用的学科适用性

如同测量长度的工具无法测量重量一样，测量重量的工具也无法测量长度，量化评价模式作为学术评价的工具，其前提条件规定了它可适用的范围和边界。从学科划分的角度看，自然科学、社会科学和人文学科分属不同的学科部类，不同学科部类的研究对象、研究方法、概念体系和价值标准存在较大的差异。[②]相对而言，自然科学的研究对象客观、研究范式统一，多数学科符合量化评价模式可适用的范围。人文学科与社会科学的研究对象不客观、研究范式多元，多数学科超出了量化评价模式可适用的范围。

1. 量化评价模式与自然科学研究的评价

自然科学是研究自然界（包括人的生物属性在内）的物质形态、结构、性质和运动规律的学科群。量化评价模式可以应用在自然科学研究的评价之中，首先，自然科学研究的成果或效果是可测量的。自然科学的研究对象独立于人

---

① 〔英〕大卫・休谟. 人性论[M]. 关文运，译. 北京：商务印书馆，2016.

② 〔英〕托尼・比彻，保罗・特罗勒尔. 学术部落及其领地：知识探索与学科文化[M]. 重译版. 唐跃勤，蒲茂华，陈洪捷，译. 北京：北京大学出版社，2015.

而存在，是客观的物质、现象或事件，因此，大多数都是可测量（直接或间接）的。例如，技术发明给我们提供了前所未有的人工自然物模型或者是加工制作的新工艺、新方法，这些人工自然物模型虽然与自然界的客观物质不同，但是却同样可观察、可测量。再比如科学发现，虽然不似技术发明一样是直接可观察、可测量的事物，但是重大的技术发明无不以先前的科学发现为基础，我们可以通过间接测量方式进行替代。例如，爱因斯坦提出的质能方程 $E_0=mc^2$ 无法直接测量，但是它所导致的技术发明——人类利用核能所产生的效果（预期的和非预期的）可以使其不言自明。

其次，自然科学研究的方法及其理论是绝对可逆的。自然规律具有先验于人而存在的客观性，人类无法改变或者是创造自然规律。在大多数自然科学研究中，通过研究典型现象可以获得普遍规律（定律），同时，根据普遍规律也可以推知个别现象的机制。①例如，在经典力学中，可观察的绝大多数物理现象完全符合牛顿三大定律。即便是在更加复杂的生物学中，基因的分离定律、自由组合定律、连锁和交换定律也是普遍有效的。

最后，自然科学研究的价值及其评判标准是统一、固定的。一方面，自然科学的研究结果是关于“永恒世界”的普遍规律（定律、法则、原理等），因此，研究价值及其评判标准基本不会受到政治、经济和文化等因素太多的影响。例如，科学发明和科学发现的价值与国家的政治制度、经济发展水平基本上是无关的。另一方面，自然科学研究“求真”的目的决定了旧知识不因新知识的出现而贬值。自然科学知识的变化是缓慢、连续、稳定和不断积累的，“科学革命”或“范式转换”在自然科学研究中极少发生，新知识不是对旧知识（虚假的知识除外）的否定，而是在其基础上的升华和飞跃。例如，爱因斯坦的相对论不是对牛顿力学的否定，而是将其作为特例囊括其中；牛顿力学在其可适用的范围之内，其价值并未因相对论的出现而贬值。由于上述两方面的原因，自然科学研究的价值及评判标准是恒定的（历史、现实与未来相统一）。

概言之，自然科学之中，虽然无法完全排除有些学科不能严格符合量化评价模式三个前提条件的要求，但是，绝大多数学科都不与之严重偏离。

---

① 赵鼎新. 社会科学研究的困境：从与自然科学的区别谈起[J]. 社会学评论，2015，3（04）：3-18.

2. 量化评价模式与人文学科研究的评价

人文学科是研究人本身或与人的精神特殊性相关的信仰、情感、心态、理想、道德、审美、意义、价值等各门学科的总称。虽然人文学科也研究各种事实存在的性质和规律，但却不仅满足于发现事实的真相，而是要进一步追问对人的意义和价值。少数一些使用观察、测量方法研究人类内心世界的学科，例如生理学和心理学，一般都会被划入自然科学或社会科学的研究范围。人文学者在使用“意识”“恐惧”“记忆”这些术语时，不享有神经科学家和社会科学家对这些相同术语的理解。①

量化评价模式无法应用在人文学科研究的评价之中。首先，人文学科研究的成果或效果是不可测的。由于人文学科中鲜有无可争辩的经验材料，人的内心世界既无法独立于人而存在，也不能从自然的角度进行定义，因此，人文学科研究的成果或效果基本上是无法测量的，只能用文字进行描述。

其次，人文学科研究的方法及其理论是不可逆的。人文学科研究的方法及其理论不是归纳性或演绎性的，主要依靠直觉和体悟（理解）获得结果。研究结果主要表现为发现了人、事件和意义之间的关系，抑或发现了新事实或新材料，以及从旧有的事实及材料中发现了新意义，等等。虽然“自反”本身就是直觉、体悟和意义等概念的应有之意，但是人文学科的研究方法和理论不像自然科学那样注重抽象化或普遍化，而是致思于具体化或个别化，强调个性、一次性与不可重复性，因此，人文学科不存在和自然科学同等含义的可逆性。

最后，人文学科研究的价值及其评判标准是复杂、多元和多变的。人文学科没有统一的研究范式，或者说根本就不存在自然科学意义上的研究范式。人文学科的知识是想象的产物，是悟性或智慧的凝结，是价值观念、价值理想的陈述和表达。例如，普罗塔哥拉（Protagoras）的“人是万物的尺度”、克罗齐（B. Croce）的“一切历史都是当代史”、丹纳（H. A. Taine）的“艺术是一种既高雅而又通俗的东西”等。这些知识本身就是价值评判，既不能从事实中推导，也不能用经验来验证。衡量其价值的唯一途径就是批判。在批判的过程中，研究者或理解者常常会因信念、立场、利益、旨趣、语境等差异，而彼此争论不

① 〔英〕C. P. 斯诺. 两种文化[M]. 纪树立，译. 北京：生活 • 读书 • 新知三联书店，1995：4.

休。[①]例如，我们很难说当今时代的人比莎士比亚时代的人能更好地理解莎士比亚。由于上述原因，人文学科研究的价值及其评判标准不仅复杂、多元，而且还多变（历史、现实与未来相交织）。概言之，人文学科不能符合量化评价模式 3 个前提条件的要求，而且绝大多数学科都与之严重背离。

3. 量化评价模式与社会科学研究的评价

社会科学是研究人类社会的组织与结构、体制与关系、功能与效率、秩序与规范的学科群。在学科关系上，社会科学与人文学科难以截然分开。人们通常所称的社会科学与人文学科之间无法做出本质上的区别，因此社会科学与人文学科也经常被统称为人文社会科学，以示与自然科学的区别。不过，从严格的意义上讲，社会科学与人文学科的差异也不容忽视。如果说自然科学属于纯科学，那么社会科学属于准科学，人文学科则不属于科学。

量化评价模式可以应用到部分社会科学研究的评价之中。

首先，社会科学研究的成果或效果是可测量的。社会科学的研究对象既不像自然科学一样，属于客观的硬事实，也不像人文学科一样，属于主观的软事实，而是属于有硬有软，或者兼而有之的社会事实。由于有人参与其中，社会事实大多数都不是自然意义上的客观事物。任何个人或人类的行为只有在具有主观意义或价值时才可称之为社会行为。[②]不过，虽然社会事实具有主观性的一面，但与人文学科研究对象纯粹的主观性相比，社会事实的客观性更为显著。例如，在社会中，诸如法律、道德、规范、风俗、习惯、宗教等现象的确由人所创，但又独立存在于个人的意识之外。因此，虽然社会科学的研究对象同样无法完全从自然的角度进行定义，但是研究成果或效果却是可测量的。不过，针对任何社会科学研究对象的测量都不可能达到如同自然科学一样的精确性。[③]

其次，社会科学研究的方法及其理论是相对可逆的。社会科学中没有什么绝对的真理，理论主要是一种共性和特性相互碰撞、不断变化着的事实。同样是使用实证方法和理性方法，社会科学无法通过研究典型现象必须穷尽全部个别现象才能够获得覆盖性的法则（普遍规律）。一方面，社会科学的概括性或

---

① 李醒民. 知识的三大部类：自然科学、社会科学和人文学科[J]. 学术界，2012，(08)：5-33，286.
② 〔德〕马克斯・韦伯. 社会科学方法论[M]. 李秋零，田薇，译. 北京：中国人民大学出版社，1999.
③ 〔美〕加里・金，罗伯特・基欧汉，悉尼・维巴. 社会科学中的研究设计[M]. 陈硕，译. 上海：格致出版社，上海人民出版社，2014.

普遍性的结论，其规律性远远弱于自然科学定律。例如，通过统计分析所获得的某一社会或群体的共同特征（倾向），不能等同于该特征为此社会或群体中的全部个体成员共有。另一方面，社会科学理论还会因为人们行为的改变而不再有效，例如，因谣言导致的储户挤兑行为会使经营状况良好的银行破产。由于这两个方面的原因，社会科学研究的方法及其理论虽然可逆，但却是相对的、有条件的。

最后，社会科学研究的价值及其评判标准既复杂、多元又相对稳定。与人文学科一样，社会科学没有统一的研究范式，对于同样的问题，实证主义、诠释主义、批判主义有着不同的解释。成熟的社会科学学科内部存在不同的学术派别，各学派之间的观点不仅大相径庭，而且还可能相互冲突。例如，经济学中的自由主义和制度主义、社会学中的功能主义和冲突主义等。虽然主流社会科学家一直宣称坚持价值中立的原则①，但是社会科学研究经世致用的价值取向不容否定。社会科学研究的价值及其评判标准与社会的政治、经济、文化稳固地绑定在一起。总的来说，与自然科学相比，社会科学研究的价值及其评判标准复杂、多元；与人文学科相比，社会科学研究的价值及其评判标准又相对稳定（历史、现实与未来基本统一）。概言之，虽然社会科学不能完全满足量化评价模式 3 个前提条件的要求，但是，很多社会科学学科与量化评价的理论逻辑存在一致性。

（四）量化评价模式应用困境的二重性

了解事物是其所是的方式和理由，是使其改善的第一步和至关重要的一步。通过考察量化评价模式的前提条件及学科适用性可以发现，量化评价之所以会引起如此强烈的反应，主要是就其可适用的范围而言，已经远远地超出了一种评价工具的功能边界，触及了人们对自然科学、社会科学和人文学科内在本质特征、学术话语体系、学术对话机制和学科文化的体认。

表 4.3 对量化评价模式在自然科学、社会科学和人文学科中的可适用性做了一个简要的总结和比较。从表 4.3 中可以看到，在研究成果或效果上，自然

① Coffman J. Michael Scriven on the difference between evaluation and social science research[J]. The Evaluation Exchange，2003，9（04）：7.

科学的研究成果或效果可以精确测量；社会科学的研究成果或效果可以模糊测量；人文学科的研究成果或效果无法测量，只能用文字描述。在研究方法及其理论上，自然科学的研究方法及其理论绝对可逆；社会科学的研究方法及其理论相对可逆；人文学科的研究方法及其理论不具有可逆性。在价值及其评判标准上，自然科学的价值及其评判标准简单、一元、固定；社会科学的价值及其评判标准复杂、多元、稳定；人文学科的价值及其评判标准复杂、多元、多变。

表 4.3 量化评价模式的学科适用性总结和比较

项目	研究成果或效果（可测量性）	研究方法及其理论（可逆性）	价值及其评判标准（恒定性）
自然科学	精确化	绝对	简单、一元、固定
社会科学	模糊化	相对	复杂、多元、稳定
人文学科	文字化	无	复杂、多元、多变

上述研究结论不能构成否定量化评价模式的充分条件，但却足以说明量化评价不是一个普适性的人文社会科学研究评价模式。没有哪个学科能够绝对符合量化评价模式 3 个前提条件的要求，自然科学也不例外。相对而言，自然科学的符合程度较高，社会科学次之，人文学科基本上完全不符合。学术评价的实践也大体反映了这一倾向：人文学者的批评最激烈，社会科学家次之，自然科学家最小①。理论和实践两个方面的证据都向我们表明，人文社会科学研究评价无法绝对做到量化，绝对的量化评价是不存在的。即便是在自然科学之中，量化也仅是帮助我们描述了事实，不能帮助我们评判价值。合并事实与价值的工作，归根结底还是由人主导和决定的。当前，人文社会科学研究评价需要走出量化评价模式的藩篱，不仅要在改进量化评价技术与方法上下功夫，而且还应该深入探讨评价理论的局限性以及人为因素的控制机制。

一方面，应当认识到量化评价模式是有范围和边界的。人文社会科学研究评价本质上是一种应用社会研究，不是一个科学理论。量化评价把科学理论运用到学术评价之中，自然需要强调科学理论可适用的范围和边界。具体而言，量化评价在自然科学评价中可以应用，但是需要注意学科差异性，例如，生命

① 〔美〕林赛·沃斯特. 希望的敌人：不发表则灭亡如何导致了学术的衰落[M]. 王小莹，译. 北京：商务印书馆，2011.

科学领域的期刊影响因子和论文引用量比数学领域高出很多倍。量化评价在社会科学中应当谨慎应用，不仅要注意学科之间的差异，而且还要分析指标的有效性，例如，有些学科看重专著出版，有些学科强调论文发表。量化评价在人文学科研究中不可以应用，批判的价值无法用数量的多少进行衡量。总之，判断量化评价模式的适用性和有效性，关注点不应仅停留在评价过程结构化、程序化和效率化之上，更要认真分析不同学科部类的本质特征以及学科内部的话语体系。作为一种技术工具，量化评价模式既不是一剂包治百病的万能良药，也不是一个有百弊而无一益的毒瘤。问题的关键是如何正确地使用它。把量化评价模式应用在它可适用的范围之内，评价结果就会具有较强的说服力。

另一方面，量化评价也有控制人为因素的作用，这一点更容易被忽视。从评价实践的角度看，任何评价都关涉现实的资源分配，譬如经费、课题、奖项、晋升等。即便学者可以不为物质利益所动，但是论文发表、著作出版还代表着同行、所在机构以及社会的认可，人文社会科学研究评价难以避免地具有功利主义的色彩。在操作层面上，量化评价模式把人文社会科学研究评价由同行学者、专家专享的活动转化为统计人员或管理人员的常规性工作，有效地避免了同行评议中各种非学术因素的干扰，是评价思想上的进步。不过，在对人为因素的控制上，与同行评议相比，量化评价模式不仅没有降低标准，反而是提出了更加严苛的要求。同行评议控制人为因素的机制是研究者个人的学术自律和评价者的“职业”自律。量化评价在此基础上还要求价值及其评判标准是恒定的（至少学科内部能够达成共识）。在这一点上，量化评价模式实质上是把人为因素的影响设定在了理想的状态之下。相对而言，自然科学使用客观的方法研究自然界的客观事实，知识体系是系统的、逻辑严密的概念框架和理论体系，不容易受社会因素和个人因素的影响。当评价组织者和管理者预先设定的学术评价标准与学术共同体的集体共识（真实性、普遍性、创新性等）发生重大偏离时，自然科学的内部纠错机制会使其返回到正确的轨道之上。社会科学和人文学科缺乏高度发达的概念框架，自身消除错误和纠偏的能力较弱，容易受到群体压力、政府操纵、利益集团、个人偏好等的影响。因此，社会科学，尤其是人文学科的学术评价对学术共同体和学术组织规范的依赖程度较高。当外在于学术共同体和学术组织的机构（政府、企业、基金会等）成为学术活动的组织者，特别是成为学术资源及利益的主要提供者和分配者时，人文社会科学研究评价也极易从学术活动演变为参与分配学术资源和利益的权力行为。[①] 资源和利益分配的权力行为是政治和管理的内容，人文社会科学研究评价不能把它作为衡量价值大小的标准和尺度。作为一种技术工具，量化评价模式没有主动控制人为因素的机制。较之同行学者和专家，评价组织者和管理者明显缺乏抵御权力行为的能力。缺乏对不同学科学术对话机制和学科文化的体认，量化评价模式一经沦为权力寻租的工具，其危害性不亚于对同行评议的滥用。

第三节 人文社会科学研究评价的管理困境

没有哪一种评价技术和方法是完美无缺的。技术与方法的局限可以通过管理手段来扬长避短，加以完善。例如，《教育部关于进一步改进高等学校哲学社会科学研究评价的意见》（教社科〔2011〕4 号）中指出，人文社会科学研究评价要坚持同行评议与文献计量相结合。不过，管理不是万能的。人文社会科学研究评价管理同样面临着难以逾越的困境。

一、信息不对称的困境

（一）信息不对称理论的渊源

“信息不对称”最早是由经济学家提出的一个概念，主要是指社会政治、经济活动中，参与活动的成员之间在占用信息的问题上存在差异，一些成员具有其他成员无法接触和拥有的信息，其中，具有信息优势的一方处于比较有利的地位；具有信息劣势的一方则处于比较不利的地位。[②] 1963 年，阿罗（K. Arrow）首次提出了“信息不对称”的概念；1970 年，阿克洛夫（G. A. Akerlof）发表的论文《“柠檬”市场：质量的不确定性和市场机制》中最早提出了“信息市场”的概念，标志着信息不对称理论的诞生。阿克洛夫分析了发达国家二

① 朱剑. 重建学术评价机制的逻辑起点——从“核心期刊”、“来源期刊”排行榜谈起[J]. 清华大学学报（哲学社会科学版），2012，27（01）：5-15，159.
② 胡立彪. “信息不对称”会怎样[N]. 中国质量报，2018-05-31（007）.

手汽车市场难以建立的原因，指出信息不对称问题使得在二手汽车市场交易中，无论是买方还是卖方，都有可能因为获取不到完整的信息而对交易丧失信心；斯彭斯（M. Spence）分析了劳动力市场中存在着用人单位与应聘者之间的信息不对称问题，并由此提出了“获得成本”的概念。① 斯彭斯指出，在劳动力市场中，应聘者为了提高受雇率，会千方百计地进行包装，没有人会完全真实地表达自己实际的工作能力。雇主由于时间、资源等条件限制也很难快速发现应聘者的真实水平，因此，通常的做法就是以应聘者学历的高低来甄选其工作胜任力。也就是说，对于雇主而言，应聘者学历越高，其工作胜任力就越强。然而，这种策略并非高度有效性的。社会学家的研究表明，一个人学历的高低只能代表其学习能力，并不能代表其实际的工作胜任力。斯蒂格利茨（J. E. Stiglitz）使用信息不对称理论研究了保险市场，他指出，由于被保险人和保险公司间的信息不对称，造成了被保险人疏于维护被保险物，由此增加了保险公司的赔付率，而一旦保险公司增加保费，由于被保险人的投入增加，就会进一步造成被保险人更加疏于维护被保险物，由此，被保险人和保险公司之间陷入了恶性循环，最终导致该市场无法形成。②

经济学家通过对信息不对称理论的研究，发现了自由市场中由于买卖双方所掌握信息的差异而带来的影响，以及在此种影响之下，人们是如何做出相应选择的现象。在现实生活中，信息不对称并不只局限在经济领域，而是普遍存在于人类社会生产和生活的方方面面。信息不对称理论的价值不在于揭示这种现象存在的客观性，而在于强调信息不对称问题是思考管理活动的一个不可或缺的要素。

（二）知识社会中的信息不对称

与市场经济活动类似，知识社会中同样存在信息不对称的问题。哈耶克（F. A. Hayek）在《知识在社会中的利用》一文提出，知识可以分为两类：①科学知识，即在理论和书籍中可以找到，经由专家系统化、结构化之后被组织起来的知识；②特定时间和地点的知识，即基于一定环境或情境、时间或地点的

① 潘敏，金岩. 信息不对称、股权制度安排与上市企业过度投资[J]. 金融研究，2003，(01)：36-45.
② 毛增余. 斯蒂格利茨与转轨经济学[J]. 政治经济学评论，2005，(02)：86-105.

地方性知识。[①] 这两类知识的存在，使得知识社会中同样存在如同自由市场经济中一样的信息不对称问题。第一类知识是普遍主义的，为知识共同体中的全体成员所共享。不过，科学知识是按照门类、科系划分的。由于人类理性的限度，分属不同学科的学者之间在知识的完整性、系统性和全面性上是信息不对称的。例如，社会科学家和人文学者使用“意识”“恐惧”“记忆”这些术语时，并不享有神经科学家对这些相同术语的理解。[②] 第二类知识是相对主义的，为特殊时空中的人所享有。正如吉尔兹所指出的那样，“地方性知识”是“对理解的理解”，第一重理解是当地人对于他们自己经历的理解；第二重理解则是观察者通过“深度描写”（thick description）研究当地人的语言和行为，进而理解当地人那一借助其理解而显现出来的意义世界。[③] 例如，一个国家、地区的法律就是地方性知识，地方在此处不只是指空间、时间、阶级和各种问题，而且也指“特色”（accent），即把对所发生事件的本地认识与对于可能发生事件的本地想象联系在一起，这种认识与想象的复合体，以及隐含于对原则的形象化描述中的事件叙述，便是所谓的法律认识。[④] “地方性知识”的存在自然会产生知识的地方性问题。在知识社会中，从事自然科学研究的实验室科学家很难理社会学家、人类学家通过田野调查来发现和增进知识的意义和价值。

（三）评价活动中的信息不对称

评价活动是由评价主体、评价代理者、被评价者、评价标准与方法、评价对象之间交往互动所构成的组织化、制度化过程。科学作为一种社会建制，从近代科学革命时期开始到 19 世纪末，科学研究的动机、组织、保障以及成果处于“小科学”时代。“小科学”时代的科学研究与评价往往是结合在一起的。满足好奇心，是科学家心中强大的动力。研究成果大多止于发表论文，或者仅是同行之间的通信交流。这一阶段科学家没有职称晋升、评奖、评优等的压力，信息不对称问题并不突出。19 世纪下半叶，这种情况发生了变化。各种科学

① Hayek F A. The use of knowledge in society[J]. The American Economic Review，1945，35（04）：519-530.

② 〔美〕杰罗姆·凯根. 三种文化：21 世纪的自然科学、社会科学和人文学科[M]. 王加丰，宋严萍，译. 上海：格致出版社，上海人民出版社，2014：6.

③ 盛晓明. 地方性知识的构造[J]. 哲学研究，2000，（12）：36-44.

④ 〔美〕吉尔兹. 地方性知识：事实与法律的比较透视[M]. 邓正来，译//梁治平. 法律的文化解释（增订本）. 北京：生活·读书·新知三联书店，1994：126.

家的组织开始建立，科学研究作为一种社会建制逐渐形成，并得到了社会的认可。20 世纪上半叶，“大科学”时代来临，特别是在两次世界大战期间，科学为社会而研究的思想逐渐成为主流。随着学会、刊物、基金、大学以及各种研究机构的出现，评价逐渐从研究中分离出来，成为科学社会建制中一个独立的分支。信息不对称问题由之也不断地显现。

首先，评价主体和被评价者之间的信息不对称。“大科学”时代，评价主体和被评价者之间的关系是分离的，研究由作为被评价者的科学家来完成，评价则由提供人、财、物等条件保障的评价主体来完成。科学随着专业化、组织化、社会化程度的不断加深，信息不对称的问题逐渐开始显现。一方面是评价主体和被评价者双方知识的不对称。在科学的社会建构中，评价主体往往是研究资金、研究条件的提供者，同时也是研究成果的使用者，但是他们对科学知识的生产过程不甚了解；被评价者是研究资金、研究条件的使用者，同时也是研究成果的生产者，但是他们对评价者对科学知识的需求不甚了解。评价主体与被评价者在知识储备、研究能力、研究动机等方面的信息不对称，也就是说，评价主体和被评价者在知识储备、知识获取和知识创造等方面不是处于同一个水平的。评价主体和被评价者的知识是外生的、先验的，不是经由双方当事人的互动行为而产生的。对于此类信息不对称，信息经济学家使用术语“隐藏知识”或“隐藏信息”进行说明。另一方面是评价主体和被评价者在研究契约达成之前，双方拥有的信息是对称的，但由于科学研究活动是内生的，具体的研究投入和产出取决于被评价者的行为。契约签订之后，评价主体对被评价者的行为无法进行有效的管理和约束。例如，被评价者是努力工作还是偷懒，评价者难以判定。对于这类信息不对称，信息经济学称之为“隐藏行动”。

其次，评价主体和评价代理者之间的信息不对称。为了解决评价主体和被评价者之间信息不对称的问题，评价主体往往是通过委托代理的方式，选择知识水平高于或等同于被评价者的代理人实现。不过，评价主体和评价代理人之间同样存在着信息不对称的问题，评价代理者不可能完全、充分地理解评价主体对被评价者的要求。“评价主体—代理者—被评价者”所形成的委托代理关系，增加了信息传导的中间环节，自然会在客观上增加信息互动的复杂性，造成一定程度的信息损失。

二、道德风险的困境

信息不对称背后隐藏着道德风险。20世纪80年代，一些西方经济学家提出，出于自利的目的，从事经济活动的人在实现自身效用最大化的同时，还有可能会做出一些不利于他人的行为。道德风险在评价活动中，主要表现为与评价参与人品德有关的因素，即由于评价代理人或被评价者不诚实、不正直或不轨行为，致使评价结果失真的现象。道德风险具有如下3个方面的特征：①风险的内生性，即风险的形成并不是来源于评价活动的复杂性和环境的不确定性，而是源自评价活动的参与者对利益与成本的内心考量和算计；②风险的牵引性，即风险存在的原因是评价活动的参与者在利益诱惑或者是个人喜恶面前，为满足个人需要而不按照评价主体的要求抑或评价的科学标准行事而造成的；③风险的损人利己性，即从风险中获益的一方是对信息劣势一方利益的不当攫取，将本应属于他人或他方的利益据为己有。[①] 评价活动中的道德风险主要有以下几种表现形式。

（1）走过场、摆形式。"大科学"时代的科学建制同样是按照科层制的原则建构起来的，评价活动的原初目的本是为了保证科研活动的产出与效率。评价从研究活动中独立出来并形成一定的科层制结构之后，利益与成本的考量就成为行动的现实原则。一方面，评价主体与评价代理者在评价能力上的信息不对称，使得评价主体寻找适于承担评价任务的评价代理者——"小同行"存在较大的成本，导致评价主体放弃最优化的搜寻逻辑，取而代之以满意化的行动逻辑。另一方面，由于搜寻成本和评价成本的逐渐增大，评价主体受迫于资源有限性的压力，会不断地调整对评价活动科学性、合理性和客观性的要求，直至把评价作为走过场、摆形式的程序性要求，最终导致评价活动的象征性意义和程序性价值超越了研究本身的实质意义和价值，评价的根本目的因此被虚化、弱化和仪式化。

（2）合谋。"合谋"一词是在政治、经济与社会领域出现频率很高的一个词语。在经济学领域，张伯伦（E. H. Chamberlin）指出，生产同类产品的寡头垄断企业为了维持垄断价格进而获得超额利润，就会以一种纯粹非合作的方式

---

① 岳贤平，顾海英. 技术许可中道德风险问题的价格契约治理机制研究[J]. 经济学（季刊），2006，5（04）：1275-1294.

进行勾结，从而达成默契，共同维持高价。[①]在政治学领域，对合谋问题的关注，可以追溯到孟德斯鸠、马克思等经典作家；经济学家泰勒尔（J. Tirole）在其经典论文《科层与官僚体系：合谋在组织中的角色》中提出了合谋对组织的重要影响以及防范合谋的基本原理。[②]在科学的社会建制之中，评价活动是在一定的组织结构之下进行的。在评价活动的组织过程中可能会形成多层的委托代理关系，由此可能形成不利于评价主体或被评价者的联盟，亦即合谋问题。在人文社会科学研究评价中同样存在合谋的问题：一种情况是评价主体和评价代理人之间的合谋。科学研究没有绝对正确的客观标准，这一现象在人文社会科学评价中表现得尤为突出。科学真理实际上是关于什么是“真”的被广泛接受的社会认同，所谓的“共识”“权威”“知识”等不过是被某个社会建构起来的观念实在。[③]在这种情况下，评价主体为了减少对被评价者的支付，就可以通过合谋的方式与评价代理人达成某种契约而降低对被评价者产出或成果的评价等级。另一种情况是评价代理人与被评价者之间的合谋。与第一种情况的道理相同，在评价主体与评价代理人之间不存在合谋或者是不存在预防合谋监督机制的情况下，由于给出评价结果的控制权掌握在评价代理人手中，被评价者可以通过与评价代理人合谋的方式，提高被评价对象的等级，进而从评价主体手中获得超出其实际产出的报偿。

（3）“敲竹杠”。“敲竹杠”的原意是指一些人利用他人的弱点或劣势，在经济活动中找借口向其索取财物或提高价格，在政治活动中利用手中掌握的权力或以某种借口进行讹诈的行为。“敲竹杠”是机会主义的一种公开表达形式，在不完全契约理论中属于研究的核心问题。“敲竹杠”问题的内在逻辑是，由于信息不对称、有限理性和一些偶然性事件的影响，契约往往是不完全的，由于事前契约签订方无法把专用性投资全部写入契约，一旦这些投资沉淀下来，投资人就不得不和其交易伙伴分享总收入。[④]“敲竹杠”问题所导致的困境是：任何时刻，作为契约中生产者的一方都会对增加专用性投资的信心不足。

---

① Chamberlin E H. Duopoly：value where sellers are few[J]. The Quarterly Journal of Economics，1929，44（01）：63-100.

② 汤灿晴，董志强. 科层组织中的合谋：理论发展与应用研究前景[J]. 经济管理，2009，(06)：83-87.

③ 〔美〕达里尔·楚宾，爱德华·哈克特. 难有同行的科学：同行评议与美国科学政策[M]. 谭文华，曾国屏，译. 北京：北京大学出版社，2011：7.

④ 应瑞瑶，王瑜. 敲竹杠问题：一个治理方法的综述[C]//中国制度经济学学会筹委会，山东大学经济研究院（中心），中国制度经济学年会组委会，等. 中国制度经济学年会论文集. 2006：1007-1023.

在人文社会科学研究评价中，这种具有双边锁定性特征的现象同样存在：评价主体、评价代理人和被评价者之间都面临着互相被“敲竹杠”的可能性。由于信息不对称，评价主体具有资源优势，评价代理人具有信息优势，被评价者具有智力优势。在评价活动中，评价主体出于对评价代理人和被评价者“敲竹杠”的可能，因此会在评价契约中加入更多的限制性条款，以求得评价代理人和被评价者更多的投入。不过，由于契约的不完全性，在契约签订的过程中，评价代理人和被评价者可能会利用信息优势和智力优势向评价主体进行寻租，例如通过夸大评价和研究工作的难度、复杂性向评价主体索要更多的资源。当评价和研究的契约签订之后，也就是评价主体对评价和研究活动的投资沉淀下来之后，评价代理人和被评价者可以根据评价主体对评价和研究活动的投入情况调整自己的行为，进而获得超出实际投入更多的回报。一种情况是，被评价者和评价代理人之间通过合谋，例如通过人情关系、贿赂等手段，减少研究和评价活动的投入，进而获得超出实际研究和评价活动投入的资源回报。另一种情况是，由于评价代理人和被评价者之间的特殊关系，当评价代理人向被评价者索取评价活动之外的好处时，由于权力上的不对称地位，被评价者无法获得研究活动投入的全部回报，因此不得不屈从于评价代理人的要求，而支付其不当索取。在评价和研究资源有限的情况下，由于评价主体、评价代理人和被评价者之间都存在被“敲竹杠”的可能性，因此在评价和研究契约订立之时，出于损益计算，三方当事人都会争取对方更多的投入，而对于己方投入要尽量有所保留。上述问题的存在使得评价主体、评价代理人和被评价者三者进入了一个彼此锁定的状态，由于互相担心被“敲竹杠”，评价主体会减少资源投入，评价代理人会减少评价投入，被评价者会减少智力投入。这种僵局使得人文社会科学研究的资源投入长期不足，评价和研究活动也一直处于低效率运行的状态。

三、逆向选择的困境

逆向选择，是信息不对称带来的另一个问题。在经济学研究中，“逆向选择”主要是指由于市场交易双方信息不对称，导致价格机制失灵而产生的劣币驱逐良币的现象。阿克洛夫在《“柠檬”市场：质量的不确定性和市场机制》

这篇论文里，以二手车市场难以建立为案例，首次提出了“逆向选择”理论，揭示了人类经济生活中一个十分简单，但又非常深刻的道理。逆向选择理论的基本内容是：在信息不对称的情况下，单纯依靠市场机制调节的经济行为可能是无效率的。这种无效率具有“逆向选择”的特征。传统市场中由价格机制约束所产生的效应是“良币驱逐劣币”或“优剩劣汰”，但是，由于信息不对称，价格机制被扭曲之后，所产生的是相反的效应——“劣币驱逐良币”或“劣剩优汰”[①]。

在人文社会科学研究评价管理中同样存在逆向选择的问题。如果我们把人文社会科学研究作为一个思想市场来看待，那么由于信息不对称，评价主体、评价代理人和被评价者都会利用自身的优势寻求获得更高的资源回报。在学术市场中，评价代理人和被评价者知道评价活动和研究活动的真实价值，而评价主体不知道。对于评价主体而言，尽管他们不能完全了解评价活动和研究工作的真实价值，但是却可以估算出评价活动和研究工作的平均价值。出于对评价代理人和被评价者道德风险的考虑，评价主体只会以平均价值所确定的报价在学术市场中购买评价服务和研究产品。对于准备提供高于平均价值评价服务和研究产品的评价代理人和被评价者而言，由于所获得的收益低于其正常的预期，因此，他们会主动退出市场。接下来的可能结果就是，由于高水平的评价代理人和被评价者退出市场，评价主体会继续降低估价，中等水平的评价代理人和被评价者也会逐渐退出市场。最终的结果是：学术市场上充斥着低报价、低水平的评价代理人和被评价者，评价服务和研究产品成交量不断萎缩，评价主体、评价代理人和被评价者均对结果不满意，开始寻求其他替代机制。

第四节　人文社会科学研究评价的政策困境

市场失灵进而诉诸科层是人类社会管理活动的一个基本逻辑。然而，科层所涉及的政治、政策问题往往被划归为非科学问题，传统的知识体系之中，政

① 李向阳. 信息不对称与市场缺陷——诺贝尔奖获得者阿克洛夫的经济学理论述评[J]. 国际经济评论，2001，(6)：59-61.

治、政策与科学是完全不同且彼此分离的领域，科学致力于对真理的高尚追求，而政治、政策则忙碌于较低层次的利益角逐。[①]人文社会科学研究虽然不同于纯粹的自然科学研究，但同样致力于追求真理，与追求利益的政治行为保持着适当的张力。不过，政治与科学之间界限划分是模糊不清的，科学政策恰好处于这个微妙而又尴尬的接缝地带，人文社会科学研究评价面临着同样的政策困境。

一、政策制定的困境

（一）政策价值的多元性

政策价值是政策制定过程中的元问题。对于公共政策制定而言，政策价值取向任何时候都是首要的，无论怎样强调决策科学化，政策的价值考量都是不可或缺的。人文社会科学研究价值的多样性决定了评价政策的多元性。从目前人文社会科学研究评价政策价值取向的一般性认知来看，政策价值取向主要包括公平、公正、平等、效率、责任等。这些价值取向很难在同一政策内部同时实现，对某一方面政策价值的过度追求，往往是以伤害甚至牺牲其他政策价值为代价的。以学术价值和社会经济价值为例，人文社会科学研究评价的政策价值取向就面临着一定程度的冲突：是以损失一定的学术价值为代价而获得更多的社会经济效益价值，还是以损失一定的社会经济效益价值为代价来获得更多的学术价值。因此，人文社会科学研究评价政策制定总是存在着不同价值偏好的取舍，增大某一价值取向的权重也就意味着降低某一价值取向的权重。政策价值的多元性使得政策制定必须在公平与效率、理想与现实、短期利益与长期利益、宏观收益与微观损失等方面进行必要的取舍，理想状态的均衡发展在现实中是难以长期为继的。

（二）政策目标的模糊性

政策的理想状态是以“目的或者目标为主导”的模式行为，然而，政策实践表明，我们任何时候都无法确定一个具体行为是否都有目的或者目标，即便有，这个目的或者目标经常也是不清楚的。人文社会科学研究评价政策的目的

① （美）大卫·古斯顿. 在政治与科学之间：确保科学研究的诚信与产出率[M]. 龚旭，译. 北京：科学出版社，2011：20.

或目标是什么？是为了促进对真理的追求还是实现研究资助者的要求，抑或二者兼而有之？定位人文社会科学研究评价政策的目标往往十分复杂，涉及各种专业知识，影响多方利益群体。和所有的公共政策一样，人文社会科学研究评价政策的制定会受到利益相关者的影响。占据高位的利益相关者能够决定政策所要解决问题的方向。例如，人文社会科学评价究竟应当以哪种价值取向作为主导方向？评价究竟应当坚持结果导向还是过程导向？评价方法到底是以定性评价为主还是以定量评价为主？评价结果是否以及在何种程度上与资源分配相挂钩？对这些问题的决定权，只是部分地取决于来自数据和经验研究的科学结论，起更大决定性作用的因素是利益相关者的话语权。那些不被界定为问题的现象永远不会成为政策的目标。政策目标定位模糊使得政策实践经常在较低的水平上徘徊，随着利益相关者话语权的此消彼长，过去提出的解决方案不断被新出现的问题否定，进而需要重新制定政策。

（三）政策方案的短期性

政策方案是政策制定者针对特定的政策问题，依据一定的程序和原则，为实现确定的政策目标而设计、优选和抉择出来的一套系统的问题解决措施。正如著名管理学家拉塞尔·阿科夫（R. L. Ackoff）所指出的那样，要想成功地解决问题，就必须对真正的问题找到正确的方案。我们经历的失败常常更多的是因为解决了错误的问题，而不是我们为真正的问题找到了错误的解决方案。[①]针对人文社会科学研究评价，由于政策价值的多元性和政策目标的模糊性，政策制定者很难制定出一劳永逸的政策方案。同时，政府、社会公众对政策方案的关注点更多的是放在能否解决当前面临的、紧迫的现实问题之上，这就使得政策制定者更加强调政策的回应性、及时性和有效性，而缺乏对政策所要解决问题的长期考量。如此的政策制定往往使得制定出来的政策方案就事论事，缺乏系统性、长远性和可操作性。例如，由于社会媒体对高校教师师德和学术不端行为的高度关注，教育部制定并颁布了一系列针对高校教师师德师风问题的政策方案。教育部 2016 年出台的《高等学校预防与处理学术不端行为办法》对学术不端行为的预防、受理、调查、认定和处理做出了详细的规定，但是对

① 〔美〕拉塞尔·L. 阿克夫，丹尼尔·格林伯格. 21 世纪学习的革命[M]. 杨彩霞，译. 北京：中国人民大学出版社，2010.

于教师因被举报而权利受损的相关保护措施语焉不详。该办法中既没有明确规定消除影响、恢复名誉的具体方式，也没有对捏造事实、诬告陷害等行为规定严格的惩罚措施。道德义务和职业权利不对等，不仅不利于教师在学术研究中锐意进取、大胆创新，而且也容易使一些品行不端的人利用这一缺陷，牟取个人私利和打击、报复他人。

二、政策执行的困境

（一）政策资源的碎片化

“碎片化”（fragmentation）一词原意指完整的东西破成诸多碎块。在社会学研究中，“碎片化”指社会阶层的分化；在传播学研究中，“碎片化”指受众群体的细分和信息的个体化需求；在行政学研究中，“碎片化”指政府部门职、权、责的一种分割状态；政策资源的“碎片化”指的是由于政策资源的部门控制，常常围绕某一政策问题，同时存在若干个政策，造成政策资源的分散。① 任何政策的执行都必须要有相应的政策资源投入，若要达到有效解决问题的目的，需要政策资源之间的整合与协同。然而，由于科层制的存在，政策执行的过程是通过纵横交错的部门之间逐层传导和相互配合来实现的。由于经济社会发展的差异、部门资源有限性等原因，不同部门对同一政策问题所投入的政策资源数量、投入的时机选择等也不尽相同。例如，早在 2004 年，中共中央就印发了《关于进一步繁荣发展哲学社会科学的意见》；2011 年，教育部颁发了《教育部关于深入推进高等学校哲学社会科学繁荣发展的意见》；同年，教育部、财政部印发了《高等学校哲学社会科学繁荣计划（2011—2020 年）》的通知。在这些文件中，创新人文社会科学研究评价方式都是一项重要的举措。从政策制定的前瞻性、合理性和可行性上看，上述人文社会科学研究评价方式毫无疑问是科学的。不过，从政策执行上看，政策资源落实较好的是中央相关各部委，而地方政府部门，特别是高校的政策资源投入力度明显不够，更多地表现为以文件落实文件，以会议落实会议，实质性繁荣发展哲学社会科学的资金、手段、方式、途径等政策资源供给不足，不能与中央投入的政策资源迅速形成合力。

① 张玉强. 政策“碎片化”：表现、原因与对策研究[J]. 中共贵州省委党校学报，2014，（05）：102-109.

（二）先前政策的惯性作用

政策有效执行不能忽视先前政策的惯性作用，过去的选择将会限制今天能做的选择。路径依赖理论认为，我们先前选择了某一政策，由于规模经济（economies of scale）、学习效应（learning effect）、协调效应（coordinative effect）以及适应性预期（adaptive effect）等因素的存在，就会使该政策沿着既定的方向不断得以自我强化。路径依赖作用的存在要求政策保持一定的稳定性，新政策对旧政策的调整和修改应当是一个渐进的过程。如果新政策与先前政策差异过大，先前政策的惯性作用不仅会抵制新政策的执行，而且还极易给社会和政策对象带来损害。就人文社会科学研究评价而言，由于历史的原因，长时期以来主导我国人文社会科学研究评价的政策取向是行政主导模式，当前政策所倡导的面向问题和创新的绩效导向评价模式尚未完全建立起来，政策落实缺乏相应的条件和基础。在新政策执行的过程中，一些先前的评价方式、方法不能继续，新政策无法从旧政策中继承和学习已经积累起来的经验和做法，反而导致新政策执行起来比较困难。

（三）执行机构的不作为

政策执行需要执行机构的积极作为，需要调动科层体制中间层的主动性。如果没有他们的配合，理想的顶层设计也可能会走向反面。人文社会科学研究评价政策执行不力，很大一部分问题就是来自中层执行机构的不作为，使得国家顶层的政策理念不能有效转化成为切实可行的制度和措施。国家层面的人文社会科学研究评价政策无法完全照顾到地方科研管理部门、高校、研究机构的特殊性，需要它们因地制宜，积极从实践中寻找最优的改革模式。不过，改革人文社会科学研究评价模式对于它们而言并不意味着收益与回报，更多的是困难与阻碍。自上而下的行政问责和自下而上来自既得利益者的反对意见使得它们经常处于社会舆论的风口浪尖之上。改革成功了，它们不是利益的分享者；改革失败了，它们就会成为责任的承担者。理性选择理论的核心假设就是“理性行动涉及功利最大化”。对于人文社会科学研究评价政策的执行机构而言，选择积极作为不是最优的行动逻辑，综合权衡自上而下的改革压力和自下而上的反对压力，寻求在二者之间的平衡与妥协才是最优的行动逻辑。

三、政策评估的困境

公共政策评估是指特定的评估主体根据一定的标准和程序，通过考察政策过程的各个阶段、各个环节，对政策的效果、效能及价值所进行的检测、评价和判断，政策评估有助于完善政策体制、改进政策质量，进而提升政策绩效。[①]不过，由于多种原因，我国政策评估的理论研究与实践探索较晚，人文社会科学研究评价政策评估还面临着诸多难以解决的困难。

（一）缺乏专业性的评估组织

公共政策评估在学术研究上是一个专业领域，在管理实践中也是一项实际工作。20 世纪初，随着现代科学方法在社会研究和政策研究中的广泛运用，政策评估迅速地发展起来；90 年代之后，随着新公共管理运动在全世界范围内的发展，科学研究作为一项公共事务，科研政策在科学发展中的作用逐渐受到越来越多的国家和国际组织的重视。[②]由于历史和体制等方面的原因，我国对政策评估的重视程度不够，由政府主导的政策评估更多地被绩效评估所取代。许多政策评估工作往往是由主管部门委托相关部门进行的。例如，科学技术部曾委托有关部门对科技型中小企业技术创新基金、火炬计划、《国家中长期科学和技术发展规划纲要（2006—2020 年）》实施情况进行评估；国家知识产权局曾委托有关部门对《国家知识产权战略纲要》实施情况进行评估；等等。[③]但是专业性的第三方评估组织十分缺乏，对于人文社会科学研究评价政策的评估工作，目前多是由相关部门和一些专家、学者随意、零散和自发完成的。从总体上讲，这些评估是非正式性的，透明度和公信力不足。由于缺少独立的、权威性的第三方评估组织，对人文社会科学研究评价政策评估的随意性比较强，造成这些评估大都聚焦于现实的、短期的和可观察到的结果，而很少考虑对于未来的、长期的和潜在的影响，严重影响了人文社会科学研究评价政策制定和实施的效率。

---

① 李志军. 重大公共政策评估理论、方法与实践[M]. 北京：中国发展出版社，2013.

② 〔美〕费希尔. 公共政策评估[M]. 吴爱明，等译. 北京：中国人民大学出版社，2003.

③ 参见中华人民共和国科学技术部网站：http://www.most.gov.cn/zzjg/zzjgzs/zzjgsyhjzx/index.htm.

（二）缺乏专业化的评估人员

公共政策评估是一项专业性很强的工作，需要由专业的评估人员来进行。随着信息网络化和经济全球化进程的不断加快，人文社会科学研究评价的要求正在发生着深刻的变化，传统的用价值判断代替事实分析，用定性分析取代定量评估的方式已经不适应现在的人文社会科学研究政策评估的现实需要了。由于我国政策评估工作长期不被重视，理论界对政策评估的研究和实践较少，进而也导致专业性的政策评估人员培养不足。①目前，对人文社会科学研究评价政策的评估多是由管理部门委托相关领域研究的专家、学者来进行的。他们当中的很多人，知识结构、思维方式相对比较单一，很少有人综合掌握自然科学和社会科学的研究方法，并且兼备逻辑思辨能力和公理化思维的知识结构，因此在评估过程中，不可避免地造成评估结论综合性、全面性不足。专业评估人员的培养不是短时间内一蹴而就的事情，随着时间的推移这一问题也会愈加明显。当前，我国人文社会科学研究评价面临偏重量化指标，热衷于期刊影响因子、课题级别等现象，这与专业的人文社会科学研究评价人员缺乏也不无关系。

（三）缺乏健全的评估信息系统

任何科学合理的评价都是建立在评价信息充分的基础之上，没有一个健全的评估信息系统，难以保证评价结果的科学性与合理性。一个健全的评估信息系统的重要性主要体现在提供信息的准确性、时间性和针对性 3 个方面。对人文社会科学研究政策评价而言，首先，只有依据准确的评估信息才能够做出正确的评估结论。当前，我国公共政策评价信息系统不健全，政策反馈渠道不畅，有关政策执行效果的信息不为政策决策者和评估者所了解，依据不准确的评价信息很难做出正确的评价结论。其次，信息的价值具有时间性。信息的价值取决于信息获得的及时性和有效性，只有这两个特征同时满足，信息对于评价才是有益的。当前，我国人文社会科学研究评价评估信息系统不健全，在评估活动中，经常是信息搜集和评估工作同时进行，使得评价者无法把精力充分集中在评估行为之上，进而也影响了评估结果的准确性。最后，信息的价值是通过实际需求来体现的。针对不同的评估要求，需要有针对性的评估信息，依据缺

---

① 王波. 公共政策评估：意义、困难和对策[J]. 山西经济管理干部学院学报，2003，(03)：33-35.

乏有针对性的评估信息，很难得到科学合理的评估结论。[①]当前，由于缺乏健全的评估信息系统，人文社会科学研究政策评估缺乏有针对性的评估信息，导致评估工作主观随意性很大，给形式主义、机会主义甚至腐败现象的发生留下了空间，扭曲了政策评估机制，造成了评估结果失真。

（四）缺乏目标群体参与的评估机制

公共政策的效果如何，目标人群最有发言权。然而，在政策评估过程中，政策决策者、执行者和评估者更多的是把政策评估作为一种自上而下的效果审查机制，更多的关注点放在了管理目标达成之上，而对于目标人群的意愿和利益需求考虑较少。行政机构优先考虑的是它们的日常事务，政策实施对于它们的象征意义和政治价值更为重要。它们有着强烈的兴趣和愿望以显示和证明政策实施产生了哪些积极的影响，不喜欢看到说明政策成本超出政策效益的不同声音。[②]对于人文社会科学研究政策而言，由于受社会地位、价值观念和思维方式等因素的影响，政策决策者、执行者、评估者和目标人群所关心的问题是存在差异的。例如，对于政策决策者而言，政策评估主要关注的问题是政策资源投入所产生的回报，而对于政策资源分配过程合法性与合理性的关注程度较低；对于政策目标人群，尤其是从事人文社会科学研究的人员来说，他们更加关注的是政策资源分配的动态平衡性，利益重复博弈过程中个体成员的增益性，以及个人合理利益受损之后的补偿性。人文社会科学研究政策效果如何，最终体现在公共政策目标群体的相关利益上面。目标人群缺乏话语权或者是反馈的声音得不到回应，最终影响政策评估的效果。

---

① 詹国彬. 我国公共政策评估存在的困难及其对策[J]. 福建行政学院福建经济管理干部学院学报，2002，(02)：37-40.

② 〔美〕托马斯・戴伊. 自上而下的政策制定[M]. 鞠方安，吴忧，译. 北京：中国人民大学出版社，2002：212.

第五章　人文社会科学研究评价的制度结构分析

传统评价理论的一个先验假设是：不论制度背景如何，通过标准、程序的设定，科学合理的评价结果都会在评价过程中即时和自动地实现。然而，在评价实践和评价现实中，当评价主体、评价代理人和被评价者高度相互依赖时，程序、方法和标准却是无法解释和解决的人的策略行为。正是在这种情况下，评价的制度结构就变得极为重要。制度结构给评价活动的参与人提供了复杂社会互动的框架和如何行动的规则。因而，十分有必要从制度结构的视角分析制度是如何形塑和影响相互依赖的评价活动参与者的行为。

第一节　评价制度结构的重要性

一、制度与信息

人类理性行为的基础是信息的充分性。如前文所述，评价作为人类的一种理性行为对信息高度依赖。评价活动中所出现的各种问题，其原因都与信息不对称息息相关。制度理论认为，制度规定了信息不完全、不对称背景下人的行动规则以及该规则下个人选择的条件，是人类集体行动摆脱信息约束困境的机制创造。制度通过形塑人与人之间信息交流的形式，实现规约个体行为的目的。例如，在完全信息背景之下，社会鼓励自由竞争，倡导通过市场机制“看不见的手”的作用来实现资源配置的最大化，但是，在不完全信息和不对称信息背景之下，市场机制的作用被扭曲，"看不见的手"无法实现优化资源配置的功能。在这种情况下，制度通过规则激励和约束人的行为，防止个人利用信息或策略性地使用信息牟利。在信息稀缺的设定下，世界是如何运行的共同信念、社会的集体价值观念就发挥着特别重要的作用。① 在人文社会科学评价中，信息约束的困境导致评价主体、评价代理人和被评价者的行为无法统一，造成评价结果失真。评价制度通过统一的价值取向设计而协调利益相关者的行为，进而实现评价所要实现的目的和要求。

二、制度与行为

人类的行为是依靠动机而驱动的。评价作为一种人类活动，同样会受到人类动机的影响。"经济人"的理性假设是，在没有任何约束和限制的情况下，人类行为完全受利益的驱动。依据这一理论假设，在评价活动中，评价主体、评价代理人和被评价者各自出于利益最大化的目的，但由于"囚徒困境"问题的存在，在总体上是无法实现评价结果社会最优的。在利益相关者彼此争利的情况下，个人被假定为绝对的功利主义者，每个人都会极大地控制个体行为的溢出效应，甚至还会把其他人的利益据为己有。基于社会关系网络而产生的社会附带价值不会出现正效应。制度通过机制设计激励能够给社会带来正效应的行为；约束和惩罚能够给社会带来负效应的行为。制度的功能之处在于，它能够促使竞争中的理性人认识到合作的重要性，从而把合作的努力程度提升到更高的水平之上。人类行为与制度的关系可以从理性选择、有限理性和认知科学3种视角加以说明。

（一）从理性选择的视角来看

1. 规则遵循也是一种理性行为

在经济学领域，许多经济学家发现，人们在很多情况下并没有追求所谓的利益最大化，相反，而是做了规则遵循的行为。事实上，人们不可能如同对理性人假设那样行动，大多数人是依靠惯例和规则来进行决策和采取行为的。哈

① Milgrom P R，North D C，Weingast B R. The role of institutions in the revival of trade：the law merchant，private judges，and the champagne fairs[J]. Economics and Politics，1990，2（01）：1-23.

耶克等自由主义学者也一直认为，人既是追求目的的动物，也是遵循规则的动物。人应在更大程度上被概念化为“规则遵循者”，而不是理性最大化者。

2. 规则遵循可以弥补理性的不足

人类行为是理性与非理性的混合体，规则遵循与理性选择并不是完全矛盾的。实际上，人类行为与制度之间不是一种简单的对应关系，而是一种相互适应、相互促进和相互补充的关系。绝对的理性选择过分重视短期收益，而忽略了长期利益，规则遵循可以使长期收益最大化。

（二）从有限理性的视角来看

1. 制度形塑人的行为

制度理论认为，制度与人类行为之间的关系是互补与对比共存，永远相互塑造。制度结构通过形塑动机的方式塑造人的行为。明确的法律、规定、惯例、仪式等结构性要求，促进了一些人类行为倾向，压抑另一类行为倾向。制度为了实现长期有效协作而抑制人的自利本能，使行为变得可以预见，达到抑制机会主义的目的。

2. 个人对制度具有能动性

个人在制度面前并不是完全被动的。例如，诺斯认为，随着人类变得越来越相互依赖，环境的复杂性增加，为了从交易中获得潜在收益，就需要更加复杂的制度结构。① 人类本身是不断演变的，这决定了建立在人性基础上的制度必然随着人性的演变而变迁。

（三）从认知科学的视角来看

1. 人的认知过程是同外部世界的互动形成的

每个人都用自己的心智模式去阐释外部世界，但是，人的心智模式却不同。制度理论认为，人的心智模式源于文化和经验获得。文化的差异性和经验的地方性使得人们的心智模式存在巨大的差异。正是基于这一原因，人们通过不断的学习过程来改变心智模式。

---

① 〔美〕道格拉斯·诺斯. 新制度经济学及其发展[J]. 路平，何玮，编译. 经济社会体制比较，2002，(05)：5-10.

2. 制度嵌入于人的共同意识之中

对于人类认知图景而言，社会行为层面上的个体活动是依靠共有心智模式或共同知识来进行协调的。在个体的社会化过程之中，社会成员通过不断的互动建立起相同的认知结构和行为方式，进而形成了稳定的社会结构。制度是个人认知与环境之间长期互动、循环作用的结果，是人的共同意识的理性化、符号化和客观化。①

三、制度与权力

权力是一种广泛存在的社会现象，对人类社会生活具有十分重要的影响。社会学认为，权力是指产生某种特定事件的能力或潜力。例如，韦伯认为，权力意味着在一定社会关系里，哪怕是遇到反对也能有贯彻自己意志的机会，不管这种机会是建立在什么基础之上。②管理学家认为，权力是人们行为和交往过程中的一个重要的基本动力机制。例如，帕森斯（T. Parsons）认为，权力是一种保证集体组织系统中各单位履行有约束力的义务的普遍化能力。③总之，权力是人类社会中各个领域普遍存在的一种特殊现象，其本质是一种以威胁或惩罚的方式，依靠强制力影响和制约自己或其他主体获取价值或资源的能力。

在评价活动中，权力同样发挥着重要的作用。评价的本来意义就是用挑剔和质疑的眼光来对待评价对象，在评价过程中，评价参与人会针对评价对象提出许多不同的观点，当观点较多且难以统一或者是存在若干个具有一定冲突的观点时，权力的作用就会凸显出来。例如，在评估过程中，具有较高社会地位或资历较深的评价参与人往往具有更多的话语权，他们的观点会受到更多的重视，即便存在一定的偏颇甚至错误，也很少会受到质疑和反对。不过，也应当看到权力之于评价过程的积极意义。当问题悬而不决、评价结果迟迟不能做出时，权力在提高评价工作效率上的积极作用就会凸显出来。阿罗对此说道，如果我们排除人与人之间效用比较的可能性，从个人的排序到社会的偏好的唯一

① 易杏花，卢现祥. 论人类行为与制度的关系[J]. 福建论坛（人文社会科学版），2007，(07)：9-13.
② 〔德〕迪尔克・克斯勒. 马克斯・韦伯的生平、著述及影响[M]. 郭锋，译. 北京：法律出版社，2000.
③ 〔美〕T. 帕森斯. 现代社会的结构与过程[M]. 梁向阳，译. 北京：光明日报出版社，1988.

令人满意且适用范围广泛的个人排序集的方法不是强加的，就是专制的。[①]不过，总体上看来，民主社会中权力是需要受到限制的。正如政治学家丹尼斯·朗（D. Wrong）所指出的那样，当存在垄断决策和发起行动的“完整权力”时，必须进行权力的分散，从而实现对权力的限制，这样才能避免权力滥用。[②]制度经济学家诺斯也曾指出，尽管政治制度促进了讨价还价双方的交换，但是这并不意味着结果就能达到经济效率……有效的政治交换，在给定双方的利益条件下，会创造或者改变经济秩序而提高或降低经济交易的成本。[③]在评价活动中，评价制度的作用是通过事前的设计和安排，限制和约束权力作用的范围和方式，达到保障评价结果的正确性以及提高评价工作的效率。

第二节　人文社会科学研究评价制度构成的基本要素

制度构成的因素十分复杂，其作用往往是相互交织、渗透和彼此强化的。一个理想的制度是多种因素的有效协同。有时，一种因素缺位或失去作用，其他因素能够对其进行补位或者替代其发挥作用。如果所有的要素不再发挥作用，其结果就会导致制度变迁。同理，建构一种制度也不能仅关注于一种或几种因素，而是要从整体出发，系统建构。人文社会科学研究评价制度构成至少包含了规制性、规范性和文化认知性 3 种基本要素。

一、规制性的构成要素

“规制”（regulation）是一个来自英美法律体系的法律用语，主要是指政府根据相应的规则对微观主体行为进行的一种干预。在经济活动中，经济规制即通过设立政府职能部门来管理（不是直接由政府所有）经济活动。例如，通过经营权或许可权的授予，允许有资质的个人、组织从事经济活动、维护市场价格和保护消费者利益等；社会规制即政府通过税收、财政手段来保护弱势群体

① Arrow K J. A difficulty in the concept of social welfare[J]. The Journal of Political Economy，1950，58（04）：328-346.
② 〔美〕丹尼斯·朗. 权力论[M]. 陆震纶，郑明哲，译. 北京：中国社会科学出版社，2001：4.
③ 〔美〕道格拉斯·诺思. 经济史中的结构与变迁[M]. 陈郁，罗华平，等译. 上海：上海人民出版社，1994.

利益，维护经济安全；等等。[①] 在中国语境下，“规制”一词主要有如下几个方面的含义：①依据法律对某种违法行为的调整；②政府为纠正市场失灵而规范市场主体活动所采取的行为；③政府管理市场、社会的一种管理手段；④政府对社会行为的规范、调整；⑤一般意义上的法律、法规、政策和政府指导性要求。[②]

从最广泛的意义上讲，规制性要素在评价制度构成中起到了十分基础性的作用。几乎所有的学者都认为，规制要素对人的行为具有制约、规制和调节功能。规制性要素的显著特点是使用刚性、强制的手段，例如，规则设定、监督和奖惩等方式实现对人行为的约束。正如制度经济学家诺斯所描述的那样，制度完全类似于竞技体育运动中的比赛规则。这既包括正式的、书面的规则，也包括对正式规则起到基础和补充作用的非书面的行为规范。如果运动员违反了比赛规则，就将受到制裁和惩罚。所以，制度构成的实证内容之一就是确保对违反规则与规定的行为付出代价和受到惩罚。[③]

制度规制性要素的特点必然使其与政府的合法性权威密切地联系在一起。一般说来，强制需要付出较大的成本。不完全契约理论表明，任何合约都无法完全通过双方互相监督来实施。在很多情况下，由中立的“第三方”——政府来监督和实施是十分必要的。评价制度结构不可避免地涉及对一个国家的法律、政策进行分析。1990～2018 年我国人文社会科学研究评价相关政策文件的规制性要素主要表现如下（表 5.1）。

表 5.1　1990～2018 年我国人文社会科学研究评价相关政策文件的规制性要素

年份	名称	机构	主题
2018	《关于分类推进人才评价机制改革的指导意见》	中共中央办公厅、国务院办公厅	科学评价哲学社会科学和文化艺术人才
2016	《关于深化人才发展体制机制改革的意见》	中共中央	创新人才评价机制
2017	《国家教育事业发展“十三五”规划》	国务院	完善高校哲学社会科学体系
2017	《关于加快构建中国特色哲学社会科学的意见》	中共中央	—
2016	《高校哲学社会科学繁荣计划专项资金管理办法》	财政部、教育部	—

① 于立，肖兴志. 规制理论发展综述[J]. 财经问题研究，2001，(01)：17-24.
② 胡敏洁. 规制理论是否足以解释社会政策?[J]. 清华法学，2016，10（03)：26-38.
③ 〔德〕柯武刚，史漫飞. 制度经济学：社会秩序与公共政策[M]. 韩朝华，译. 北京：商务印书馆，2000.

续表

年份	名称	机构	主题
2016	《国家哲学社会科学研究“十三五”规划》	全国哲学社会科学规划办公室	—
2016	《高等学校预防与处理学术不端行为办法》	教育部	—
2015	《国务院办公厅关于优化学术环境的指导意见》	国务院办公厅	—
2015	《统筹推进世界一流大学和一流学科建设总体方案》	国务院	建立健全具有中国特色、中国风格、中国气派的哲学社会科学学术评价和学术标准体系
2014	《中国特色新型高校智库建设推进计划》	教育部	实施社科专题数据库和实验室建设计划，促进智库研究手段和方法创新。以高校哲学社会科学“走出去”计划为依托，扩大高校“智库”国际学术话语权和影响力。实施哲学社会科学教学科研骨干研修跟踪培养计划
2012	《学位论文作假行为处理办法》	教育部	—
2011	《高等学校哲学社会科学繁荣计划（2011—2020年）》	教育部、财政部	—
2011	《高等学校哲学社会科学“走出去”计划》	教育部	—
2011	《国家哲学社会科学研究“十二五”规划》	全国哲学社会科学规划办公室	—
2011	《中共中央关于深化文化体制改革推动社会主义文化大发展大繁荣若干重大问题的决定》	党的十七届六中全会	把繁荣发展哲学社会科学作为促进社会主义文化大发展大繁荣的重要任务，作为文化产品创作发展最主要的领域之一，做出一系列重大部署
2011	《教育部关于进一步改进高等学校哲学社会科学研究评价的意见》	教育部	进一步改进哲学社会科学研究评价，促进高等学校哲学社会科学健康发展，教育部提出意见
2008	《中国高校哲学社会科学管理评论》	教育部社会科学司	—
2007	《教育部人文社会科学研究项目成果鉴定和结项办法》	教育部社会科学司	创新、评价体系
2006	《教育部关于大力提高高等学校哲学社会科学研究质量的意见》	教育部	—
2004	《高等学校哲学社会科学研究学术规范（试行）》	教育部	总则、基本规范、学术引文规范、学术成果规范、学术评价规范、学术批评规范
2004	《关于进一步繁荣发展哲学社会科学的意见》	中共中央	—
2004	《2003—2007年教育振兴行动计划》	国务院	实施“高等学校哲学社会科学繁荣计划”

续表

年份	名称	机构	主题
2003	《教育部关于进一步发展繁荣高校哲学社会科学的若干意见》	教育部	—
2001	《国家哲学社会科学研究“十五”（2001—2005年）规划》	全国哲学社会科学规划办公室	新型的学术评价制度，有效排除了由于管理权力滥用可能造成的失范或腐败的隐患
1996	《国家哲学社会科学研究“九五”（1996—2000年）规划要点》	全国哲学社会科学规划办公室	—
1990	《文化科学技术成果鉴定办法》	文化部	—

二、规范性的构成要素

人类社会生活中的制度，不仅只包括约束、限制和惩罚功能的规制性要素，还包括说明性、评价性和义务性的维度，这种维度上的规则就是规范性的要素。[①] 与规制性要素的明文规定不同，规范性要素蕴含着一定的价值关系或经验知识，这就使得具有不同价值观和经验知识的人会对同样的对象做出多种不同的解释。规范性要素不像规制性要素那样具有明确性，容易被感知，相反，规范性要素具有不可感知性，只有经由规范评判和价值补充之后才能最终确定。

规范性要素主要通过价值观系统和程序系统两个层面发挥作用。价值观系统用来比较和评价现存结构或行为的各种标准；程序系统规定事情应当如何完成，并规定追求所要结果的合法方式及手段。[②] 从评价制度结构的角度看来，制度的规制性要素为评价活动提供了刚性的框架，这一过程是通过强制性权力实现的。然而，一方面，过于刚性的规制性要素无法涵盖评价活动的全部内容，另一方面，人的能动性还会使得利益相关者对规制性要素采用权宜性策略加以应对。如此，就会造成规制性要素作用的效果不佳。在现实中，规制性要素的强制性权力经常是通过结合规范性要素的柔性框架而合法化，通过权力转换为权威，进而得到评价活动参与人的遵守。评价制度的规制性要素和规范性要素是互相强化的。

① 〔美〕理查德·斯科特. 制度与组织——思想观念与物质利益[M]. 3版. 姚伟，王黎芳，译. 北京：中国人民大学出版社，2010.
② 〔美〕理查德·斯科特. 制度与组织——思想观念与物质利益[M]. 3版. 姚伟，王黎芳，译. 北京：中国人民大学出版社，2010.

对规范性要素认识和理解的逻辑前提是一定价值观念和规范规则的预设。某些价值观念和规范规则可能适用于一个集体的全部成员，但某些规则也可能只是适用于特定的行动者或职位类型。① 这也就是说，和规制性要素相比，规范性要素的结构是开放的、具有类型化的特征，一般无法穷尽其具体内容并确定其适用范围。例如，人文社会科学研究评价也经常被称为学术评价，但是究竟什么是学术？学术性的内涵到底是什么？不同的组织、不同的群体、不同的人对其理解多是见仁见智。正是这一客观现状，造成学术评价无法将评价主体的价值评判及主观因素排除在评价过程之外，而是要求评价主体按照所谓学术共同体“统一”的价值观与个人的经验认知作为理解和判断的标准，从而赋予了评价主体较大的自由裁量权。② 一言以蔽之，规范性要素具有价值多元的天然性，其内涵和范围经常都是处于不稳定、经常变化的模糊状态，导致评价过程的难以把握性以及评价结果的难以预测性。

三、文化认知性的构成要素

对于普通人来讲，文化如同阳光、空气和水一样，是客观存在的，但对于制度主义者来讲，文化则是对人的认知、行为起着潜移默化、理所当然却又难以把握的复杂概念。对于文化的认识和理解，许多学者提出了无数的概念。制度主义者认为，制度的文化认知性要素构成了人关于社会实在性质的共同理解以及建构意义的认识框架。③

作为人类社会特殊行为的评价活动离不开认知活动的参与。人类社会面对的现实具有丰富多彩的无限性，人们并不能完全依靠个体认知完全把握这些“现实”，是文化给人们提供了认知它们的尺度和边界。皮亚杰（J. Piaget）曾指出，如果放弃文化背景来谈论认知，这只不过是一种联想而已。④ 在文化学者看来，评价就是对客观事物赋予价值和意义的过程，而这一过程认知必然参

① 〔美〕理查德·斯科特. 制度与组织——思想观念与物质利益[M]. 3 版. 姚伟，王黎芳，译. 北京：中国人民大学出版社，2010.

② 王兰敬，杜慧平. 欧美人文社会科学评价的现状与反思[J]. 南京大学学报（哲学·人文科学·社会科学版），2010，47（01）：111-118.

③ 〔英〕爱德华·泰勒. 原始文化——神话、哲学、宗教、语言、艺术和习俗发展之研究[M]. 连树声，译. 上海：上海文艺出版社，1992.

④ 常永才，张亚萍. 试述文化与认知研究的理论范式[J]. 当代教育与文化，2009，1（03）：99-104.

与其中。强调制度文化认知性要素的学者们认为，认知是外部世界刺激与个人机体反应的中介，是关于世界的、内化与个体的系列符号表象，符号（词语、信号与姿态）塑造了我们赋予客体或活动的意义和价值，正如韦伯所指出的那样，只有在行动者赋予行动以意义时，这种行动才是社会行动。[①]近年来，心理学的研究发现表明，在人处理信息的活动过程中，认知框架是参与其中的，从人决定注意何种信息，到对这种信息如何编码，如何保留、回忆、组织直到形成记忆，再到如何理解信息这一整个过程，认知框架都会对行动者的评价、判断、预测和推论造成影响。[②]

在评价活动中，文化认知性要素是评价者认知活动发生的背景和环境，赋予评价对象意义和解释。首先，评价主体的认知风格和特点受文化背景的影响。认知风格（cognitive style）是人在知觉、记忆、问题解决过程中自幼所养成的态度和表达方式，与人本身的智力不相关或相关性不显著，但是却与文化环境密切相关。在不同的文化环境中生活的人会表现出不同的认识风格类型。[③]其次，评价主体对评价对象的认知理解受文化环境因素的影响。例如，中西文化中的观念、道德、知识和价值体系不同，对同一评价对象的认知很可能存在差异，甚至可能会做出截然相反的评价。最后，评价主体加工信息的过程有赖于个体的经验和意义的理解。人不是计算机，接收和加工信息时不是条件反射式的被动应答，而是一个意义化的过程，在这个意义化过程中，个体的经验和主动性就会深刻影响着认知的成果和反应。[④]随着社会的转型与时代的变迁，社会认识与观念的多元格局业已初显，理解与评估一般的文化、道德和价值观念已经突显成为一个重要的社会问题。

第三节　人文社会科学研究评价制度构建的理论范式

评价范式是一种公认的评价模型或模式，包含着对评价问题认识的基本理

① 〔德〕马克斯·韦伯. 社会科学方法论[M]. 李秋零，田薇，译. 北京：中国人民大学出版社，1999：36.
② 朱新秤. 社会认知心理学研究的新进展[J]. 心理学动态，2000，(02)：74-80.
③ 杨治良，郭力平. 认知风格的研究进展[J]. 心理科学，2001，24（03）：326-329.
④ 周荃，刘建平，刘佳明. 文化认知：认知心理学研究的新视角[J]. 社会心理科学，2013，28（02）：10-14.

论、观念和方法。人文社会科学研究评价制度结构上的差异，追根溯源来自评价范式上的不同。按照库恩（T. Kuhn）的理解，“范式”是指某一科学家集团在某一专业或学科中具有的共同信念。①从评价的角度看来，信念代表评价主体对评价对象的性质、意义和价值等先验认识的不同理解，这些不同理解聚焦在价值观、规范和认知取向上，形成了不同的评价范式。

一、评价制度构建的基本范式

不同的制度构建范式具有不同的理论假设和不同的观点，根据周晓虹的划分，评价制度构建的理论范式可以从宏观—微观、自然主义—人文主义两个维度，做如下4种划分（表5.2）：

表5.2　评价制度构建的4种范式

项目	事实范式	行为范式	批判范式	解释范式
目的	理解、预测和控制社会事实	理解行为及决定或影响行为的内外部因素	强烈批判现实，强调知识的反思性及指导行动的意义	理解作为行动者的个人行动的主观意义，以及这种意义对行动者和社会现实的影响
假设	人的行为是社会结构的派生现象	行为或受制于外部刺激因素或受制于人类的本能	事物的本质存在于对现实的否定之中	社会现实是由人的有意义的社会行为建构的
方法	社会调查方法	实验室实验	历史-社会的分析方法	实地研究
理论	结构功能主义和冲突理论	功利主义、帕累托最优、精神分析理论	历史唯物主义、辩证唯物主义、法兰克福学派	韦伯的社会行动理论、符号互动理论、现象学社会学、日常生活方法论等

单纯从制度构建的理论上看，基于事实范式而建构的评价制度的理论基础是结构功能主义和冲突理论。虽然结构功能主义和冲突理论在很多问题上存在较大的差异，例如，结构功能主义强调社会事实之间的联系和秩序，冲突理论强调社会事实间的冲突和无序，但是，它们的理论路径是具有一致性的。比如，都强调社会结构对个人行为的约束及影响。行为范式源于理性主义的传统，基于行为范式构建的评价制度的理论也被称为理性选择理论，在本质上讲，行为范式的本质是心理主义的，行为范式从个人层面出发，将社会事实还原到个体的心理或行为层面，寻求社会行为甚至社会结构的解释。批判范式渊源于马克思，其主旨思想是从处于一定社会关系中的个人出发，发现人在其中所遭受的

① 〔美〕托马斯·库恩. 科学革命的结构[J]. 北林，译. 世界哲学，1978，(01)：37-41.

异化，进而揭示现存制度的各种危机以及寻找解决的道路，批判范式认为传统理论的目的在于修补现存制度的不合理性，而忽略了制度本身的不合理性。解释范式认为，人生活在社会现实之中，同时，人又总是积极主动地建构社会现实，人在社会现实中如何行动、采取怎样的方式，是以其对自我行动的理解，以及对自我行动赋予怎样的意义为前提的。[①]

上述 4 种制度构建范式在评价目的、假设、方法和理论上各不相同，彼此存在着较大的差异。事实上，这种理论范式的划分只是抽象意义上的“理想类型”。在现实中，真实的评价制度建构和评价实践往往是一个评价目的、方法和理论综合运用的复杂综合体。目前，人文社会科学研究评价制度建构主要可以划分为基于结果导向和基于过程导向的两种评价范式。

二、基于结果导向的评价范式

基于结果导向的人文社会科学研究评价范式是在实证主义知识观基础上建立起来的评价理论、观念和方法体系，其哲学基础是操作主义。这种评价范式最早可追溯到教育评价领域的“泰勒模式”。泰勒模式强调以目标为中心，通过具体的行为变化来判断教育目标实现的程度。这种模式把教育评价理解为确定教育目标在实际上被理解到何种程度的过程，也就是评价过程在本质上，乃是一种测量课程和教学方案在多大程度上达到了教育目标的过程。在人文社会科学研究评价问题上，受“泰勒模式”影响所建立起来的是基于结果导向的绩效评价范式，在评价实践中形成的是终结性的人文社会科学研究评价制度。这种评价范式认为，只有通过外部奖励才能够调动被评价者的积极性与创造性，并且也只有通过惩罚不称职的被评价者才能使他们不断地改进不足和取得进步。在评价的类型上，由于结果是面向过去的行为，需要以产出指标为基础来建立评价体系，因此属于终结性评价。也正是由于这一原因，依据结果导向评价范式建立起来的人文社会科学研究评价制度，又被称为“绩效管理型评价制度”或“行政管理型评价制度”。

从管理学的视角看，基于结果导向的评价范式最早可追溯到工业化初期的科学管理理论，它使用一定时期内评价单元的投入产出记录来表述绩效。近年

① 周晓虹. 社会学理论的基本范式及整合的可能性[J]. 社会学研究，2002，(05)：33-45.

来有代表性的理论方法有投资收益率（return on investment，ROI）法[①]、成本效益分析（cost-benefit analysis，CBA）法[②]等。基于此评价范式的评价模型主要有如下 3 种：一是以目标管理为基础的绩效管理模型。美国管理大师德鲁克（P. F. Drucker）在 1954 年出版的《管理的实践》一书中提出，“企业绩效要求的是每一项工作必须以达到企业整体目标为目标，尤其是每一位管理者都必须把工作重心放在追求企业整体的成功上”[③]。到目前为止，“目标管理”方法被广泛应用于世界各种类型组织之中。[④]二是以流程为基础的绩效管理模型。以流程为基础的绩效管理模型先通过战略分析确定组织的核心业务流程，然后通过分析核心业务流程的关键控制点确定组织的部门设置需求，再在部门内部将部门的各项关键活动细分为岗位职责，最后在岗位职责的基础上确定绩效管理的基本要素和评价标准。[⑤]三是以价值链为基础的绩效管理模型。随着罗伯特•卡普兰（R. S. Kaplan）和戴维•诺顿（D. P. Norton）提出平衡计分卡（balanced score card，BSC）理论[⑥]，一种以“价值链”为基础的绩效管理方式便逐渐在很多组织中得以应用。平衡计分卡理论既强调纵向的连续性，使学习成长指标、内部运作指标、客户类指标和财务类指标形成层层递进的关系；也强调纵向的平衡性，注重四大类指标在实现组织战略过程中的协调性发展。

三、基于过程导向的评价范式

基于过程导向的人文社会科学研究评价范式是在建构主义知识观基础之上建立起来的评价理论、观念和方法体系，其哲学基础是建构主义。这种评价范式源于以古贝（E. G. Guba）和林肯（Y. S. Lincoln）为代表的第四代教育评价理论。第四代教育评价理论核心要素是“响应式聚焦”（responsive focusing）和“建构主义方法论”（constructivist methodology），该理论认为评价是协调过

① Borgatti S P，Foster P C. The network paradigm in organizational research：a review and typology[J]. Journal of Management，2003，(06)：991-1013.

② Wei H，Frinke D，Carter O，et al. Cost-benefit analysis for network intrusion detection systems[C]//CSI 28th Annual Computer Security Conference. Washington，D. C.，2001：768.

③ 〔美〕彼得•德鲁克. 管理的实践[M]. 齐若兰，译. 北京：机械工业出版社，2006：78.

④ 加里•德斯勒. 人力资源管理（第 12 版）. 刘昕，译. 北京：中国人民大学出版社，2012.

⑤ 王光彦，李元元，邱学青，等. 高校教师绩效评价指标体系的实证研究与思考[J]. 中国高教研究，2008，(02)：46-49.

⑥ Kaplan R S，Norton D P. The Balanced Scorecard：Translating Strategy into Action [M]. Cambridge：Harvard Business School Press，1996：57.

程，评价结果是评价双方一种不可分离的同构过程。[①] 因此，第四代教育评价理论强调将完整的有个性的人作为评价的对象，并通过评价促使人的个性充分发展；注重质的分析，主张从人发展的内在需要和实际状况出发，评价各自的发展进程；在评价过程中，注重自我评价，坚持评价的民主性，强调在评价过程中养成自我分析、自我评价、自我调节的习惯和能力；评价坚持人道主义精神，在相互信任和尊重的良好的人际氛围中组织评价活动，充分体现对人格的尊重、对能力的信任、对发展的关心。[②]

在人文社会科学研究评价问题上，受其影响所建立起来的是基于过程导向的专业发展评价范式，在评价实践中形成的是价值定向的人文社会科学研究评价制度。这种评价范式强调以促进被评价者未来发展为目的，不仅注重被评价者的产出表现，而且更注重他们的未来发展。在评价的过程中，根据被评价者的业绩表现，旨在找到不足之处，从而帮助被评价者提高研究能力，最终实现被评价者和评价主体之间合作共赢。[③] 由于这种评价的目的是改变未来尚未发生的行为，需要以过程指标为基础建立评价体系，因此属于形成性评价。也正是由于这一原因，基于过程导向评价范式建立起来的评价制度，被称为“专业发展性评价制度”或“专业发展模式”。

从管理学的视角看，基于过程导向评价范式可追溯到以梅奥（E. Mayo）和马斯洛为代表的行为科学学派。这类评价理论认为产出只是一种现象，它是由行为因素导致的。人的素质、能力、有效努力程度等反映绩效的本质。其中，激励理论是行为科学中的核心理论，马斯洛的需求层次理论、赫兹伯格（F. Herzberg）的双因素动机理论，麦格雷戈（D. M. McGregor）的 X 理论和 Y 理论、弗鲁姆（V. H. Vroom）的期望理论等都对行为导向评价范式产生了重大的影响。20 世纪八九十年代，受系统管理理论的影响，行为管理理论有了新的发展，人性化管理除了应了解与激励个人或群体的行为外，还需估计组织管理的目标，使员工的行为与组织目标相互融合，且更需要兼顾组织目标与社会环境的互动关系。[④] 近年来，国外教育心理学领域，以阿莫尔（D. Armor）、罗斯

① 〔美〕埃贡·古贝，伊冯娜·林肯. 第四代评估[M]. 秦霖，蒋燕玲，等译. 北京：中国人民大学出版社，2008.
② 瞿葆奎. 教育学文集·第 16 卷·教育评价[M]. 北京：人民教育出版社，1989：32.
③ 赵瑛. 传统性教师评价与发展性教师评价的比较研究[J]. 辽宁教育研究，2001，(10)：45-47.
④ 谢曼华. “以人为本”的管理理念与学校行政工作[J]. 中山大学学报（社会科学版），2000，(03)：9.

（J. S. Rose）、古斯克（T. Guskey）等人为代表的教师效能（teacher efficacy）研究[①]就是按照这一理论思路，从知识结构、能力、信念、人格特征等层面进行的评价。

四、两种评价范式的比较

基于结果导向的人文社会科学研究评价范式和基于过程导向的人文社会科学研究评价范式分别建立在实证主义和建构主义两种不同知识观的基础之上。在对客观世界的认识上，实证主义使用还原论的理论和方法，现实被分解为独立的变量因子和过程段，通过对任何一个变量和过程阶段独立的观察、测量、分析最终达到预测并进而控制现实，因此更强调科学研究、硬数据、假设检验及统计等；建构主义采用整体论的理论和方法，认为现实是人参与其中的建构，而人的活动是一个有机整体，具有多元的、无形的、分散的、整体的特性，不可分裂而只能以整体的方式对待并最终达到对现实意义的理解，因此更强调柔性管理、软数据和人文特征等。二者在方法论、人性假设、关注点、主客体关系、评价目的、评价方法和结果处理上具有很大的差异性。表 5.3 对这两种评价范式进行了比较。

表 5.3 基于结果导向的评价范式和基于过程导向的评价范式的比较

项目	基于结果导向的评价范式	基于过程导向的评价范式
方法论	实证主义	建构主义
人性假设	人是天生懒惰的/X 理论	人是天生勤奋的/Y 理论
关注点	结果	过程
主客体关系	保持距离	交流对话
评价目的	奖励/惩罚	专业发展
评价方法	定量数据方法	定性、定量数据相结合
结果处理	比较	改进

通过比较可以发现：在人性假设上，基于结果导向的评价范式认为人是天生懒惰的，缺乏劳动的主动性，组织的关注点放在设定产出目标之上，相应的

① Tschannen-Moran M，Hoy A W，Hoy W K. Teacher-efficacy：its meaning and measure[J]. Review of Educational Research，1998，(02)：202-248.

理论为麦格雷戈的 X 理论；基于过程导向的评价范式认为人是天生勤奋的，具有劳动的主动性，组织的关注点放在改进人行为的过程之上，相应的理论为麦格雷戈的 Y 理论。在评价的主客体关系上，基于结果导向的评价范式强调主客体分离，评价主体和被评价者应保持距离；基于行为导向的评价范式强调主客体协作，评价主体和被评价者应交流对话。在评价目的上，基于结果导向的评价范式的评价目的是为奖励或者惩罚提供决策信息；基于过程导向的评价范式的评价目的是促进被评价者专业发展。在评价方法上，基于结果导向的评价范式青睐定量数据方法；基于过程导向的评价范式强调定性和定量数据相结合。在评价的结果处理上，基于结果导向的评价范式主要是用于比较；基于过程导向的评价范式主要是用于改进。

两种导向评价范式的各自问题在于：基于结果导向的评价范式强调行为的结果，侧重组织所实现的物质或客观结果的特征，这既便于评价信息的收集，也便于绩效的量化研究，具有理论上的严密性和实践上的可操作性。不过，这种评价的目标导向主要考虑的是结果，结果并不表明工作活动的认真和精准，而且还受组织的技术状况、投入状况和产出环境等因素的影响。例如，没有先进的实验设备和条件，很难取得出色的科研成果。而且，在个体层面，由于人文社会科学研究过程的复杂性，业绩的结果也是十分复杂的，这就使得评价变成了一种复杂的计算模型。从绩效的角度看，人文社会科学研究是与自然科学研究不完全相同的知识活动，简单的统一量化处理，在价值判断上不可能达成毫无异议的一致性，因此，基于此范式建立的指标和方法体系并不能很好地反映出人文社会科学研究的真实价值。同时，此评价范式把不同学科、不同研究条件、不同个体知识活动特点的人放在同样的评价尺度之下，忽略了评价单元客观基础条件优劣、不同学科以及知识活动特点的影响，难以反映人文社会科学研究知识活动的特殊性。因此，这种评价范式在一定程度上缺乏公允性，对人文社会科学研究评价制度建构的指导价值是有限的。

基于过程导向的评价范式强调对投入数量和力度的考查而不是对产出结果的考查，抓住了评价的本质，但是人文社会科学研究能力、水平与研究产出结果之间不存在结构化的联系，这就给评价指标的选择及量化带来很多困难。首先，在评价指标的数据采集上，对于能力、水平的考查很难做到客观精确的量化，依靠主观判断打分的方法涉及人为因素过多，难以做到客观精确；其次，行为评价的科学性需要建立在长时期考察的基础之上，因此，所需成本极大，出于效率的考虑，可操作性较差；再次，由于人文社会科学研究的特殊性，因而不可能有固定的规范和程序，编制评价指标体系既困难，也不具有通用性和可移植性；最后，从人文社会科学研究评价组织管理的角度看，评价要强调计划、控制和反馈，不可能允许知识活动的任意发展。不注重过去，只面向未来，没有任何奖励或惩罚性的结果，评价很可能最终流于形式。因此，这种评价范式同样缺乏公允性，对人文社会科学研究评价制度建构的指导价值也是有限的。

第四节 人文社会科学研究评价制度实践的取向

人文社会科学研究评价制度实践的取向有两个主要维度，每一个维度反映出了各自主导的价值观念和相互对立的观点。第一个维度涉及的主要观点是行政管理导向（结果范式）还是同行专家导向（过程范式）；第二个维度涉及的主要观点是关于评价方法的使用和评价结果的使用，是为了绩效分配提供依据，还是为了支持研究或新知识的生产。

一、人文社会科学研究评价制度构建的两个维度

行政管理–同行专家维度反映了人文社会科学研究的价值观问题，这个问题之所以重要，是因为人文社会科学研究关乎评价结果的使用。简单地说，人文社会科学研究评价结果要得到评价主体的支持，就需要采用评价主体支持的价值观体系来表述人文社会科学研究的意义和价值。价值体系的重要性在于可以在人文社会科学研究评价结果和评价主体对研究的支持之间形成相互强化机制。评价主体不希望看到的结果是：人文社会科学研究在他们所关心的问题上，如政策制定、计划实施和调整方面毫无建树。人文社会科学研究应当可以用来推动社会发展，至少应当可以成为政策合法化的工具。

研究–行动维度反映了对人文社会科学研究评价结果不同使用目的之间的差异。简单地说，人文社会科学研究结果采用何种形式的证据、数据来搜集评价的信息。不同的评价信息可以支撑不同的评价结果。以促进研究为目的的评价信息对于改进研究、促进知识发展的决策参考意义更大，因此，更加强调定性评价信息的重要性。以促进行动为目的的评价信息对于绩效分配、奖励或者惩罚的决策参考意义更大，因此，更加强调定量评价信息的重要性。

在评价实践中，由于两个维度交叉，人文社会科学研究评价制度又可以分为 4 种不同的组合（表 5.4）。每一种组合的特征都可以根据其取向对人文社会科学研究评价制度的结构特征进行讨论。这 4 种组合受到各自不同评价背景的影响，并且和各自不同的评价方法相联系。就每种组合而言，其特征构成了人文社会科学研究评价制度构建的“理想类型”，从中可以分析出人文社会科学研究评价制度构建的原则及实践特征。

表 5.4 人文社会科学研究评价制度构成的取向

分类	研究取向	行动取向
行政管理方法	倡导型评价制度（评价的目的是增进知识、促进学术从而优化、配置学术资源）	奖惩型评价制度（评价的目的是提高学术研究的绩效效率、学术资源的使用效率）
同行专家方法	发展型评价制度（评价的目的是改进研究、增进知识）	混合型评价制度（评价的目的是双重的，不仅需要增加知识、促进学术，而且还要考虑学术资源的使用效率）

二、人文社会科学研究评价制度构建的四种取向

（一）管理–研究的取向

管理–研究取向制度建构的倡导者一般都是评价主体，包括政府、社会组织和企业等。它们作为人文社会科学研究资源的提供者或者是资助者，使用行政管理的方法引导和监控人文社会科学研究评价。该取向是非营利性组织建构人文社会科学研究评价制度的“理想类型”。由于信息不对称，它们作为评价主体无法知晓被评价者研究的努力程度，对于人文社会科学研究成果的价值认定也缺乏评价能力，因此，它们采用诉诸科层的方式建构人文社会科学研究评价制度，力图通过使用行政权力，在学术共同体内部寻找代理人，进而借助行政与学术权威相结合的方式引导人文社会科学研究评价的价值取向，实现增进

知识、促进学术以及为达到此目的学术资源优化和配置。这种人文社会科学研究评价制度的典型代表是荷兰国家公共资金科研评价系统和德国科研基金会经费评级办法。

例如，德国提供科研资助的机构主要有德意志研究联合会（Deutsche Forschungsgemeinschaft，DFG）和著名的洪堡基金会等。德意志研究联合会的宗旨是："通过财政支持研究课题和促进科研人员的合作为所有学科提供服务。"根据这一宗旨，德意志研究联合会作为德国唯一的资助机构，完全放弃了申请课题的主题内容和专业方向必须依从某既定项目并与之相合，否则就予以否决的不合理做法，任何自由申请的课题，德意志研究联合会都可以资助，只有很少领域的一些大型项目必须交给选举产生的同行评议和各主管委员会裁决。德意志研究联合会的评审系统具有自己的特色，有别于国外其他类似资助机构的评审系统：德意志研究联合会的专业评议人来自众多科学学会建议的人选，实际上基本是从所有已获博士学位至少 3 年的在职科学家中选举产生，选举每 4 年举行一次，选举方式是无记名投票。评议人没有工作报酬，他们收回的钱款如出差费等只是他们自己的垫付款。评议人最重要的任务是评审申请项目的学术水平并提出适当的财政资助建议。①洪堡基金会成立于 1860 年，其主要目的是资助来自世界各地的访问学者。近 50 年来，洪堡基金会致力于将科研奖学金发放给世界上最优秀的科研人才，使他们能够在自由选择的德国的大学和科研机构中做访问学者；洪堡基金会评价一所大学科研地位与声望的重要指标是，每 100 位教授所吸引的洪堡奖学金获得者人数，每年依据这项标准确定德国大学科研排行榜。②

（二）管理-行动的取向

管理-行动取向制度建构的倡导者一般都是评价主体的委托代理机构或委托代理人，包括大学、研究机构和评价管理机构等。它们作为人文社会科学研究资源分配的实际控制者，使用行政管理的方法引导和监控人文社会科学研究评价，同时，依据评价的相关结果分配人文社会科学研究资源，以及对研究的

① 德意志研究联合会．德意志研究联合会科学研究资助任务和财政计划（第八卷）[M]．汪平忠，倪瑞明，等译．北京：科学出版社，1994：6-7.

② 刘莉．欧洲各国大学科研评价及其启示[J]．科学学与科学技术管理，2005，26（9）：86-90.

承担者进行奖励抑或惩罚。在这一层面上，由于信息不对称的程度降低，它们对于研究承担者的努力程度比较了解，但是对于人文社会科学研究成果的价值认定同样也缺乏评价能力。由于它们的行动需要接受双重问责，一是委托方对委托任务完成状况的满意度问责，二是研究承担者对评价结果科学性、合理性和公正性的问责，因此同样诉诸科层的方式建构人文社会科学研究评价制度。它们一方面要考虑委托方的价值取向，另一方面也要考虑实际学术研究的规律、特点，如，学科、专业上的差异，教学、科研上的差异，基础研究和应用研究上的差异，等等。同时，作为被委托方，其组织或个人从中获利也是一个不容忽视的重要问题。所以，在评价实践中，它们往往是社会各个层面关注甚至质疑、批评的焦点。为了选取更多的评价合法性，在这一取向上建构的人文社会科学研究评价制度更加关注评价程序设置是否合理、评价方法选择是否恰当，简单地说，程序性公正是其制度建构的优势维度，评价结果的科学性是次要维度，或者说，其主导的评价观念是正当的程序必然导致科学的评价结果。这种人文社会科学研究评价制度的典型代表是英国和澳大利亚的科研评价办法。例如，20 世纪 80 年代初，英国开始使用量化方法来评估大学院系和研究人员的绩效。大学教育资助委员会（University Grants Committee，UGC）启动了多个学科研究绩效调查，并且把调查结果作为给大学分配资源的依据，这些评价措施并没有征求专业学会对开放性和公平性的意见，而是作为政府“新公共管理”措施的一部分来开展。[①] 调查的主要内容包括：①产出，即经过同行评议的出版物数量；②影响，即引文数量；③质量，即先前由研究委员会（Research Councils）授予的研究资金来测评；④效用，即毕业学生和其他实验人员从私营企业得到的外部收入、实验室获得的专利数和许可证数量。[②] 具体的研究绩效级别认定，则由一个独立的“成本中心”负责（平衡预算、测评和解释说明等），避免出现不公正、不客观的问题。

（三）专家-研究的取向

专家-研究取向制度建构的倡导者一般都是从事实际研究工作的学者、学术群体以及学术共同体等。尽管作为社会成员的他们同样寻求绩效和回报，但

① 崔艳丽. 20 世纪 80 年代以来英国高等教育治理研究[D]. 南京：南京师范大学，2014.
② 刘莉. 欧洲各国大学科研评价及其启示[J]. 科学学与科学技术管理，2005，26（9）：86-90.

是与营利性组织中的完全“经济人”不同，在他们的价值体系之中，增加知识、追求卓越才是最高的理想境界。这种认识可以从默顿提出的科学具有普遍性、公有性、非牟利性和有组织的怀疑主义等几个精神气质之处说起。默顿认为：科学精神气质是有感情、有情调的一套约束科学家的价值和规范的综合。这些规范用命令、禁止、偏爱、赞同的形式来表示，它们借助建制性的价值而获得其合法地位。①科学的精神气质通过格言和例证来传达、通过称许而增强，在不同程度上被科学家内在化为科学良心，虽然科学精神气质未被明文规定，但是从科学家的习惯中，从论述科学精神的著作中，以及由于触犯精神气质而激起学者群体的道德义愤之处可以推断。②在此一取向的制度建构上，评价较少考虑绩效或者是效率的维度，通常只着重于成果的科学性、创新性和客观性。例如，爱因斯坦主张用自然性、逻辑简单性作为学术评价的准则；库恩也提出用精确性、一致性、简单性和有效性作为学术评价的标准。这种人文社会科学研究评价制度的典型代表是科学共同体内部的同行评议体系。

（四）专家-行动的取向

专家-行动取向是评价的委托代理机构或委托代理人与学术共同体或实际研究承担者之间相互妥协而形成的制度建构思路。在实际的评价过程中，作为人文社会科学研究资源分配的实际控制者，例如大学、研究机构和评价管理机构等，它们不直接参与人文社会科学研究评价的具体工作，而是把评价工作委托给相应学科领域或学术共同体内的专家、学者以及学术权威，但是，评价的时间、程序、标准和结果的使用则由它们掌控。在一定意义上，专家-行动取向的评价制度建构在事实上，评价主体、评价的委托代理人和学者、专家之间形成了一种双重的委托代理关系。评价主体把人文社会科学研究的评价任务委托给了大学、研究机构或评价管理机构等代理者，代理者又进一步把评价权委托给人文社会科学研究学术共同体内部的学者、专家。依据不完全契约理论，在评价权和管理权两权分离的情况下，由于存在评价委托人的“隐藏行动”和评价代理人的“隐藏信息”，容易导致机会主义和道德风险问题。因此需要事

① 盛华根. 论科学规范的层次结构——默顿科学精神气质的另一种解读[J]. 科学技术与辩证法，2005，22（6）：95-98.

② 阎莉. 科学的精神气质的文化解释[J]. 科学技术与辩证法，1999，（6）：41-44.

前设计一套完善的程序来解决风险分担和有效激励的两难问题。一是风险分担的难题。在这一评价制度设计中，作为评价代理人的大学、研究机构、评价管理机构或学者、专家均不承担完全的评价责任，因此，在评价过程中，由于人情关系、学术圈子等社会因素，以及评价过程中的社会助长和社会致弱等心理机制的作用，在个人承担较小风险的前提下，出于同情、我群意识等因素，评价结果难以做到完全公正、客观，有时，即便评价结果很荒谬，但其中的每一个人，都可能会自然地选择接受。二是有效激励的难题。由于具体的评价权掌握在学者、专家手中，评价主体最终决策的有效信息只是来自他们的判断，掌控评价程序的委托代理者既无正当的理由影响学者、专家的判断，同时也无法从这些判断中获取利益，因此，他们缺乏改进评价过程的积极性。对于他们而言，评价工作只不过是科层制管理活动中的一项程序化工作而已，其目的只不过是为了实现人文社会科学研究资源分配的合法化，至于评价结果如何、研究资源如何分配，他们既不真正关心，也无力对其施加影响。这种人文社会科学研究评价制度的典型代表是新西兰基于绩效的科研基金分配办法和爱尔兰高等院校科研计划。

三、人文社会科学研究评价制度构建取向的冲突

关于什么是科学合理的人文社会科学评价制度这一问题，困惑和争论一直持续不断。代表学术共同体的学者、专家和研究资源分配的行政管理部门都试图寻求把各自倡导的理论和方法合理化。在研究和行动取向上，二者争论的核心问题是“学术性”研究和“应用性”研究的价值倾向。在学术性研究评价中，评价的重点是为了理论和学术发展以及研究承担者职业升迁而发表的人文社会科学研究成果。评价工作一般仅限于知识领域的各种思想或研究范式的不同学派之内，运用已经确认的方法，如同行评议、引文数量和学术影响等，对研究承担者提出的概念、思想、模型、算法进行检验或评论。相反，应用性研究的人文社会科学研究评价结果需要对政策、管理等应用领域提供数据、方案、意见等直接的客观成果。比较极端地说，应用研究并不关注严格意义上对学科知识的贡献，很多研究成果一般不宜发表，或者不符合学术发表意义上的规范要求。此类研究工作通常不被主要看重学术价值的学术共同体所特别关注。不

过，在政策制定者和管理者看来，学术共同体认同的学术价值往往与解决社会行动中出现的问题并不相关，而不被其所看重的应用性研究反而更具意义和价值。由于研究的资源配置权力掌握在政策制定者和管理者手中，当他们所需要的应用性价值没有得到足够的重视时，自然会采取一定的行政手段，例如设置专门用于应用性研究的课题经费，而这一部分研究成果并不能够得到学术共同体内部的一致认可，引发的冲突自然会表现在评价结果之上。

在行政管理和同行评议取向上，二者争论的焦点是定性和定量的方法之争。应用性研究属于不被学术共同体视为具有重要学术价值的研究取向。不过，随着科学的社会建制从“小科学”转变为“大科学”，经济、社会发展的需要使政策和规划为人文社会科学研究打开了大门，学术性的思路经常被看作是最为正当、合理的，导致学术研究类型的转向和拓展。不过，学术研究价值取向的传统惯性使得应用性研究成果和既有理论研究成果价值评判标准的不统一，无论是评价的标准还是评价的方法经常发生冲突。例如，由于应用性研究强调以问题解决为导向，评价方法自然要强调结果的可验证性、可推广性和经济、社会效益性，因此，比较强调使用定量化的评价方法；而学术性研究强调改进研究、增进知识，比较强调结果的思想性、创造性和批判性，因此，比较强调使用定性化的评价方法。在评价实践中，为了调和二者之间的矛盾，经常把定性和定量方法结合起来使用。当二者之间的结论一致时，评价并无争议。但是，这种理想状态并不总是如人所愿，很多时候，定量评价的数据并不必然支持定性评价的判断，如此一来冲突就产生了，评价主体必须权衡两个不同的结果，在价值判断上做出妥协，或者是寻求采用更加适当的评价模型、评价方法。

第五节　人文社会科学研究评价结构的形成

任何制度的构成要素都需要嵌入人类的行为体系之中才能够发挥作用，评价的规制性、规范性和文化认知性要素也不例外。在不同的情境之中，制度要素与人类行为之间嵌入紧密性的程度差异决定了不同的行为结果。在多数情况下，制度要素通过嵌入符号系统、关系系统、惯习系统和人工器物发挥制约或使能的作用。制度要素与上述系统结合的状况，决定了其作用和影响的强度。无论从理论和实践中的任何一个方面看来，人文社会科学研究评价制度结构的形成，事实上也就是人文社会科学研究评价制度构建的规制性、规范性和文化认知性要素与评价活动中所使用的符号系统、关系系统、惯习系统和人工器物相结合的过程（表 5.5）。

表 5.5 人文社会科学研究制度要素与评价网络的结合①

分类	规制性要素	规范性要素	文化认知性要素
符号系统	规则、法律	价值观、愿景	范畴、范例、图式
关系系统	治理体系、权力系统	政体、权威系统	结构同形、地位、身份
惯习系统	协议草案、标准运行程序	工作、角色、对义务的遵守	脚本
人工器物	遵守命令性规定的客体	整合惯例、标准的客体	处理符号价值的客体

一、符号系统

对于制度主义者而言，重视符号系统对人类行为的影响是毋庸置疑的。现代符号学的奠基人之一查尔斯·莫里斯（C. W. Morris）指出，符号是一种诱导人做出反应准备的刺激因素。②符号在人的认知和行为之间发挥着中介、桥接的作用。人类社会的共同理解、认同、意义和价值建构是通过符号系统完成的。在人文社会科学评价过程中包含了规则、价值观、规范、分类、表象、框架、图式、原型和脚步等多种象征性符号，这些符号系统在评价过程中发挥着重要的作用。例如，强调规制性要素重要作用的评价制度建构强调法律、法规、政策、惯例以及规则、程序的重要性；强调规范性要素作用的评价制度建构强调作为行为导向的共同价值观和规范性愿景的重要性；强调文化认知性要素作用的评价制度建构强调共同的评价范畴、范例、图式在影响和塑造价值判断与意义解释方面的重要性。③

① 〔美〕理查德·斯科特. 制度与组织——思想观念与物质利益[M]. 3 版. 姚伟，王黎芳，译. 北京：中国人民大学出版社，2010：59.
② 〔美〕查尔斯·莫里斯，阿尔伯特·梅斯托. 心理学导论[M]. 12 版. 张继明，王蕾，童永胜，等译. 北京：北京大学出版社，2007.
③ 〔美〕理查德·斯科特. 制度与组织——思想观念与物质利益[M]. 3 版. 姚伟，王黎芳，译. 北京：中国人民大学出版社，2010.

符号的功能是靠传播信息得以实现的。符号系统在评价过程中发挥着两种功能。①指代功能，即确定信息和它所指对象之间的关系。人文社会科学研究评价的根本问题是为评价客体建立真实、客观、可观察和可验证的信息。人文社会科学研究的意义和价值不是看得见、摸得着的客观事物，评价就是要在同类事物中将其区分开来。②表意功能。符号学认为，事物的表现形态都是某种符号，人的认识活动就是认识各种符号所表示的意义。人文社会科学研究评价也不例外，最终都需要以一定的符号形式表现出来。从某种意义上说，评价就是通过符号表示和传达评价者的感受、情绪、见解等信息。人文社会科学研究评价制度构建依赖于符号系统的功能，比较通常的做法就是通过各种政策性文件，把评价主体对人文社会科学研究的评价标准、评价方式以及评价结果的使用等以语言文字的形式确定下来，借此将制度的要素贯彻其中。语言学家萨丕尔（E. Sapir）的一个重要观点就是：语言不仅是人表达思想的再生工具，也是思想的塑造者、程序的制定者。[①] 自 20 世纪 90 年代以来，我国有关人文社会科学评价的要求大多是借助语言符合系统，以政策文件的形式发挥作用的。

二、关系系统

制度要素也可以通过同关系系统的结合来传递。任何评价活动的开展都是通过评价主体、评价代理者和被评价者之间的互动实现的。评价主体、评价代理者和被评价者的互动形成了一个具有网络特征的结构。制度要素嵌入在这个网络结构之中，规则和信念被编码在网络结构的不同位置和角色之中。简言之，关系系统把制度要素有机地整合在一起而发挥作用。

由于认识关系系统功能与作用路径视角上的差异，不同的理论家强调不同制度要素的作用。依据皮埃尔·布尔迪厄（也译为布迪厄，P. Bourdieu）提出的“场域理论”可以这样认为，人文社会科学研究评价制度可以被视为一个由评价主体、评价代理者和被评价者建构起来的“场域”。这个场域就像一张网，评价主体、评价代理者和被评价者所在位置可以被看成是网上的纽结。纽结所处的位置不同，因而占据不同位置的人所强调的制度要素不同，制度要素相应

---

① Putnam H. Mind，Language and Reality，Philosophical Papers[M]. Vol.2. Cambridge：Cambridge University Press，1975.

地也发挥着不同的作用。例如，评价主体由于处于学术共同体之外，其价值取向比较强调人文社会科学研究对经济、社会的贡献，他们不能直接参与研究的过程，对人文社会科学研究的规律、特点所知甚少，因此，他们更加强调规制性规则的作用，希望通过规则、规程、标准、程序的设置来引导人文社会科学研究评价制度建构的取向；研究的承担者处于学术共同体内部，其价值取向的学术性更为突出，他们深刻了解人文社会科学研究的规律、特点，因此，他们一般不十分赞同通过硬性的规制性要素来建构刚性的人文社会科学研究评价制度，更加强调通过学术系统内部的交流、互动所形成的网络机制发挥作用。对他们而言，所谓评价无外乎就是学术共同体内部的“口碑”。

詹姆斯·科尔曼（J. S. Coleman）和林南等对社会资本的研究认为，社会资源如权力、财富、声望等，嵌入个人社会关系网络之中，是个人实现其目标的有效手段，这些社会关系不仅被视为社会结构的组成部分，而且是一种社会资源。蕴含某些行动者利益的事件，部分或全部处于其他行动者的控制之下，行动者为了实现自身利益，相互进行各种交换，其结果形成了持续存在的社会关系。[①]制度要素与社会资本相结合，其作用就会通过社会网络中行动者所处的位置、角色显现。

根据社会资本的表现形式，社会资本可以分为结构社会资本和文化社会资本或者认知社会资本两种类型。结构社会资本主要指社会组织和网络等客观存在的社会结构；文化社会资本或者认知社会资本主要指规范、价值、态度、信仰、信任、互惠等心理过程。[②]根据网络成员的特征及网络的开放程度，结构社会资本又可分为由同质性网络成员组成的相对封闭的聚内（bonding）网络社会资本和由异质性（heterology）网络成员组成的相对开放的联外（bridging）网络社会资本。聚内网络成员之间的关系是强关系，成员从聚内网络获得的资源可以促进自己的表达性行动，维持已有资源和获得情感支持；联外网络成员之间的关系是弱关系，成员从联外网络中可以获得额外的资源以支持自己的工具性行动。[③]根据网络成员社会地位是否平等，网络又可以分为水平关系网络和垂直关系网络。水平关系网络成员的地位是平等的，聚内网络和联外网络中，

① 周红云. 社会资本理论述评[J]. 马克思主义与现实，2002，(05)：29-41.
② 〔美〕林南. 社会资本：关于社会结构与行动的理论[M]. 张磊，译. 上海：上海人民出版社，2005.
③ 苗红娜. 社会资本研究：分类与测量[J]. 重庆大学学报（社会科学版），2015，21（06）：123-131.

成员地位都是平等的，因此，这两类网络都属于水平关系网络；垂直关系网络中，成员的社会地位不平等，联结（linking）网络将不同社会地位的人联结在一起，因此联结网络属于垂直关系网络。①

依据社会资本理论，人文社会科学研究评价就是一个通过评价主体、评价代理者和被评价者所构建的网络中发生的集体行动。由于不同的行动者所强调的制度要素不同，人文社会科学研究评价制度建构也会强调不同的关系结构层面。强调规制性和规范性要素的行动者往往把关系系统视为评价“治理系统”，强调评价网络中不同行动者权力或权威的层面。这样的人文社会科学研究评价制度建构被视为创造和实施政策、规范和规则，其主要目的是激励、监督和制裁人文社会科学研究评价参与者的各种活动。强调文化认知性要素的行动者重视关系网络建构的结构性，分类与模式经常被编码在具有不同位置、角色的网络结构之中。例如，对人文社会科学研究评价对象的分类、对不同类型评价对象选取评价代理人范围的限定、对定性和定量评价方法以及评价标准适用范围的界定等问题进行程式化和结构化的设定。

三、惯习系统

制度要素的作用也可以通过人习惯化的行为和惯例的形式来实现。按照布迪厄的观点，所谓惯习就是一种社会化了的主观性，惯习既是个人的又是集体的，既是历史的又是现实的，既是开放的又是能动的。②布迪厄认为，惯习与习惯不同，习惯具有无意识性、机械性和重复性，并且不具有创造和建构性，而惯习在历史中不断创生与发展，表现出创造性。惯习记载了个人的生活经验与生活环境、个人的文化程度、个人所属的阶级性质以及个人的个性与禀赋。③这也就是说，惯习源于个人与群体实践积累的经验，经验内化为个人意识，进而对个人与集体的行为起指挥和调动作用，惯习一方面是历史的产物，另一方面又是对历史的改造。

特定网络结构中行动者的惯习具有相似性。惯习既表现为行动者内在的主

① 宋中英. 论社会资本概念的分类及其意义[J]. 齐鲁学刊，2011，(01)：95-99.

② 周冬霞. 论布迪厄理论的三个概念工具——对实践、惯习、场域概念的解析[J]. 改革与开放，2010，(02)：192-193.

③ 〔法〕皮埃尔·布迪厄，〔美〕华康德. 实践与反思：反思社会学导引[M]. 李猛，李康，译. 北京：中央编译出版社，1998.

观精神状态，又表现为外化的客观行为。行动者的惯习是制度环境制约与使能作用的客观显现，经常表现为独特的风格、气质与类型化的行动。[①] 在人文社会科学研究评价制度化的网络结构中，评价主体、评价代理人和被评价者的行为虽然在网络中的位置不同，但同一类型行动者的认知和行为往往有很多相似性，例如，作为评价主体类型的行动者往往都会强调规制性规则和规范性规则之于人文社会科学研究评价活动的重要性，而评价代理人和被评价者由于在评价网络结构中的地位和角色，往往更加强调文化认知性规则的作用。无论他们强调何种制度要素，一个普遍性特征就是他们所推崇的要素在他们的认识和行为上都反映出隐性知识的特征，即以潜在的知识和信念为基础的、深层次的、根深蒂固的习惯与程序。

在评价活动中，他们的显性知识或隐性知识（表 5.6）构成了他们评价思考模式的基础，特别是在评价时间有限的情况下，他们思考评价对象和做出价值判断常常不会经过逻辑上严格的演绎推理，而是源于习惯。比如当急于对评价对象给出评价结论时，他们可能会考虑某种类似的情景，思考别人面对这一情景的各种选择，并从中选择一个最好的。总之，他们的评价行为不符合由正式制度所设定的优先次序，而是认为习惯化的行动、惯例、标准化的程序等模式化的行为才是决定人文社会科学研究评价制度的核心因素。

表 5.6 隐性知识和显性知识比较表[②]

分类	显性知识	隐性知识
规范性和系统性	规范、系统	尚未或难以规范、零星
理论基础	背后已经建立科学和实证基础	背后的科学原理不甚明确
可靠性	稳定、明确	非正式、难捉摸
编码化	经过编码、格式化、结构化	尚未编码、非格式化、非结构化
表达形式	用共识、软件编制程序、规律、法规、原则和说明书等方式表述	用诀窍、习惯、信念、个人特技等形式呈现
可认知程度	运用者对所用显性知识有明确认识	运用者对所用隐性知识可能不甚了解
储存性与传播性	易于储存、理解、沟通、分享、传递	不易保存、传递、掌握、分享

① 崔思凝. 惯习、资本与场域：布迪厄实践理论及其对中国公共政策过程研究的启示[J]. 湖北社会科学，2017，(09)：22-27.

② 张民选. 专业知识显性化与教师专业发展[J]. 教育研究，2002，(01)：14-18，31.

四、人工器物

人工器物是人为行动的产物，对于提高完成任务的绩效具有重要的作用。人工器物一旦出现和推广，就会逐渐固化下来，成为“客观情境结构中的一部分”。我们可以把人工器物视为与技术同等重要的事物。随着科学技术的日新月异，技术之于人类社会的影响愈发重大。技术决定论认为技术具有自主性，对社会历史发展方向具有决定性影响，一种技术与社会生产结合之后，其内在逻辑、价值和规律，就会通过现实使用而冲击社会，例如，哈贝马斯（J. Habermas）指出，技术作为第一位的生产力，已成为统治合法性的基础。① 社会建构论认为，技术荷载着人类的价值判断，社会性贯穿于技术的形成与发展；行动者网络理论认为，技术与社会由不同行动者相互转译交织而形成了网络结构，技术在幼稚期，社会能够控制技术的功能与适用范围，技术成熟之后，便嵌入社会结构，发挥其不可逆转和不可恢复的确定性力量。②

当前，对人文社会科学研究评价制度构建影响最大的人工器物当属 Web of Science、SSCI、EI、艺术与人文引文索引（A&HCI）、科技会议录索引（ISTP）、CSSCI、CSCD 等数据库。这些数据库有效地整合了学术期刊、技术专利、回忆录等学术信息资源，极大地提高了科学研究检索文献的效率。然而，这一以技术主导的人工器物却极大地影响了学术评价制度，造成了学术评价制度建构中的量化趋势。当前，职称评定、学术奖励、研究经费申请、人才评价、研究生毕业、个人求职乃至院士评选，无不基于这些数据库的检索指标。表 5.7 所示卜卫等人在《社会科学成果价值评估》③中所列的评价指标就反映了这种量化评价的倾向。

表 5.7　《社会科学成果价值评估》调查草案中的评价指标

指标	分级标准
发表刊物等级	海内外权威性学术刊物
	国家级类刊物、海外研究类刊物
	其他一般性刊物

① 〔德〕尤尔根·哈贝马斯. 作为“意识形态”的技术与科学[M]. 李黎，郭官义，译. 上海：学林出版社，1999.

② Smith M R，Marx L. Does Technology Drive History? The Dilemma of Technological Determinism[M]. Cambridge：MIT Press，1994：101-114.

③ 卜卫，周海宏，刘晓红. 社会科学成果价值评估[M]. 北京：社会科学文献出版社，1999：101-146.

续表

指标	分级标准
同行引用	作为理论应用或被全文转载
	作为认证的论据或被转载部分论点
	作为研究情况被介绍或被转载部分论点
	没有被引用或被转载
课题来源	国家重点课题
	国家社会科学基金或省（院）重点课题
	所重点课题
	所级课题及计划内的一般课题
社会报道或评价（肯定性）	被报道或评价 5 次以上
	被报道或评价 3～4 次
	被报道或评价 1～2 次
	没有被报道
学术性奖励	国际奖励
	国家级奖励
	部委级奖励
	所级奖励
	未获奖励

作为一种制度传递者的人工器物与人文社会科学研究评价制度构建的 3 种基础要素都有密切的关系。量化指标的客观性和可比较性特别符合强调规制性要素的评价主体的需要，因此，这些评价主体特别突出把规制性要素同量化评价指标结合起来，通过符号化的方式他们的价值观念客观化为人文社会科学研究评价中的各种量化指标。对于强调规范性要素和文化认知性要素的被评价者而言，这些量化指标的实现，并非完全取决于学术性，研究之外的许多经济、社会因素同样起着十分重要的作用，因此，他们往往对此持批评的态度，甚至采取一些抵制性行为以表达量化指标偏离规范性要素和文化认知性要素的不满。

第六节 人文社会科学研究评价制度构建的能动者

制度主义者强调制度对人行为的约束和使能作用，但是，在制度面前，人并不仅是简单地服从而毫无作为。吉登斯（A. Giddens）的结构化理论认为，制度结构的形成是一个过程，这个过程具有行动和结构的二重性，制度是行为的中介，也是行为的结果。没有人与人之间的交往、互动，不可能形成网络关系和制度结构。[①] 一方面，制度约束人的行为，另一方面，人与人之间的交往、互动也促进制度结构的改变。人文社会科学研究评价制度构建的过程中，个体行动者和集体行动者分别以不同的面目出现，充当着制度能动者的作用。

一、国家-政府

在人文社会科学研究评价制度建构的过程中，政府具有界定评价主体、评价代理人和被评价者，以及为其分配价值导向、评价标准、评价方法和评价权力等方面的特权。首先，国家-政府作为评价资源的持有者和提供者，掌握着控制符号系统的权力。国家-政府通过研究意义和价值的象征化、客观化和指标化，把人文社会科学研究与资本和权力衔接起来。国家-政府凭借这种资本和权力，给评价主体、评价代理人和被评价者在评价关系网络中分配各种位置和角色。在各种位置和角色分配中，国家一方面通过权威机构等外化的形式贯彻自己的意志和核心价值观，另一方面通过设立边界组织的方式引导评价的方向。在当今的“大科学”时代，人文社会科学研究与国家政策之间的连接越来越紧密，国家政策合法化最有效的途径不是依靠强制力的惩罚机制，而是通过人文社会科学研究各种“阐释和认可框架”的合法性论证，使国家政策融于人们的惯习之中。

国家-政府在制度构建中经常是通过授权或者仪式来发挥作用的，比如以颁发证书或者授予学术头衔的方式创造评价行动者的身份和地位。当某类人群被赋予某种头衔之后，人们对其看法与态度也会随之发生改变。例如，当一个学者、专家被国家授予院士、长江学者称号，或者是被授予国家科学技术进步奖、国家技术发明奖之后，人们对他的评价就会不一样。与此同时，其所在社会网络中的地位和身份也随之发生变化。不仅如此，学术头衔的获得者被授予某种头衔之后，自己对自己的看法也会发生很大的改变。他们会有意识地改变

① 〔英〕安东尼·吉登斯. 社会的构成：结构化理论纲要[M]. 李康，李猛，译. 北京：生活·读书·新知三联书店，1998.

自己的行为举止，按照国家-政府对拥有该头衔设定的行为规则行事，潜移默化之中，这些行为规则就改变了头衔获得者之前的惯习。例如，《中国科学院院士章程》对院士做出了如下制度规定（表 5.8）。

表 5.8 《中国科学院院士章程》中的相关制度规定

条目	荣誉和限制性规定
性质	国家设立的科学技术方面的最高学术称号，为终身荣誉
义务	①积极促进科学技术的研究、发展和应用，努力创新，作出成绩；②提倡科学道德，维护科学精神，发扬优良学风，普及科学知识，起表率作用；③积极培养人才，推动科学技术队伍建设；④参加院士会议，承担学部组织的咨询、评议任务；⑤积极推动科学技术领域的国际交流与合作
权利	①对国家科学技术重大问题的决策提出建议；②对院士候选人和外籍院士候选人有推荐权；③有选举权和被选举权
标准和条件（中国籍）	①在科学技术领域作出系统的、创造性的成就和重大贡献；②热爱祖国，学风正派；③具有中国国籍的研究员、教授或同等专业技术职务的学者、专家（含港澳台及侨居他国的中国籍学者、专家）
标准和条件（外国籍）	①对中国科学技术事业作出重要贡献；②在国际上具有很高学术地位的外国籍学者、专家

上述规定对于中国科学院院士来说是一种行为规范，它要求中国科学院院士头衔获得者必须按照这些规则行事，不能做出违反这些规则的行为。久而久之，这些规则逐步内化为中国科学院院士地位与身份的特质，形成了他们行为模式上的惯习。

二、边界组织

设立边界组织是解决科学研究与政治要求之间紧张关系的一种重要方式，同时也是影响科学评价制度构建的一个重要的能动者。从科学与政治之间关系的变化上看，在第二次世界大战之前，科学和政治是分离的。科学通过探究事物的原理而获得真理性知识；政治制定国家政策、维护社会秩序、进行重大决策等。第二次世界大战以来，随着国家对科学的依赖和需求越来越多，科学和政治逐渐出现了相互融合的趋势，美国的“曼哈顿计划”就是一个科学与政治融合的典型范例，由此也标志着科学作为一种社会建制，从“小科学”时代进入了“大科学”时代。[①] 在“小科学”时代的环境中，科学研究往往是科学家

① 杨舰，刘丹鹤. 曼哈顿工程与科学家的社会责任[J]. 哈尔滨工业大学学报（社会科学版），2005，7（04）：1-6.

根据个人的观察和思考而进行的，科学家思考什么、研究什么大多与政治没有直接的联系。随着“大科学”时代的来临，科学被赋予了政治性的任务和使命，政治为科学提供所需的资源（图 5.1），由此，科学和政治形成了一种契约关系。[①] 在这种关系中，政治处于主动地位，而科学处于从属地位，二者的紧张关系开始凸显。人们认为，在政府与科学之间需要设立某种新的边界，其原因在于，政府提供给科学的是实质性的东西，而科学提供给政府的东西是非实质性的。比较而言，人文社会科学比自然科学提供给政府的东西实质性更低，因此，尤其需要设立边界组织，用以调节政治与人文社会科学研究之间的复杂关系，维持政府资金投入与人文社会科学研究产出方向之间的平衡。

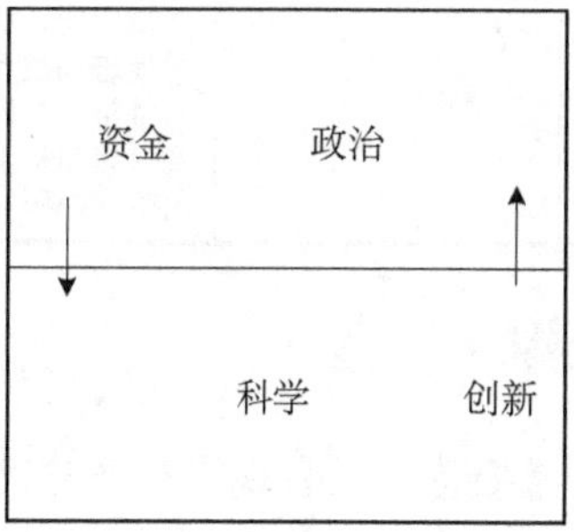

图 5.1　科学与政治的关系图

新中国成立之初，我国就十分重视人文社会科学研究与国家政治之间的关系。全国哲学社会科学规划办公室、教育部社会科学司等边界组织的设立较好地解决了人文社会科学研究资金分配、研究成果评价以及人文社会科学研究如何为国家服务等重大问题。表 5.9 列出了我国在中央政府层面上设立的人文社会科学研究边界组织。

表 5.9　我国中央政府层面设立人文社会科学研究的边界组织

组织名称	成立时间	组织性质	职责范围
全国哲学社会科学规划办公室	1991 年	全国哲学社会科学规划领导小组的办事机构，业务主管部门为中共中央宣传部	①负责制订全国哲学社会科学发展规划和年度计划方案；②具体管理和筹措社会科学基金；③检查中长期规划和年度计划实施情况，交流社会科学研究信息；④组织对重大课题研究成果的鉴定、验收和推广

① 李瑞青. 大卫 • 古斯顿的科学社会契约理论研究[D]. 南宁：广西大学，2017.

续表

组织名称	成立时间	组织性质	职责范围
教育部社会科学司	1949 年	教育部下设组织机构，负责全国高等学校社会科学研究项目的组织和管理工作	①统筹规划和协调高等学校思想政治理论课教育教学工作；②规划、组织高等学校哲学社会科学研究工作，组织、协调高等学校承担国家重大哲学社会科学研究项目并指导实施；③协调直属高等学校和直属单位出版物的监督管理工作，承担教育系统新闻电视的指导和协调工作
教育部高等学校社会科学发展研究中心	1986 年	教育部直属单位	①开展哲学社会科学理论问题和建设中国特色社会主义的实际问题以及哲学社会科学发展动态的研究；②组织高校系统带有指导性、全局性的学术研讨活动，开展跨学校、跨学科的学术交流活动；③编印有关参考资料，提出关于哲学社会科学研究、学科建设及有关实际工作的政策性、对策性建议；④研究高校理论队伍建设问题，引导高校社会科学研究方向，推动和促进高校理论队伍建设；⑤指导和协调教育系统学习、研究邓小平理论、“三个代表”重要思想和科学发展观等重大战略思想；⑥编辑、出版《中国高校社会科学》杂志

三、第三方评估机构

“大科学”时代的一个重要特征还表现在科研管理方式的变化上。在“小科学”时代，对科学研究的评价本身就属于科学研究的一部分。相对而言，“小科学”的方式目标性不强、效率低下而与实际的需求不符，默顿、朱克曼等人提出的“科学家（之间）隐含的社会契约”就能够较好地解决科学研究评价的问题，例如，朱克曼指出：科学制度包含了科学家之间存在的隐含的社会契约，只有这样，每个人才能够依赖于其他人的可信赖性。[①] 科学研究通过政府或私人机构的拨款项目、合同项目获得支持，这在很大程度上，政策、人事以及研究范围和方法的控制权都留给了科学自身的建制。这种隐含的契约就是，科学研究保持诚信和产出率，社会和经济因此受益，科学共同体保持学术自主性和自我管理。[②] 然而，在“大科学”时代，科学与政治之间的边界开始变得模糊，无论是波普尔（K. Popper）的证伪，还是默顿、库恩的范式一致性，都无法保证科学的诚信与产出率。作为一种替代性机制，科研评价逐渐从科学共同体中分离出来，形成了相对独立的社会建制——第三方评估机构。第三方评估，顾名

① 〔美〕哈里特·朱克曼. 科学界的精英——美国的诺贝尔奖金获得者[M]. 周叶谦，冯世则，译. 北京：商务印书馆，1979：113.

② 刘志高，李奇明，刘家国. 美国科学技术政策的历史沿革[J]. 世界科技研究与发展，2001，(06)：86-89.

思义就是指由外部社会组织对政府开展的“公共政策”“公共事务”“公共服务”等有关公共管理行为或效果进行的评估。由于人文社会科学研究项目多来自政府公共资金的支持，因此自然也被纳入第三方评估的范围。按照第三方评估组织成员的构成情况，第三方评估模式主要有高校专家评估模式、专业公司评估模式、社会代表评估模式和民众参与评估模式 4 种。[①] 表 5.10 列举了近年来我国成立的主要人文社会科学研究第三方评估机构。

表 5.10　近年来我国成立的主要人文社会科学研究第三方评估机构

机构名称	成立时间	依托单位	职责范围
中国社会科学研究评价中心	1997 年	南京大学	①CSSCI 数据服务；②引文分析、知识库与人文社会科学评价研究；③哲学社会科学研究现状与趋势研究；④人文社会科学信息资源与研究状况评价研究
中国科学文献计量评价研究中心	1999 年	中国科学院、《中国学术期刊（光盘版）》杂志社、中国社会科学院、清华大学图书馆	①研制和生产与国际接轨的文献检索和科研评价工具；②针对科研绩效定量评价的各种需要进行全方位、多层次的统计分析；③为社会各阶层提供服务与咨询；④开展科学计量学和文献计量学的理论研究，设计科学、合理的科技评价定量指标和进行实证性的研究
武汉大学中国科学评价研究中心*	2002 年	武汉大学	科技评价、教育评价、期刊评价、人文社会科学研究的评价
中国社会科学评价中心	2013 年	中国社会科学院	科研单位评价、社会科学综合评价、全球智库评价、出版社评价、中国学术期刊及全球华文学术期刊的评价、科研成果评价，以及发布《全国社会科学评价排行榜》与《全球智库排行榜》等
长安大学中国人文社会科学评价研究中心	2014 年	长安大学	学科评价、机构评价、人才评价、成果评价、项目评价、期刊评价、智库评价、专业评价和学术不端检测等

* 2017 年更名为中国社会科学评价研究院。

第三方评估机构的出现，改变了传统人文社会科学研究评价的传统机制，它们建立的数据库、使用量化的评估方法，使得人文社会科学研究评价增加了科学性，但同时也造成了许多新的问题，此处不做赘述。

四、学术精英

“精英”一词原指质地特别精良的商品。社会学家和政治学家借用这一概

① 徐双敏. 政府绩效管理中的“第三方评估”模式及其完善[J]. 中国行政管理，2011，(01)：28-32.

念，将其发展成为社会和政治理论中的一个专业术语。精英理论认为，在任何一个领域中，话语权和决策权多是由那些在智力、性格、能力、财富等方面超过大多数人的少数精英人物所掌控，他们的态度、言行对社会发展的方向和前景具有重要的影响。[①]学术精英与政治、社会精英不同，学术精英是生产科学知识的科学家集团中的杰出代表。科学家集团由特定专业的从业者组成，因共同的教育和科学训练而联系在一起，他们了解彼此的工作，有充分的思想交流，在学术问题上，拥有共同的信念、理论、方法，接受同样的价值标准。按照库恩的说法，他们拥有共同的学术范式。在普通人看来，科学家集团普遍拥有高深的专业知识，志趣相投，他们奉行平等主义的行为规范，以追求真理为目标，在学术面前人人平等。然而事实并非如此。科尔兄弟在《科学界的社会分层》一书中指出，在科学界存在着严重的分层现象，不能保证每一位获得同样业绩的科学家都能够得到同样的认同，不同的科学家在科学共同体内部所获得的承认是不同的，这体现在科学家获得的各种奖励之上。科学界是一个任人唯才的系统，那些获得了较多认同的科学家成为学术界的精英分子，积累形成了高于一般人的社会资本，使得他们在科学研究评价制度构建问题上具有更多的话语权。[②]

学术精英在人文社会科学研究评价制度构建中起着十分重要的作用。学术精英运用文化认知性要素，通过创造新的概念系统来影响制度建构。正如斯科特所指出的那样，他们的主要武器就是思想。学术精英通过界定实在而实施控制——通过设计本体论框架，提出各种区分、创造原型，并为行动制定原则和方针。[③]就人文社会科学研究评价制度构建而言，在加菲尔德（E. Garfield）建立 SCI、SSCI 数据库并提出了引文分析的概念之前，人文社会科学研究普遍使用同行评议的方法。随着引文分析概念的提出，一系列基于引文的量化评价指标也相应地开发出来，并在人文社会科学研究评价实践中开始运用，虽然使用引文分析方法进行的量化学术评价并非加菲尔德的本意。我国在 20 世纪 90 年

---

① 孙龙桦. 西方精英理论的政治学诠释[J]. 学习月刊，2010，(06)：108-110.

② 〔美〕乔纳森・科尔，斯蒂芬・科尔. 科学界的社会分层[M]. 赵佳苓，等译. 北京：华夏出版社，1989.

③ 〔美〕理查德・斯科特，杰拉尔德・戴维斯. 组织理论：理性、自然与开放系统的视角[M]. 高俊山，译. 北京：中国人民大学出版社，2011.

代之前，人文社会科学评价主要奉行的是同行评议方法。20 世纪 90 年代之后，尤其是进入 21 世纪之后，我国人文社会科学研究评价领域迅速建立起了一套基于量化指标的学术评价体系。造成这一现象的原因，一方面与国际学术评价的大趋势有关，另一方面也与自 20 世纪 80 年代起，以赵红洲、邱均平、叶继元为代表的我国一批科学计量学学者对加菲尔德等人提出的引文分析理论和引文分析指标进行的宣介和研究密切相关。

第六章　人文社会科学研究评价制度的运行机制分析

"机制"一词原指机器的构造和动作原理。后来人们将"机制"一词引入社会科学研究之中，用来表示一定系统内部各构成要素之间相互联系、相互作用的关系及其功能。机制从属于制度，其运行规则是人为设定的，具有强烈的社会性。在制度系统中，机制起着基础的、根本的作用。在理想状态下，设计精良的制度机制在外部条件发生变化时，能够自动、迅速做出反应，保障制度的良性运行，实现制度设定的目标。

第一节　人文社会科学研究评价制度运行的基本机制

任何制度的运行都有一些基本的机制，这些机制在环境发生不确定性变化时，或者是制度系统内部出现了新问题时，这些机制往往发挥着潜移默化的基础性作用。就人文社会科学评价制度而言，大多数情况下如下 3 种机制都在不同程度上发挥作用，保证了制度运行的稳定性。

一、理性选择机制

理性选择机制又可称为最优化机制或者科学评价机制。此种机制设计之下的制度运行把人文社会科学研究评价视为一个结构化的理性过程。其基本思路如下：①评价者面临的是一个既定的问题；②引导评价者做出判断的各种评价目的、价值或者目标是明确的，而且可以按照重要性进行排序；③评价者运用一系列的科学方法对每一个评价对象进行评估，并给出该评价对象的意义和价值；④评价者将每一个评价对象的意义和价值进行一一对比，并按优劣排出先后顺序；⑤评价者正确地选择意义、价值最大的那个评价对象。

理性选择机制所反映的是一个绝对的理性状态，其前提条件近乎苛刻，部分都是难以实现的。首先，理性选择机制要求评价所需的信息是完全的，但是，如前文所述，信息不完全、信息不对称是人文社会科学研究评价过程中的普遍现象，完全信息仅存在于一些重要、紧迫程度非常小的评价活动之中。其次，理性选择机制要求所有的评价参与人对人文社会科学研究的价值认知是一致的，至少能够清楚地了解所有人的社会价值偏好及其所占的相对比重。不过，由于人文社会科学研究自身的特殊性以及不同利益相关者价值取向上的差异，评价参与人对人文社会科学研究的价值存在较大的差异，数学化的加总、平均和标准化无法代表任何一方利益相关者的价值取向。再次，由于信息不对称导致的逆向选择和道德风险以及人类自身的局限性，评价结果无法达到最优。最后，人文社会科学研究评价是一个半结构化或者非结构化的问题，在这样的问题面前，人的理性是有限度的，尤其是在评价时间有限的情况下，评价参与人很难做出最优的决策。

尽管理性选择机制受到了多方的批评，但是作为人文社会科学研究评价制度运行的一个重要机制，其优势也是较为明显的。首先，理性选择机制对如何进行评价有一个比较清晰的理论架构，遵循其预设的评价程序，自然能够得到相应的评价结论。优势是评价比较直观、清晰，能向所有人清楚地展示评价思路是如何在评价过程贯彻执行的。其次，由于理性选择机制要求所有的评价参与人都要立足于同样的评价预设，这就为评价参与人之间进行有效信息沟通设定了前提，也为该研究领域累积知识、创造理论提供了条件。正是因为如此，虽然理性选择机制不断受到人们的质疑和挑战，但是在实践中，从评价主体到被评价者都不反对其理想化的设计初衷。

从制度运行的角度看，理性选择机制从个体主义方法论的视角出发，采纳了一系列行为主义的假设，认为人文社会科学研究评价的参与人有着固定的价值偏好，行为者的行为具有不带感情色彩的特性，对任何评价对象都能够进行优劣区分。对于评价中所出现的各种问题也被看作是一系列集体行为的困境，问题的核心在于个体理性最大化导致集体产出次优的悖论，而制度设计正是为解决这种悖论而创设出来的工具。对于评价活动中评价参与人的行动规则，理性选择机制将其理解为行为者的博弈规则。其中，制度一方面通过给评价参与人提供特定的激励和约束，限制他们策略选择的范围；另一方面，通过评价参与人彼此的互动信息进行必要的强制，从而引导评价参与人对结果的预期以及做出特定的行为。从维系人文社会科学评价制度有效运行的作用上看，理性选择必须是在利益相关者达成共识的基础上而达成的，制度设计就是为了评价参与人之间建立合作行动框架。人文社会科学研究评价制度设计越是能够有效解决从个体理性最大化到集体理性最优化的悖论，理性选择机制就越能够发挥出其优势。

二、路径依赖机制

“路径依赖”最早是出现在经济学中的一个名词，主要指的是制度变迁过程中，过去的选择决定了现在及未来可能选择的一种自我强化现象。诺斯在《经济史中的结构与变迁》一文中，使用路径依赖理论对经济制度变迁进行了精彩的阐释。在人文社会科学研究评价过程中，路径依赖是一种维系制度运行的重要机制，评价制度运行一旦进入某一路径（无论是“好”的还是“坏”的）就可能对这种路径产生依赖，并在以后的发展中不断地自我强化。

路径依赖是一个在人类社会中非常常见的现象。当人们遇到某种需要解决的问题时，都会自觉或不自觉地回想或者是联想过去自己是如何处理的。例如，在人文社会科学研究评价活动中，当评价者对同样或类似的评价对象进行评判之时，过去使用的思维框架、方式和方法就会被唤醒。也就是说，一个人的某种认知、行为成为习惯之后，这部分内容就会嵌入个人的知识体系，成为个人处置类似问题的惯习。

除了重复自己之外，模仿也是一种路径依赖。比如，在评价实践中，某个评价者采用的方式、方法，考虑的信息，也会经常被其他人所模仿。例如，在高校内部的职称评定工作中，当某个学校采用了一些新的程序、指标之后，其他学校也会纷纷效仿。从制度设计的角度看，每个学校都具有自己相对独特的办学目标和管理传统，照搬其他学校的做法往往不是最优的，但是，随着效仿数量的不断增加，这些程序、指标逐渐被视为标准的技术规范，最终演变成为惯例、经验和范例。使用量化方法、文献计量指标评价高校教师科研、教学的绩效评价制度就是这样形成的。

从心理学的视角看来，路径依赖与锚定效应关系密切。锚定效应指的是人们在对某人、某事做出判断时，易受第一印象或第一信息支配，就像沉入海底的锚一样把人们的思想固定在某处。① 1973 年，卡尼曼（D. Kahneman）和特韦尔斯基（A. Tversky）首次提出了锚定效应。次年，他们二人通过实验进一步证明了锚定效应的存在。在评价实践中，某种评价机制一旦被选用，评价主体和被评价者会将某些特定的指标、方法作为起始值，这些起始值像沉锚一样锁定了信息获取和价值判断的形成。路径依赖所带来的锚定效应带来了这样一个困境：评价的改进依赖异质信息和价值判断的输入，但评价模式与制度所设定的信息获取和价值判断机制又恰恰抑制和屏蔽了其输入的通道。

作为一种维系制度运行的重要机制，路径依赖并非只具有消极的意义。制度表现出的特征是它们相对抵制变迁，它们往往通过代际传播而得以维系和再生产。正如吉登斯所指出的那样，“制度是社会生活中相对持久的特征”，其“牢固性与稳定性”提供了具有弹性的框架来指引行为和有效地抵制变迁。② 人文社会科学研究评价制度如同任何其他社会制度一样，都需要相对的稳定性才能够发挥出其功能。朝令夕改、毫无稳定性而言的人文社会科学研究评价制度对繁荣和发展人文社会科学并无裨益。

总的来说，制度运行总是一方面表现出路径依赖的同时，另一方面又不断地克服路径依赖。作为维系人文社会科学研究评价制度的一种重要机制，路径依赖在静态和动态两个层面上发挥作用。静态层面的路径依赖表现制度的惯性，亦即对过去评价制度所确立的规则、程序、标准、方法的维护之上。制度惯性的作用表现为从既定制度优势的立足点出发来确定评价活动的认知立场，例如，在同行评议与文献计量相结合趋势愈发明显的今天，一些人仍然坚持维护同行评议之于人文社会科学研究评价的意义和价值。不得不说的是，任何立

① 李斌，徐富明，王伟，等. 锚定效应的种类、影响因素及干预措施[J]. 心理科学进展，2010，18（01）：34-45.

② 〔英〕安东尼·吉登斯. 社会的构成：结构化理论纲要[M]. 李康，李猛，译. 北京：生活·读书·新知三联书店，1998.

足点之于评价实践都会构成一种既定的社会事实，而这一社会事实往往又成为人限制和约束自身认知和行为的边界。人们重复过去的行为能够持续地获得该行动带来的好处，至少重复或模仿过去行为所投入的资源比使用新的行为模式成本更低、风险更小。久而久之，依赖过去的经验、使用过去的方法就会不自觉地转变为人的一种潜意识，形成当事人的隐性知识①，从而产生路径依赖的现象。从学术研究本质的意义上看，学科知识体系的形成、研究范式的确立也是路径依赖的过程，学科分类、专业划分也可以说是不同学者基于对相同问题不同理解方式和处理方式路径依赖的结果。

动态层面的路径依赖表现为人们在路径依赖的同时，也不断地打破路径依赖。也就是说，路径依赖机制并不排斥理性选择机制。在人文社会科学研究评价制度运行的过程中，当人们发现新的技术、方法和规则能够使评价工作更加科学、合理时，制度能动者就会积极地促动制度变迁，从而打破原来的路径依赖。如前文所述，当各种文献数据库和引文分析指标提出之后，这些新的评价方式、方法逐渐地被引入人文社会科学研究评价之中，尽管在实际使用过程中也出现了很多新的、难以解决的问题。

制度创新和制度沿袭同样都是人的理性选择。在正常的社会活动中，路径依赖是非常重要的机制，它保证了制度运行的稳定性，同时也保证了制度创新的延续性。在人文社会科学研究评价制度运行中，我们需要警惕的是既得利益者为了维护自己的利益，借助于权力，千方百计地阻碍评价制度创新。与其说消除路径依赖机制的副作用，不如说是需要消除特权、垄断行为的寻租空间。在一个存在寻租空间的人文社会科学研究评价制度体系中，如果任由特权、垄断行为阻挠改革、抵制创新，评价制度运行就会被锁定在低效率的路径之中。

三、结构同形机制

结构同形是制度运行过程中的一个重要机制。结构同形解释了制度的形式和制度化实践过程中存在着惊人相似性的成因。学术评价制度本身就是一个十分复杂的系统，比较而言，人文社会科学研究评价的复杂程度还要远远超过自然科学研究评价。不过，无论国外还是国内，无论综合性大学抑或理工科大学，

① 周城雄. 隐性知识与显性知识的概念辨析[J]. 情报理论与实践，2004，(02)：127-129.

人文社会科学研究评价制度具有惊人的相似性。尽管其评价制度在最初的发展路径和结构形式方面具有复杂的多样性，但是，在制度化实践过程中，一种强大而不可抗拒的力量，推动着它们逐渐同形化。汉纳（M. Hannan）和弗里曼（J. Freeman）提出的竞争性同形机制认为，制度同形化之所以出现，是因为非优化的制度结构被淘汰，或者是制度适应环境变迁而做出了主动调整。① 坎特尔（R. M. Kanter）、阿尔德里奇（H. E. Aldridge）、迪马吉奥等人认为，竞争性同形不能完全解释制度从多样性到同一性的复杂过程。组织之间除了竞争资源之外，还要竞争权力与合法性来获得行动的正当性。② 人文社会科学研究评价制度运行同样需要资源、权力与合法性的支撑，因此，制度同形机制用以考查人文社会科学研究评价制度运行具有较强的解释力。

（一）强制性规制

人文社会科学研究评价制度同形的强制性规制源于制度建构的规制性和规范性要素向它施加的正式与非正式性压力，以及文化认知性要素对其施加的期待性压力。这些制度要素形成了一种潜在的强制性规训抑或诱导性期待。迈耶（J. W. Meyer）和罗恩（B. Rowan）指出，当理性化的政府或其他较大的理性组织把它们的支配扩张到更多的社会生活领域中时，组织结构就会逐渐体现出由政府在该政体内制度化与合法化的规则。③ 结果就是在一个给定的场域中，组织会日益同质化，并围绕着与更大的制度一致的仪式而逐渐组织起来。在“大科学”时代，人文社会科学事业与国家意识形态更加紧密地联系在一起，如何正确处理学术自由与国家需要的问题日益难以把握，知识与权力的关系变得愈加复杂和微妙。在某些情况下，人文社会科学研究评价制度是对国家法律、政策的一种直接反应，如人文社会科学研究要面向国家重大需求、人文社会科学研究评价要同行评议与科学计量相结合等。这些要求在很大程度上仅体现在文字符号上，是仪式性或象征性的。但这个事实并不意味着它们是无关紧要的，

① Hannan M T，Freeman J. The population ecology of organizations[J]. American Journal of Sociology，1977，82（05）：929-964.

② 〔美〕沃尔特 • W. 鲍威尔，保罗 • J. 迪马吉奥. 组织分析的新制度主义[M]. 姚伟，译. 上海：上海人民出版社，2008.

③ Meyer J W，Rowan B. Institutionalized organizations：formal structure as myth and ceremony[J]. American Journal of Sociology，1977，83（02）：340-363.

率先做出反应的组织往往意味着有更多的资源与合法性支持。

（二）复制性模仿

人文社会科学研究评价制度同形并非都是源于体现强制性权力的规制性要素，不确定性也是促进人文社会科学研究评价制度同形的一个重要因素。当评价者在构建人文社会科学研究评价制度的过程中，其所希望应用的标准、程序、指标在没有得到评价参与人理解和认可之时；当评价者所希望设立评价目标模糊不清甚至相互矛盾之时；当评价对象、评价环境中出现了新的不确定因素之时，人文社会科学评价制度可能以其他组织、机构或学科成型的评价制度作为参照模型来构建自己的制度结构。比如，近年来我国人文社会科学研究评价制度愈发接近自然科学研究评价制度，至少，有一部分评价标准、评价指标已经完全自然科学化了，如对人文社会科学研究进行经济、社会效益评价。在评价实践中，模仿行为具有十分显著的优势，当评价制度建构面临不确定因素多、关系难以把握时，复制已有制度化实践解决问题的办法，不仅可行，而且是安全、可靠和低成本的。这种模仿行为本身也属于创新的一种形式。根据熊彼特（J. A. Schumpeter）的创新理论，所谓创新就是建立一种新的生产函数，把一种从来没有过的关于生产要素和生产条件的新组合引入生产体系。[①] 就人文社会科学研究制度运行而言，在不确定的环境中复制一种现有的、经过实践检验的制度同样属于创新。正如阿尔奇安（A. Alchian）所指出的那样，肯定存在一些持续地进行有意识创新的组织，但是也存在这样一些组织，它们完美地模仿其他组织的制度设计，通过无意地获得某些未曾预料和未发现的独特属性而无意识地创新，这些独特属性则是多数环境中成功的部分原因。其他组织同样会跟着复制这种独特属性，创新—模仿的过程因此得以持续。[②]

（三）规范性要求

人文社会科学研究评价制度同形的另一个重要机制是规范性要求。这种制度同形机制主要来源于评价组织的专业化进程和评价参与人员的结构构成。人

---

① 王晓蓉，贾根良．“新熊彼特”技术变迁理论评述［J］．南开经济研究，2001，（1）：49-53.

② Alchian A A. Uncertainty，evolution，and economic theory［J］. The Journal of Political Economy，1950，58（03）：211-221.

文社会科学研究评价的专业化可以理解为，从事评价活动的参与人员在界定他们的价值取向、评价标准、评价程序、指标选取等方面的努力，以及就人文社会科学研究评价问题所确立的认知与行为合法性基础。在评价活动中，虽然作为评价委托代理人的评价权力由评价主体所赋予，但同时也是由自身的专业化活动所产生。例如，究竟何谓学术？学术性的标准如何？对这些元问题的讨论与解释是在学术共同体内部形成的，学术共同体内部的学术精英界定和传播学术的意义和价值以及学术评价的方法论原则。学术精英们在评价制度结构中所占据的位置决定了他在评价问题上具有多大的话语权，他们所具有的相似性倾向，会超越规制性要素和文化认知性要素的控制，影响制度运行的走向，从而导致制度的同形。

规范性要求推动制度同形的另一个重要机制是通过遴选评价参与人员，尤其是遴选那些直接对评价对象进行价值判断人员的方式实现的。在很多评价活动中，评价主体如果选择不同的学者、专家作为评价代理人，评价的最终结果很可能是不同的。来自同一学科的学者、专家往往倾向于以同一种方式看待问题，把同样的评价问题、评价标准、评价程序和评价结构视为规范许可，而且会以同样的方式进行评判。例如，在一个正式抑或临时组织起来的评审组或专家委员会中，如果构成人员来自同一或者相近的学科，他们对评价工具的选择也具有相似性，对评价结论认可的一致性程度也较高。相反，如果构成人员学科背景差异性较大，那么他们所倚重的评价工具就会各有侧重，对评价结论的认可程度也较低。单就评价方法使用上的侧重点而言，没有接受过量化评价方法训练的评价人员一方面认可量化评价的结构化、客观化，另一方面又会对使用量化评价方法得出的评价结论产生草率、简单化的质疑，但是，对于专业背景倾向于量化研究方法的评价人员而言，由于所受到的专业训练以及遵循的专业规范性要求，他们一般较少会产生如此的质疑。

第二节 人文社会科学研究评价制度运行的组织机制

一、委托代理

委托代理是科层化结构中制度运行的最为重要的组织机制之一。如前文所述，委托代理是解决信息不对称问题的一种机制设计，但是，在制度化实践中，委托代理同样会由于信息不对称产生诸如道德风险、逆向选择等新的问题。纵然如此，在一个理性化的社会中，依靠委托代理的方式解决人类社会集体行动问题是最为常见的现象，人文社会科学研究评价制度运行同样也不例外。

委托代理理论是契约理论的重要发展之一。迄今，委托代理理论扩展出了"双边代理理论、多代理人理论、共同代理理论、多任务代理理论"等，这些理论基本的分析逻辑都是一致的：委托人为了实现自身效用最大化，将其所拥有（控制）资源的某些决策权授予代理人，并要求代理人提供有利于委托人利益的服务或行为。代理人也是追求自身效用最大化的"经济人"，在利益不一致和信息不对称的情况下，代理人在行使委托人授予的资源决策权时可能会受到诱惑，把自己的利益置于委托人利益之上，从而损害委托人的利益，即产生代理问题。①

人文社会科学研究评价制度设计的组织机制同样存在着代理问题。以我国国家社会科学基金结项评审为例，全国哲学社会科学规划办公室把部分审核权委托给省、直辖市哲学社会科学规划办公室，省、直辖市哲学社会科学规划办公室再把部分审核权委托给基金申报依托单位，如大学、科研机构的科研管理部门，科研管理部门再把部分审核权委托给相关学科领域学者、专家组成的评审小组，形成了一种多重的委托代理关系。由于代理问题的存在，不同层面的委托人需要建立起一套有效的组织机制来规范、约束和激励评价代理人的行为，借此降低代理成本、提高代理效率。下面参照霍姆斯特姆（B. Hölmstrom）建立的模型②来考查人文社会科学研究评价制度委托代理组织机制中的代理问题。

---

① 刘有贵，蒋年云. 委托代理理论述评[J]. 学术界，2006，(01)：69-78.
② Hölmstrom B. Moral hazard and observability[J]. The Bell Journal of Economics，1979，10（1）：74-91.

模型中的符号分别具有如下的含义。e 代表人的努力程度；x 代表结果；u 代表代理人的效用函数，$u'>u''$、$u''<0$；v 代表委托人效用函数，$v'>0$、$v''<0$。上述符号关系可以表述为：人文社会科学研究评价主体把评价的任务委托给评价代理人，代理结果是代理人努力程度的函数，$x=x(e)$，$x|e>0$。委托人根据代理结果应当支付给代理人报酬 $s=s(x)$，相应给代理人带来的效用为 $u=u(s)$，代理人付出努力带来的负效用 $c=c(e)$，代理人总效用 $u(s, e)=u(s)-c(e)$。委托人得到剩余的代理结果为 $(x-s)$，带来的效用为 $v(x, s)=v(x-s)$。

使用分布函数参数方法将自然状态 θ 的分布函数转换为产出 x 在努力水平 e 条件下的分布函数。人文社会科学研究评价的委托代理问题就可表述为：①委托人期望效用函数最大化：$\max\int v(x-s)f(x|e)\mathrm{d}x$；②代理人的参与约束：$\int u(s)f(x|e)\mathrm{d}x-c(e)\geqslant u$；③代理人激励相容约束：$\max\int u(s)f(x|e)\mathrm{d}x-c(e)$。委托代理问题转化为在参与约束和激励相容约束两个约束条件下，求委托人效用函数最大值的问题。根据公式①和②，采用拉格朗日乘数法，计算出最优解为：$\lambda=\dfrac{v'(x-s)}{u'(s)}$。

这一解表明，无论最终结果 x 如何，在信息对称情况下，委托人与代理人的边际效用之比保持不变。在信息不对称情况下，委托人无法识别到代理人的努力水平时，上述有关结论就未必成立。结合人文社会科学研究评价的现实情况，作为委托人的人文社会科学研究评价主体是科层结构中的上级管理部门，委托代理关系是由行政管理要求确立的，评价代理人（学者、专家除外）不会因评价工作而获得报酬。此时，由于委托人无法完全识别到代理人的努力水平，且代理人所获得报酬与评价结果无关，因此，代理人就很可能最小化自己的努力，委托人只能获得比信息对称情况下要少的预期收益。因此，在信息不对称的情况下，激励相容就成为重要的约束，效率与激励之间权衡显现。

二、项目制

使用项目治理机制处置公共事务是我国改革开放以来一个比较典型的现象，引起了多个学科研究的关注。根据项目管理协会所下的定义，所谓项目就是按照事本主义的动员或组织方式，即按照事情本身的内在逻辑，在限定时间和资源的约束条件下，利用特定的组织形式完成具有明确预期目标（某种独特产品或服务）的一次性任务。① 项目制的主要特征是把以往由多部门、多环节、多目标、多头管理构成的管理流程统一到特定项目的总目标之中，由独立的、单一的项目负责人作为该项目实施的总负责人和执行人，对特定的事务全程策划、全程监控、全程管理、全程协调，并对项目终极目标的完成情况负责。②

受制度同形机制的影响，我国国家治理的形式自然反映在科学研究管理体制之上，在评价制度运行上也具有自然的延伸性。长时期以来，人文社会科学研究体制一方面依附于行政管理体系，另一方面在以自然科学研究体制为主导的科研体系中也处于比较边缘的地位。人文社会科学研究没有形成独立的管理体制和管理机制。近年来，随着国家繁荣哲学社会科学政策的逐步深化，如何管理和评价人文社会科学研究逐渐成为一个重要的问题突显出来。在复杂的评价实践要求面前，人文社会科学研究评价一方面要克服科层管理体制的束缚，另一方面还要遏制市场体制所造成的分化效应。在没有更好的选择之前，就事论事、一事一议的项目制自然成为一种可以接受的替代方案。项目制通过代理人一方面控制人文社会科学研究的选题及其研究进程和结果的评价体制，从而达到控制研究方向、研究内容的目的；另一方面通过控制研究经费，从而控制研究者和研究机构的学术行动。③

纵观我国近年来人文社会科学研究评价的实践，例如，在人文社会科学研究计划、人文社会科学研究项目、人文社会科学研究机构、人文社会科学研究成果等的评价中都有项目制的身影。在宏观层面上，项目制展现为一种管理体制，例如，国家为促进人文社会科学研究发展，教育部和财政部颁布的《高等学校哲学社会科学繁荣计划（2011—2020年）》《教育部关于进一步改进高等学校哲学社会科学研究评价的意见》等，都表现出对人文社会科学研究实行项目制管理的特征。在微观层面上，项目制也是一种能够使体制积极运转起来的机制，决定着政策制定者、科研管理部门、大学乃至具体的评价代理个人如何构建评价过程的战略和策略。

---

① 〔美〕项目管理协会. 项目管理知识体系指南：PMBOK 指南[M]. 5 版. 许江林，等译. 北京：电子工业出版社，2013.

② 周雪光. 项目制：一个“控制权”理论视角[J]. 开放时代，2015，(02)：82-102.

③ 肖瑛. 作为治理术的科研项目制[J]. 云梦学刊，2014，35（04)：14-17.

就人文社会科学研究评价制度的具体运行而言，项目制是一种绩效合法性的思维模式。例如，当前各种各样的评审会、听证会等评估工作烦冗复杂，但透过现象看本质，普遍存在的问题是比较重形式、重程序而轻实质。许多人文社会科学研究往往需要投入更多的专家智力和较长的时间成本方能完成，但是在绩效要求的框架之下，评价资源投入经常是不足的，很多评价工作事实上流于程序，或者过于相信只要坚持程序必然会得到科学、客观的评价结果。

项目制设计的另一个问题是严格遵守“一事一议”“特事特办”的原则。人文社会科学研究是涉及评价主体、评价代理人、被评价者和社会公众等多方的利益相关者，评价工作是一项综合性的任务。事实上，在科研管理部门看来，评价只是科学研究总体工作的一部分，可以单独分离出来进行。以高校职称评价为例，近年来改革的呼声不绝于耳。为此，2016 年中共中央办公厅、国务院办公厅专门印发了《关于深化职称制度改革的意见》，明确提出了职称评价工作中取消取向论文导向的要求。然而，由于受路径依赖机制的惯性作用，高校职称评价，特别是对人文社会科学教师的职称评价工作，唯论文、唯课题取向的评价方式并没有实质性的改变。职称评聘工作每年都在进行，相同的问题每年都可能再次出现，而解决问题的方法却一直缺乏通盘的考虑。职称评聘是一项制度、一项程式化的工作，而实际的操作机制更加类似于“一事一议”的项目制。

三、行政发包制

“行政发包制”概念与经济学的企业理论有密切关联。在组织形式上，企业如果是“自己生产”，则是与“雇佣制”对应；如果是“外部购买”，则是与“发包制”对应。周黎安把企业理论中关于发包制的概念经过转换和发展引入政府治理领域，提出了“行政发包制”概念。作为一种理想类型，“行政发包制与韦伯意义上的科层制相对应，也和企业的外包制相区别，属于一种混合的中间形态，系行政组织边界之内的内部发包制，属于在一个统一的权威之下，在科层制的上级与下级之间嵌入发包的关系[①]。

① 周黎安. 行政发包制[J]. 社会，2014，34（06）：1-38.

总体上说，我国的科研体制属于国家治理体系的组成部分，科层化的行政管理特征依然十分明显。由于受制度同形机制的作用，我国人文社会科学研究评价的组织机制同样反映出行政发包制的特点。首先，在评价权力的分配上，委托人（评价主体）拥有正式权威（如价值取向、评价标准、评价方法）和剩余控制权（如否决权和干预权），这反映了评价管理组织机制上的权力分配；其次，评价具体的执行权和决策权交给了委托代理人，委托代理人拥有进行评价的自由裁量权以及相应的若干实际控制权。

与强调程序和规则的科层制相比，行政发包制是一种结果导向的责任分担机制，通过正式组织内部的层层发包形成了类似于企业内部的市场化关系。在这一关系结构中，委托人拥有剩余控制权，代理人拥有较大的自由裁量权。在激励强度较大的情况下，代理人的能动性较高；而在激励强度缺失或不足的情况下，代理人缺乏积极作为的动力。行政发包制作为我国人文社会科学研究评价制度运行的一种组织机制，其带来的问题也较多，如评价的行政化、评价的数量化、评价的功利化等。学术治理不同于国家治理，各级学术组织和学术管理部门的评价组织能力不同，在信息不对称的情况下，以行政命令方式下达的评价工作会出现不管下级是否有能力和有条件完成，仅以结果论英雄的现象。同时，由于行政发包制下的委托代理人拥有过多的自由裁量权，无论评价的结果如何，只要控制住相关信息的向上披露，委托人（评价主体）也只能依赖代理人得出的评价结果进行考核和控制。

第三节　人文社会科学研究评价制度运行的技术机制

技术是解决问题的方法及方法原理。在人类社会的生产活动中，技术指的是制造一种产品所使用的系统知识、所采用的工艺或提供的服务。人文社会科学研究评价制度的有效运行同样也依赖一定的组织技术。这类组织技术主要涉及保障信息有效沟通、评价过程公平公正以及不同价值判断有效整合的相关机制设计等方面。

一、评价信息的沟通机制

任何评价都离不开信息的沟通。没有信息沟通，无论设计多么精巧的评价制度都只能是一种理论设想或理想类型。组织管理学家巴纳德（C. I. Barnard）曾指出，沟通是把一个组织中的成员联系在一起，借以实现共同目标的手段。①人文社会科学研究评价结果的真实性、可靠性往往都与信息沟通的充分程度密切相关。

一般意义上的信息沟通指的是信息由发送人传递到接收人的过程。评价中信息沟通含义更为复杂，不仅包括信号意义上的信息传递，而且还包括评价过程中评价参与人之间思想、感情、观念、态度的交流过程。根据鲍德里克（J. L. Bordewijk）和范·卡姆（van Kaam）设计的评价信息沟通的 4 种传播模式（图 6.1）②，评价活动中同样也存在着类似的情况。

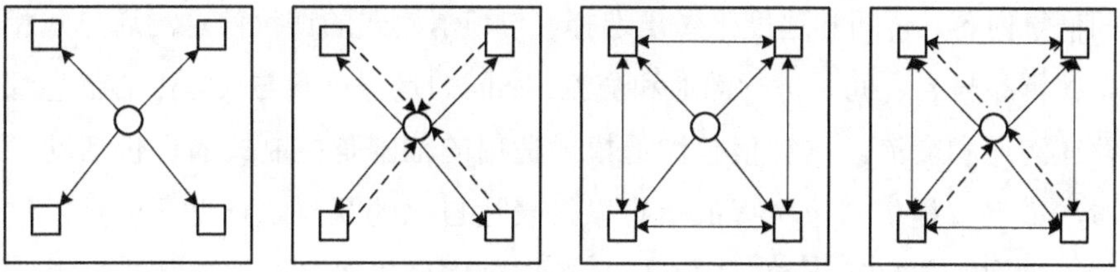

（a）训示　（b）协商　（c）注册　（d）交谈

图 6.1　评价信息沟通的 4 种传播模式

圆圈代表信息发送人，方块代表信息接收人，实线箭头代表信息传递方向，虚线箭头代表信息反馈方向

如图 6.1 所示，训示、协商、注册和交谈 4 种信息沟通的结构在评价过程中被广泛运用。使用不同的信息沟通模式代表着不同评价参与人控制和使用信息的权力结构。从单向的训示模式转变为协商、注册和交谈模式，代表着信息沟通的充分程度，同时也代表着评价参与人权力地位的平等程度③。

如表 6.1 所示，训示、协商、注册和交谈 4 种信息沟通模式在内容规制、集中控制、传者接入和受者接入 4 个方面分别具有不同的特征。

---

① （日）饭野春树. 巴纳德组织理论研究[M]. 王利平，等译. 北京：生活·读书·新知三联书店，2004.

② Bordewijk J L，van Kaam B. Allocutie：Enkele Gedachten over Communicatievrijheid in Een Bekabeld Land[M]. Baarn：Bosch & Keuning，1982.

③ （荷）简·范·迪克. 网络社会：新媒体的社会层面[M]. 2 版. 蔡静，译. 北京：清华大学出版社，2014.

表 6.1 4 种信息沟通模式的特点

分类	训示	协商	注册	交谈
内容规制	高	低	无	低
集中控制	高	低	无	低
传者接入	封闭	开放	开放	开放
受者接入	开放	开放	封闭	有限开放

基于训示模式的评价信息沟通方式是，传递给评价参与人的信息都来自一个中心信息源，并由其决定信息传递的内容、时间和速度。它所适用的范围是由评价主体主导的评价活动。评价参与人根据评价者所提供的信息对评价对象进行价值判断，评价参与人之间不进行沟通和交流，有时沟通和交流甚至是被禁止的。

基于协商模式的评价信息沟通方式是，评价参与人根据一个中心信息源提供的信息内容、时间和速度来做出选择。与训示模式的评价信息沟通方式相同的是评价参与人之间不进行沟通和交流；不同的是评价参与人与中心信息源之间存在沟通和交流。这种信息沟通模式适用的范围是控制式的评价活动。评价参与人有权提供自己掌握的信息以及表达自己的观点、意见，但是，沟通只能通过中心信息源进行，中心信息源控制信息传递和信息抑制的权力。

基于注册模式的评价信息沟通方式是，中心信息源提供给评价参与人必要的评价信息，评价参与人不仅是信息源，而且其所提供的信息也形成信息中心。在信息传递过程中，评价参与人之间不仅存在沟通和交流，而且有时候还可能参与信息集纳过程。这种信息沟通模式适用的范围是授权式的评价活动。评价参与人有权提供自己掌握的信息以及表达自己的观点、意见，评价结果由评价参与人之间互动的频度、频次以及评价信息沟通的充分性所决定。

基于交谈模式的评价信息沟通方式是，中心信息源仅是作为评价活动必要的部分或者关键环节而存在，评价参与人之间的信息分享不再完全依赖中心信息源，信息的内容、速度和发布时间完全由评价参与人自己确定。中心信息源起桥接的作用，充分保障信息沟通的完全性和充分性。这种信息沟通模式适用的范围是目标游离式的评价活动。评价参与人之间自由沟通与交流，彼此交换各自所掌握的信息，评价结果不拘泥于中心信息源和评价参与人各自掌握的信息，而是在综合全部可获得评价信息的基础上通过自由交谈而做出的判断。

二、评价过程的公正机制

公平公正是任何评价工作都需要坚持的原则。罗尔斯（J. B. Rawls）根据正义的原则，把公正划分为形式性公正、程序性公正和实质性公正 3 种类型。[①]这 3 种类型的公正具有因果关系，其中，实质性公正是我们所追求的，或者说是我们希望获得的结果，形式性公正、程序性公正是保证实质性公正的基础。对于人文社会科学研究评价制度而言，直接追求评价的实质性公正难度过大，因此，有鉴于实质性公正建立在形式性公正和程序性公正的基础之上，人文社会科学研究评价的形式性公正和程序性公正是至关重要的。如果科学、公正的评价程序不存在，也就可能不存在所谓公正的评价。

（一）同行评议中的公正机制

人文社会科学研究区别于自然科学的特殊性使得同行评议在评价过程中发挥着不可或缺的作用。信息不对称、利益因素导致本位主义、人情关系、小圈子等问题，因此需要对同行评议的程序进行设计来保证评价的公平公正，有效地防范化解评价代理人的道德风险。2011 年，《教育部关于进一步改进高等学校哲学社会科学研究评价的意见》（教社科〔2011〕4 号）指出，要完善评价答辩制度、回避制度、公示制度、反馈制度、申诉制度、举报制度和回溯评价制度，确保评价活动规范有序。健全以随机、回避、轮换为基本原则的专家遴选制度，大力推行匿名评审、署名评价，建立健全评价专家信誉制度、问责制度以及建立评价结果的公布和共享制度。具体说来，人文社会科学研究评价主要采用如下几种机制来保证评价的程序性公正。

1. 规则先建性机制

评价活动在实际进行之前，所有的评价标准和评价程序事先确定，而且这些规则要经过评价参与人充分讨论、民主参与、达成共识之后以正式的形式公开。正式颁布的规则在评价过程中必须被严格执行，不能随意改变。[②]例如，

① 姚大志. 罗尔斯正义理论的道德基础[J]. 江海学刊，2002，(02)：37-42.
② 张保生. 论程序正义与学术评审制度的建构[J]. 学术界，2001，(06)：148-157.

在许多高校的职称评价中，相应的评价标准、评价指标等需要提前公示，一些规则上的重大调整和变动至少需要提前 1 年，甚至更长的时间公示方得以全面实施。谭贤楚等人对人文社会科学成果评价所设计的指标与权重充分表明了规则先建性机制的重要性①（表 6.2）。

表 6.2 人文社会科学研究成果评价的指标与权重

评价项目	序号	指标与权重	得分
选题依据	1	理论意义和现实意义（8）	
	2	文献综述和提炼（8）	
创新性	3	创新程度（10）	
	4	理论意义和实践价值（8）	
社会效益	5	政治价值（6）	
	6	市场价值（8）	
	7	伦理价值（6）	
经济效益	8	直接经济效益（8）	
	9	间接经济效益（10）	
理论基础和科研能力	10	理论基础及相关知识（10）	
	11	研究难度（8）	
	12	归纳与提炼能力（10）	

2. 匿名评审机制

为了实现人文社会科学研究评价的公平公正，当前许多人文社会科学研究项目、研究成果的评价中开始引入了匿名评审制度。例如，许多优秀的期刊为了避免熟人关系对同行评议的影响实行双向匿名审稿制度。操作程序是，首先，期刊编辑对来稿进行初审；其次，如果来稿通过了编辑初审则稿件交由期刊聘请的审稿人进行评审，审稿人不知道作者的真实身份，作者也不知道到审稿人的真实身份；最后，如果稿件通过了审稿人的审读，稿件最后由主编根据匿名审稿人的意见最终决定稿件是否发表。②

3. 评价结果公示机制

评价结果公示机制就是将评价结果在一定范围内公开，接受社会舆论的监督。例如，近年来我国哲学社会科学研究基金、教育部人文社会科学研究基金

① 谭贤楚，刘伦文，叶明. 人文社会科学成果评价：必要性、理论及方法——基于社会学的分析与思考[J]. 湖北民族学院学报（哲学社会科学版），2006，(02)：155-158.

② 徐丽衡. 学术期刊双向匿名评审制度若干问题探讨[J]. 中国出版，2010，(19)：62-65.

项目正式批准之前都有一个公示期。在公示期内，任何对评价结果有异议的人均可以通过适当的形式进行质疑或投诉。监督部门接到投诉之后，根据事先确定的方式进行调查处理。

4. 评价结果申诉机制

评价结果申诉机制就是当被评价者受到不公正的评价抑或不真实的投诉之后，被评价者有权利向上级科研管理部门或评价活动组织者解释和陈述自己的看法、观点或者理由。上级科研管理部门或评价活动组织者要么酌情考虑再次评价，要么组织更权威的评价代理人重新评价，要么对被评价者直接说明当前评价正当性的合理理由。①

（二）量化评价中的公正机制

量化评价方法，尤其是引文分析方法用于人文社会科学研究评价是近年来学术界饱受争议的话题之一。20 世纪 90 年代以来，随着 Web of Science 数据库引入我国，以及国内 CSSCI、CNKI 等数据库的建立和使用，引文分析法被广泛应用在人文社会科学研究评价工作之中。不过，学界对其评价学术功能的合理性和条件性的讨论一直没有停止过。

1. 引文分析评价学术功能的合理性

引文是引用行为的结果，是作者选择支撑学术创作的“有用”的理论、观点、数据和方法等研究资料。作为科学对话的一种方式，引文与学术成果之间具有互依性关系，引文的这一特性为引文分析评价学术提供了前提条件，但前提条件并不构成引文分析评价学术功能合理性的足够证据。作为一种通过科学研究而获得的“新知识”，引文分析评价学术功能的合理性源自理性主义、经验主义和功利主义三种研究范式的共同结论。

理性主义知识观认为理性是人类知识的来源以及证实知识可靠性的手段，通过符合逻辑的推理而非依靠表象而获得的知识才是可靠的，在思维方法上注重由一般原理到特殊现象的逻辑推理；经验主义知识观认为经验是人类知识的来源，以经验事实为基础，通过归纳总结而得到的知识是可靠的，在思维方法上强调由特殊现象到一般原理的归纳总结；功利主义知识观认为人类知识的

① 叶继元，等. 学术规范通论[M]. 上海：华东师范大学出版社，2005.

来源及其可靠性不是一个理论问题，而是一个实践问题，实践是检验知识（真理）的唯一标准，在思维方法上侧重于理论应用于实践的效益分析。学术界分别基于这三种研究范式所做的研究表明，使用引文分析进行学术评价具有逻辑合理性。

（1）引文分析评价学术符合理性主义知识观的推理逻辑。首先，引文分析评价学术的大前提具有客观性。在学术研究中，如果一项成果中包含了用于描述其他研究成果的书目脚注，那么该成果中就有了包含其他研究成果的参考文献，而其他研究成果则分别有了一条来源于该项成果的引文。一项研究成果多次出现在不同的其他学术成果之中，其在引文索引数据库中就表现为引用的次数。① 其次，引文分析评价学术的小前提判断成立。引文所包含的理论、观点、数据和方法等是构成新知识不可或缺的组成部分，是学术研究依据的重要体现，对新知识起到解释、支持、强调和补充的作用。可以说，在当代科学研究中，没有引文也就没有学术研究。最后，引文分析评价学术的逻辑推演关系成立。在大前提和小前提成立的基础上，如果 A 学术成果是 B、C、D 等学术成果共同的引文，那么通过分析 B、C、D 等学术成果的价值，自然可以推理得到判断 A 学术成果价值的结论。

（2）引文分析评价学术符合经验主义知识观的归纳逻辑。首先，使用引文评价学术成果是学术界通行的惯例。根据引文（参考资料）评判学术成果质量是学术界的一种普遍现象，将这一现象上升到理论层面，如果引用的“好坏”反映学术研究的质量高低，那么文献被引用次数的多少自然也就代表该文献学术价值的高低。其次，文献统计研究表明，对学术做出较大贡献学者的成果被引用的次数也较多。加菲尔德等人在 1977 年、1978 年和 1981 年利用科学引文索引中的数据所做的 3 次统计研究都表明，那些被其他学者多次引用的文献，大多出自对知识做出较大贡献的学者之手，之后许多学者所做的相关研究也证实了这一结论。② 最后，依据引文与学术成果之间在经验上的和统计上的相关性，得出引文分析法适用学术评价的结论，其归纳推理逻辑关系是完全成立的。

---

① de Solla Price D J. Little Science，Big Science... and Beyond[M]. New York：Columbia University Press，1986：284.

② 罗式胜. 文献计量学概论[M]. 广州：中山大学出版社，1994：315.

(3)引文分析评价学术符合功利主义知识观的效用逻辑。科学的社会建制应遵循普遍主义原则，即根据学术成果的数量和质量分配“承认”，学者个人的社会属性不应该对“承认”的分配产生影响。不过，传统同行评议法难以避免“马太效应”的产生。当科学家具有特别的身份和关系时，将得到超过根据其论著数量和质量而应得到的奖励；即使成就相似，相对于那些不知名的研究者，声名显赫的科学家通常得到更多的声望。马太效应在很多情况下对科学发展具有不利的影响，当马太效应成为权威偶像崇拜时，它就违背了科学制度所包含的普遍主义规范，并且会阻碍知识的进步。[①②] 学术是与评价同行贡献一道发展的[③]，引用次数意味着被引文献参与相近、相似或相关研究的程度，引文分析法在客观上呈现了学术成果参与其他学术研究的真实形态，因此，将引文分析法引入学术评价体系之中，马太效应将能够得到有效的遏制，这对学术进步与发展是有益的。

2. 引文分析评价学术功能的条件性

引文分析评价学术方法的合理性，分别具有来自理性主义、经验主义和功利主义知识观的逻辑依据，那么，现实中存在从引文分析而达到学术评价的可靠路径吗？早在 20 世纪七八十年代，国外学者就开始着手研究这一问题，90 年代以后，我国学者也加入其中。这些研究被学术界称为“引文类型学”或“引文社会学”。

学术界当前主要有 3 种不同的观点。激进派学者认为，引文分析法具有客观性、高效性和实用性的特点，能有效排除同行评议法难以避免的偏见、人情等主观因素。建立在真实可靠数据基础上的文献计量指标，真正实现了“学术面前人人平等”，因此，引文分析法（文献计量指标）可以取代传统的同行评议法。[④⑤⑥⑦] 否定派学者认为，学术评价本身就是对评价的评价，具有复杂性、

---

① 〔美〕罗伯特·默顿. 科学社会学（全二册）[M]. 鲁旭东，林聚任，译. 上海：商务印书馆，2003：578.
② 〔美〕哈里特·朱克曼. 科学界的精英——美国诺贝尔奖金获得者[M]. 周叶谦，冯世则，译. 北京：商务印书馆，1979：175.
③ Mitchell C，Weber S. Reinventing Ourselves as Teachers：Beyond Nostalgia[M]. London：The Falmer Press，1999：267.
④ 赵红洲，蒋国华，符志良. 引文计量与同行评议[J]. 科研管理，1988，(02)：25-27.
⑤ 邱均平，文庭孝，等. 评价学：理论·方法·实践[M]. 北京：科学出版社，2010：69.
⑥ 〔荷〕亨克·莫德. 科研评价中的引文分析[M]. 佟贺丰，等译. 北京：科学技术文献出版社，2008：130.
⑦ 陆琦. 国际科学计量学与信息计量学学会主席罗纳德·鲁索：科研评价之殇非工具之过[N]. 中国科学报，2012-01-13（A1）.

不确定性和时滞性的特征，决定了评价只能是“学术圈子内部的事情”。使用统计方法进行的引文分析，使得任何非专业人士都可以进行学术评价了，这不仅无益而且是有害的。①②③ 折中派学者认为，引文分析的定量特征中也有定性的成分，其学术评价功能既不能过分抬高，也不能低估，应该把引文分析与同行评议二者结合起来。④⑤

上述三派学者的研究表明，学术界对引文分析评价学术功能的争议较大。激进派学者主要关注于引文分析法的优越性，否定派学者则强调其局限性，折中派学者不过是两种观点之间的妥协折中。本书不对上述观点做进一步评论和探讨。科学是关于“事实”的学问，具有客观性、普遍性和中立性的特征，引文分析评价学术包括宏观和微观两个层面。在宏观层面上，引文分析的计量结果与同行评议并无较大的偏差，但是，在微观层面上，虽然宏观规律和微观规律之间具有绝非偶然的关联性，但基于因果推理及统计概率所形成的“学术主张”，并不足以构成判定知识可靠性的足够证据。科学研究是理性主义、经验主义和功利主义 3 种知识观的混合体⑥，引文是引用行为的结果，而行为是人的主观目的和客观条件共同作用的产物，在微观层面上，引文分析法的合理性与学术评价功能的可靠性之间并不一定存在直接的联系。20 世纪 90 年代，有学者从引用类型及引用深度的角度探索使用引文分析评价学术的途径⑦，不过由于理论基础和可操作性程度等方面的原因，并未引起理论界的关注。本书认为，引文分析用于微观层面上的学术评价是有条件的，主要取决于两个方面的因素：一是引文类型与学术成果之间的客观联系；二是错误引用行为发生的主观概率。

从引用行为的客观方面看，基于不同类型知识观的引用行为在出发点、行为规则、行动机制和引文性质等方面具有很大的差异性。如表 6.3 所示，基于理性主义知识观的引用行为的出发点是理性（因果逻辑推演）；引用行为遵循普遍论的行为规则，即引用行为在符合学术规范形式要求的前提下，还需符合

① 蔡曙山. 中国社会科学发展和社会科学评价[J]. 学术界，2002，(03)：7-20.
② 邹承鲁. 维护科学尊严 探索科学真理[J]. 学位与研究生教育，2004，(04)：1-4.
③ 刘大椿，等. 人文社会科学研究成果评价体系研究[M]. 北京：经济科学出版社，2009：98.
④ Hicks D. The difficulty of achieving full coverage of international social science literature and the bibliometric consequences [J]. Scientometrics，1999，(02)：193-215.
⑤ 叶继元. 引文法既是定量又是定性的评价法[J]. 图书馆，2005，(01)：43-45.
⑥ Merton R K. Social Theory and Social Structure [M]. New York：Free Press，1957：195-206.
⑦ 何佳讯. 引用深度：概念、评价指标及引用领域若干关系的研究[J]. 情报科学，1991，(06)：21-38.

引用过程和引用结果的正当性；行动机制是“过程–结果”导向式的，即只有引用过程和引用结果的正当性同时为真时，引用行为才可以发生；此种引用行为所形成的是实质性引文。基于经验主义知识观引用行为的出发点是经验（现象归纳总结）；引用行为遵循规范论的行为规则，即在符合学术规范形式要求的前提下，引用行为需符合引用过程的正当性；行为的发生机制是“过程”导向式的，即只要引用过程的正当性为真，引用行为就可以发生；此种引用行为所形成的是程序性引文。基于功利主义知识观的引用行为的出发点是效用（实践效果分析），引用行为遵循情境论的行为规则，即在符合学术规范形式要求的前提下，引用行为依据情境而定，需要符合引用结果的正当性；行为的发生机制是“结果”导向式的，即只要引用结果的正当性为真，引用行为就可以发生；此种引用行为所形成的是形式性引文。

表 6.3　不同类型知识观的引用行为比较

分类	理性主义知识观	经验主义知识观	功利主义知识观
出发点	理性	经验	效用
行为规则	普遍论	规范论	情境论
行动机制	“过程–结果”导向	“过程”导向	“结果”导向
引文性质	实质性引文	程序性引文	形式性引文

上述 3 种引文类型都有其存在的必要性。形式性引文一般用于定位学科和知识谱系，如科学社会学研究引用默顿、贝尔纳等人的著述。在温斯托克归纳的 15 种引用动机中，向前人表示敬意、对有关著作做出评价或给予肯定、核查原始出版物中描述过的观点和概念等即为此种引用。具体的例子如：

默顿在其博士论文《十七世纪英格兰的科学、技术与社会》中首次提出了“科学、技术与社会”的概念……这篇后来发表在《奥西里斯》(*Osiris*) 上的论文，被看作是科学社会学的奠基之作 (Meton，1938)。贝尔纳在《科学的社会功能》一文中提出了科学的社会功能这一重要的研究主题……以《科学的社会功能》为基础，贝尔纳开创并发展了“科学学”的研究进路 (Bernal，1939)。[①]

① 李真真，缪航. STS 的兴起及研究进展[J]. 科学与社会，2011，1（01）：60-79.

程序性引文一般用于选择研究方法，如文献计量法研究引用加菲尔德、普赖斯等人的著述。在温斯托克归纳的15种引用动机中，表明研究使用的方法仪器设备、提供参考资料、鉴别数据和各类事实与物理常数等即为此种引用。具体的例子如：

我们的研究采用的是词频分析方法……被称为科学计量学之父的美国科学家普赖斯就曾用引文法探索了物理学和它的一个分支领域的结构。加菲尔德本人在这方面也有研究成果。他利用 Isaac Asimov 博士的《遗传密码》一书作为研究基线……将这些事件之间的关联（引用和被引用关系）用网络图表示出来，清晰地展示出 DNA 的研究发现过程（de Solla Price，1967；Garfield，1963）。①

实质性引文一般用于探究学术观点，引文的内容取决于具体的学术创意。在温斯托克归纳的15种引用动机中，修正某人自己的著作、修正他人以前的著作、批评他人的著作、为自己的论点寻找证明和否定他人的著作或观点都是此种引用。具体的例子如：

由一个人单独写成的科学短文的初次出版是科学生活中的独特创新，而且像所有新事物一样，受到来自科学界内部相当大的阻力。巴勃（Barber）曾指出，这种阻力是科学本身固有的保守主义生命机能的一部分……劳卡的简单逆二次幂规律在所谓“高分者”部分需要予以修正……作者的累计数与其说是随他们分数的一次幂而减少不如说是随其二次幂而减少。劳卡和丹尼斯的资料也与之完全一致，即是说，如果人们按功绩大小给所谓“高分者”排座次的话，那么在任何情况下他们的分数随其座次的平方而减少（de Solla Price，1963）。②

这3种引用行为的合理性取决于学术研究不同阶段所需参考资料的性质。在文献综述阶段，引用的主要目的是定位学科和知识谱系，引用的资料基本上

① 梁立明，李艳霞，李小宁．情报学家尤金·加菲尔德对 STS 问题研究的贡献[J]．自然辩证法研究，2006（01）：73-76+85.

② 〔美〕普赖斯·D. 小科学，大科学[M]．宋剑耕，戴振飞，译．上海：世界科学出版社，1982.

都是已获得学术共同体认同（赞成或反对）的知识，因此，形式性引文即可保证其行为的正当性；在选择研究方法阶段，引用的主要目的是选择适宜的研究方式或手段，虽然研究方法本身可能已经通过了学术共同体的检验，但是，该方法是否适用于该研究尚具有不确定性，因此，需要程序性引文才能保证其行为的正当性；在构建新创意阶段，引用的主要目的是表达学术观点，由于新观点形成的过程和结果的可靠性都还尚待学术共同体的检验，因此，只有实质性引文才能保证其正当性。

通过上述分析可知，不对引用行为的性质及其相应引文的类型进行区分，简单地认为引用次数的多少代表了知识贡献大小的观点是站不住脚的。由于引用行为的发生机制和不同研究阶段对资料性质的要求不同，3 种类型引文与学术贡献之间的相关性程度不同，实质性引文最高，程序性引文居中，形式性引文最低。实际上，形式性引文反映的是该类文献（或作者）在同类研究中的影响力；程序性引文反映的是对施引文献的作用力；实质性引文反映的是对作者学术观点的支撑力。

现实中，引用行为并不完全取决于这些客观要素，人的主观因素发挥着更大的作用。知识在一定程度上是受知识人塑造的①，引用行为是不稳定的、无法预言的和倾向性的。②无论多么规范严谨的学术研究，引用过程中都难以避免犯类似于统计学中的两类错误（弃真错误和取伪错误）。不过，由于实质性引用、程序性引用和形式性引用 3 种引用行为的逻辑起点和行为发生机制不同，发生错误的概率也不同（表 6.4）。

表 6.4　3 种引用类型发生错误概率表

分类	实质性引用	程序性引用	形式性引用
弃真错误*	低	中	高
取伪错误*	高	中	低

注释：弃真错误，源文献事实上应该引用，但评判值却落入拒绝域，因而没有引用；取伪错误，源文献事实上不应该引用，但评判值却落入了不能拒绝域，因而加以引用。

如表 6.4 所示，实质性引用从理性出发，遵循普遍论的行为规则，强调引

① 〔英〕迈克尔·波兰尼. 个人知识：迈向后批判哲学[M]. 许泽民，译. 贵阳：贵州人民出版社，2000：300.

② Garfield E. Citation behavior—an aid or a hindrance to information retrieval?[J]. Current Contents，1989，18：3-8.

用行为同时满足过程正当性和结果正当性的要求。事实上，这是在引用行为之外提出了两条先验的行为正当性标准：过程正当性标准和结果正当性标准。现实中，百分之百地满足这两条标准得以实现的程序是不存在的，其相应的结果是，引用行为受人主观意识的支配作用较大。由于实质性引用的主要目的是支撑学术观点，加之趋利避害乃是人之本性，因此，在引用的过程中，发生弃真错误的概率较低，而发生取伪错误的概率较高。程序性引用从经验出发，遵循规范论的行为规则，强调引用满足过程正当性标准，而百分之百地满足该标准的程序不存在。不过，由于程序性引用的主要目的是选择研究方法，学术研究此阶段主要考虑的是研究过程的正当性，而不必考虑该方法与研究结果的关系，因此引用过程中发生弃真错误和取伪错误的概率都是中等的。形式性引用从效用出发，遵循情境论的行为规则，强调引用满足结果正当性标准，同样，百分之百地满足该标准的程序不存在。不过，由于形式性引用的主要目的是定位学科和知识谱系，所引用的资料大多已得到了学术共同体的认可，因此，引用过程中发生弃真错误的概率较高，而发生取伪错误的概率较低。

理解了 3 种类型引用在客观方面与学术贡献之间的相关性以及在主观方面发生错误概率的差异性，就不难认识和理解引文分析评价学术的条件性了。毫无疑问，通过引文分析评价学术是可行的，在宏观层面上，评价结果服从统计规律，不存在大的偏差，不过，在微观层面上，这种可行性因引用类型以及引用行为发生错误的概率不同，不确定性的程度较大。引文分析用于个体学术评价，其前提条件是对学术成果中 3 种类型的引文（实质性引文、程序性引文和形式性引文）进行区分，同时，还要对引用行为过程中发生两类错误（弃真错误和取伪错误）的概率进行统计分析。也就是说，笼统的引用次数的多少、引用频率的高低对于个体学术评价仅具有参考的价值，不具备判定学术贡献大小和可靠性的足够证据。当前，我国科研管理部门、评价部门青睐引文分析指标的原因是其主要关注点放在了宏观层面之上，造成了宏观指标对微观指标的简单替代，这种忽视微观指标特殊性和复杂性的做法，长此以往必将阻碍我国科学事业的健康发展。对此，学术机构应清醒地认识到，各种引文索引数据库的主要功能还是进行文献检索和科研文献交流分析，引文分析的结果只能作为专家评价的参考信息，如果将其主要用于学术评价，则需要对引文数据库中的实质性引文、程序性引文和形式性引文进行区分，而且还要剔除其中的错误性引用，而以当前的技术条件，这一工作是比建立引文索引数据库更加困难和烦琐的任务。

三、价值评判的整合机制

在评价实践活动中，人文社会科学研究评价的结果很少是单一的评价方法或者是单独的评价人做出的。评价活动往往是使用多种评价方法，多个评价参与人的集体决策的行为。作为群体评价，评价程序、评价标准与单个评价者在许多方面都有很大的差异，需要对多方价值判断进行整合。

（一）全体一致规则

作为一项价值评判的整合机制，全体一致规则是指对某一评价对象的价值判断必须经过全体评价参与人一致赞同，才能获得通过的一种规则。全体一致可分为完全一致和协商一致。

1. 全体一致规则的优点

全体一致规则的优点是：①从评价程序正义的视角看来，每一位评价参与人的价值判断都具有平等的评价决定权，任何一个人的否定意见都对评价对象的最终价值判断具有决定性的影响；②从利益相关者的视角看来，全体一致规则蕴含着导向帕累托最优的意义，所有人都会由于自己的价值判断而给所代表的利益相关方带来获益。或者说，依据全体一致规则评价出来的人文社会科学研究计划、项目和成果等，任何利益相关方都不会由此受到损失。

2. 全体一致规则的缺点

虽然全体一致规则具有上述优点，但是它并不是应用最为普遍的一种价值评判整合机制，其缺点也是十分明显的。

（1）全体一致规则会导致评价的成本过高。为了得到评价结果，要求全体评价参与人对某一或某些评价对象全部满意是十分困难的，即便存在这样的可能性，评价也往往需要耗费大量的时间。如果评价参与人的数量较大，按照全体一致规则经常无法达成集体判断。因此，这一机制仅仅在评价参与人较少或者是评价结果的影响特别重大之时才可能被使用。

（2）全体一致规则会导致评价参与人的策略行为。因为在全体一致规则之下，每一位评价参与人都具有对任何评价对象的否决权，所以，在评价过程中，某一方利益相关者为了获得己方中意的评价结果，不得不与其他利益相关者不断地进行协商、妥协，而这样的评价结果自然难以达到最优。

（3）全体一致规则会导致评价参与人的“搭便车”行为。“搭便车”是指不对评价过程贡献价值进行判断，却享受参与评价过程带来收益的行为。在评价活动中，某一方评价参与人可能不对评价对象做深入细致的评判，而过度信赖他人的评价能力和评价投入，采取诸如弃权、“随大流”的方式不对评价结果施加真实的影响，从而避免承担评价活动时间或智力上的成本。这种情况在评价参与人较多的情况下极易出现。这种现象的存在表明，全体一致规则并不能真实地反映评价参与人的价值判断，从而也不能真正保障评价结果的真实性与可靠性。

（二）多数决定规则

作为一项价值评判的整合机制，多数决定规则是指必须由超过半数的评价参与人同意，评价结果才为有效的规则。多数决定规则又可分为简单多数规则和比例多数规则 2 种。简单多数规则是指只要被评价对象获得的赞成票超过评价参与人总数的 1/2，评价结果即为有效；比例多数规则是指以被评价对象必须获得的赞成票超过评价参与人总数 1/2 以上的比例，评价结果才被视为有效。与全体一致规则相比，绝对多数规则下的评价需要付出的评价成本比较低，评价结果也容易达成。但是，多数决定规则同样也存在许多不足之处。①外部成本的问题。多数决定规则代表了多数人的价值取向，而少数人的价值取向被忽略。也就是说，评价结果的达成是以牺牲少数评价参与人的价值判断为代价的。②评价参与人的积极性问题。与全体一致规则相比，单个评价参与人的价值判断不再具有决定性影响，因此，评价参与人缺乏参与的积极性，最终影响评价结果的真实性。③选票交易的问题。多数决定规则反映了大多数人的利益，评价参与人只是排列出对不同评价对象的偏好顺序，但是无法反映出偏好的强度，投票结果很可能不是最优的。由于任何一个人的投票都无法决定投票结果，因此，为投机行为留下了空间。一些评价参与人可以场外交易的方式拉拢或者贿赂其他评价参与人把选票投给自己中意的评价对象。为了解决多数决定规则的上述不足之处，数学家孔多塞和博尔达提出孔多塞标准和博尔达计数的方法，不过它们同样也存在着难以克服的问题。

1. 孔多塞标准悖论

孔多塞标准又称“两两对比法”或“成对表决法”，最早由法国数学家孔多塞（Condorcet）提出。在人文社会科学研究评价中，为了避免简单根据投票数决定评价结果，孔多塞标准是经常被使用的方法。孔多塞标准具体的操作方式是，先对所有的评价对象进行两两比较，没有获得半数赞成票的评价对象被淘汰。之后，对胜出的评价对象再进行两两对比，最后胜出的评价对象即为最终评价结果。例如，假设有 A、B、C 三个评价对象，由甲、乙、丙三个评价参与人对之进行成对表决，如果甲和丙认为 B 优于 A，那么 A 就会被放弃，留下 B 与 C 进行比较，如果甲和乙认为 B 优于 C，那么 B 就获得最终通过。孔多塞标准把复杂的多评价对象、多评价目标权衡，转化为相对结构化的两两对比，保证了每一个评价对象都能够被平等地考虑，同时，评价程序也能够较为有效地避免评价参与人“搭便车”和参与性不高的问题。不过，存在的问题是，评价结果可能会受到比较顺序的影响，也就是评价程序能够决定评价结果。例如，我们假设甲、乙、丙三人，面对 A、B、C 三个评价对象，他们的偏好次序分别为甲（A>B>C）、乙（B>C>A）、丙（C>A>B）。如果 A 和 B 先对比，那么 B 被淘汰，A 胜出；A 与 C 再对比，那么 A 被淘汰，C 最终胜出。如果 A 和 C 先对比，那么 A 被淘汰，C 胜出；C 与 B 再对比，那么 C 被淘汰，B 最终胜出。如果 B 和 C 先对比，那么 C 被淘汰，B 胜出；B 与 A 再对比，B 被淘汰，A 最终胜出。

由上述分析可见，A、B、C 三个评价对象都有最终胜出的可能性，决定最终胜出的并不是甲、乙、丙三个评价参与人的偏好，而是参与比较的顺序。

2. 博尔达计数悖论

博尔达计数也被称为“偏好次序表决法”，是指按照评价参与人的偏好顺序，给每个评价对象打分，分值从 1 到 M，分数最高为 M，最低为 1，然后把每一个评价对象的得分加总，按照得分高低决定评价结果。

如表 6.5 所示，根据博尔达计数规则，评价的结果最终结果是 C>B>A。按照这一思路，博尔达计数的最低值对应最差的评价对象，最高的计数则对应最好的评价对象。然而，博尔达计数规则可能出现两个方面的问题：一是打分相同无法评价；二是无关评价方案影响评价结果。如表 6.6 所示，A、B、C 三个评价对象的博尔达计数均相同，评价结果是 A=B=C，没有甲、乙、丙三人共同的选择的结果。

表 6.5 博尔达计数表决表

评价对象	甲		乙		丙		博尔达计数
	顺序	分数	顺序	分数	顺序	分数	
A	1	5	3	1	3	1	7
B	2	3	2	3	1	5	11
C	3	2	1	6	2	4	12

表 6.6 打分相同的博尔达计数表决表

评价对象	甲	乙	丙	博尔达计数
A	3	2	1	6
B	2	1	3	6
C	1	3	2	6

如果假设给甲、乙、丙增加一个无关的评价对象 D，在保留原来偏好选择次序的前提下，新的博尔达计数表决如表 6.7 所示。

表 6.7 增加无关方案的博尔达计数表决表

评价对象	甲	乙	丙	博尔达计数
A	4	2	1	7
B	3	1	3	7
C	2	4	2	8
D	1	3	4	8

对评价对象 A、B、C 整体而言，C 方案优于 A、B，与没有加入 D 时的结果不同，可见，博尔达计数规则下的评价结果与评价对象的数目有关，无关方案影响了打分，改变了最终的评价结果，这与评价理性选择的逻辑相悖。

综上所述，在长期的实践过程中，人们发现多数决定规则并不一定是公平的选择，当评价对象超过 2 个时，就可能出现结果相互循环的问题。当采用简单多数规则时，不同的投票次序会产生不同的评价，也就是决定评价结果的是投票过程的次序而不是偏评价参与人的偏好。

（三）阿罗不可能定理

1951 年，经济学家阿罗在《社会选择与个人价值》一书中，采用数学的公理化方法对“将每个个体表达的先后次序综合成整个群体的偏好次序”进行了研究。得出的结论是：在绝大多数情况下是不可能的。当至少有 3 个评价对象人和 2 个评价参与人时，不存在满足阿罗提出的 2 个公理和 5 个条件：

公理 1：连贯性（connectedness），即在 X 和 Y 两项选择共存时，$X \geqslant Y$ 或 $Y \geqslant X$，二者必居其一。

公理 2：传递性（transitivity），即在有 X、Y、Z 三项选择时，如果 $X \geqslant Y$，$Y \geqslant Z$，则 $X \geqslant Z$。

条件 1：个人偏好排列顺序的自由选择性，即在面临 X、Y、Z 三项选择时，无论是 $X>Y>Z$，还是 $Z>Y>X$，或者是 $Y>Z>X$，都是允许的。

条件 2：集体评价与个人评价正相关，即假如有 N 个人选择 X、Y，当其中多数人选择 $X>Y$、少数人选择 $X<Y$ 时，按照多数决定规则表决结果必然是 $X>Y$。如果一个集体中的绝大多数人都认为 $X=Y$，但有一人认为 $X>Y$，则集体必须认为 $X=Y$。如果一个集体中所有的人都认为 $X>Y$，则社会也应认为 $X>Y$。

条件 3：不相关评价对象的独立性，即假设 X、Y 是任何两个评价对象，如果每个评价参与人关于 X、Y 的相对偏好没有改变，那么不论他对 X、Y 以外的任何其他评价对象偏好是否发生了变化都不影响对 X、Y 的相对偏好。

条件 4：不受限制的选择范围，即评价选择包括所有逻辑上可能的个人偏好顺序，不能通过限制个人偏好顺序的范围来产生某一个集体偏好顺序。

条件 5：非个人独裁原则，即集体选择的结果不能只符合某一评价参与人偏好而不考虑其他评价参与人的意见，也就是任何个人不能把自己的偏好强加为集体偏好。

阿罗认为，任何投票规则或选择程序需要同时满足上述 2 个公理和 5 个条件，才能把个人偏好次序转换为集体偏好次序。但事实上，这些条件不可能同时得到满足，因此，不存在一种可能把个人偏好综合为理想的集体偏好的择案规则，因此，该理论被称为“阿罗不可能定理”。

阿罗不可能定理从科学的意义上证明了世界上根本就没有所谓理想的投票机制。它给我们的启示是，一个社会的集体价值判断与个人价值判断之间具有一定的关系，但是，集体价值判断无法通过使用民主程序集结个人价值判断的方式来获得。根本原因在于，集体事务上的个人价值判断所反映的是社会意义上的普遍的价值观念，而个人事务上的价值判断所反映的是个人的好恶或者趣味。集体价值判断不是个人好恶、趣味的集结，而是社会价值判断嵌入个人价值判断之后的“析出”①。

对于人文社会科学研究评价而言，阿罗不可能定理给我们带来的启示是：单纯从技术的角度出发，无论评价信息如何充分、评价方法如何科学、评价程序如何民主、社会参与如何广泛等，都无法通过技术手段实现所谓的科学评价。从程序公正的角度看来，评价的民主程序所实现的仅仅是评价的合法性，或者说，真理并不服从民主的原则。个体层面上价值观的多元性、多样性具有必然性与合理性，但未必可由此集结、凝聚形成社会的集体价值偏好。

① 张健. 布坎南与公共选择理论[J]. 经济科学，1991，(02)：70-75.

第七章　人文社会科学研究评价制度与机制优化的路径

人文社会科学研究评价制度是繁荣发展人文社会科学的基础性和导向性工作。没有科学、合理的评价制度来保驾护航，不仅影响学术资源的合理分配，而且关乎整个学术事业的健康发展。然而，人文社会科学研究评价制度建构是一项庞大、烦冗的系统工程，究竟应当怎样建立和建立怎样的评价制度才能够保障人文社会科学的繁荣，这远非本书能够单独完成的任务。为尽绵薄之力，本书依据前文所做的探索性工作，针对我国人文社会科学研究评价制度建构的5个关键方面，给出如下相关的制度化建议。

第一节　评价的意义建构：明确人文社会科学研究的“学术性”

与自然科学评价经常被称为“科技评价”或“科研评价”不同，人文社会科学研究评价经常被称为“学术评价”。然而，究竟何谓学术？学术性究竟指的是什么？对这些问题的认识在人文社会科学研究评价所牵涉的利益相关者之间远未达成共识，造成了评价意义建构的不统一。如果我们脑海里对“学术性”概念的认识不清晰，甚至理解上出现错误，那么对评价问题的思考以及评价行为的选择就会产生错误，随之影响评价过程中的一系列事件。人文社会科学研究评价制度建构首先应当从统一“学术性”概念的认识开始。

一、古代汉语中“学”与“术”的差异

在古代汉语中，“学术”是一个合成词，由“学”和“术”两个字构成。经学辞典《白虎通义》将“学”解释为：“学之为言觉也，以觉悟所未知也。”主要的意思就是探索和研究未知的事物。《白虎通义》中没有对“术”字的解释，但其主要编纂者班固提出了“不学无术”的术语，可见“学”与“术”并不相同。《说文解字》对“学”的解释是“学，觉悟也”，意思是通过学习来觉悟、明白原来不懂的道理或事情。《说文解字》对“术”的解释是“术，邑中道也”，指的是到达某一地点的路径，引申为做事情的“方法”“策略”“途径”等。“学”和“术”两字联系在一起，其含义也就是通过学习来掌握做事情的方法或途径。例如，《史记·老子韩非列传》中记载：“申不害者，京人也，故郑之贱臣。学术以干韩昭侯。”《史记·张仪列传》中记载：“始尝与苏秦俱事鬼谷先生，学术，苏秦自以不及张仪。”梁启超在《学与术》一文中指出：“学也者，观察事物而发明其真理者也；术也者，取所发明之真理而致诸用者也。”严复在《原富》一书中也指出：“盖学与术异。学者考自然之理，立必然之例。术者据既知之理，求可成之功。学主知，术主行。”由此可见，虽然“学”与“术”都属于知识的范畴，但“学”主要是指理论知识，也就是事物的原理或规律；“术”主要是指技术知识，也就是做事情的方式和方法。“学”和“术”二者不能混同。

二、英美话语体系中“学术”的本意

与汉语“学术”一词相对应的英文为 academics。该词源自拉丁语，原意是指位于古代雅典外围的一个名叫 Academeia 的地方，由于柏拉图在此讲学，因此延伸开来指“知识的传授、累积和储存”，泛指古典型的高等教育和研究机构。例如，《柯林斯词典》将“学术”一词解释为“纯理论或者思辨式的兴趣，高度关涉理智思辨和缺乏经验或实践的事务（affairs）；属于或者就是一个与学习相关的场所，例如学院、大学或者研究机构”。《牛津词典》的解释是“注重理论兴趣而非实际应用；与教育、学识及其相应的机构或环境相关联的事务；一个机构或者一个研究课程，较之技术性或实践性工作，更加重视阅读与思

考”。由此可见，英语中的“学术”一词和汉语一样，也是指知识及其相关的活动。不过，需要强调的是，英语中的“学术”主要是指能够训练人类心智(mind)的理论知识，而不包括技巧或技艺性质的技术知识。正是由于对“学术”含义的这种理解，时至今日，西方仍然有学者主张大学、学院应该只包括数学、自然科学和一部分哲学学科，诸如音乐、体育等技巧或技艺性学科应被排除在学术机构（academic institution）之外。①由此可见，英语中的“学术”一词对应的是汉语中的“学”（理论知识），并不包含“术”（技术知识），这与梁启超和严复等人的观点是一致的。

三、“学术性”本原含义的应然理解

从古今、中外两个维度对“学术”概念的考察可以发现，《现代汉语词典（第七版）》对“学术”一词的解释并不十分准确。“学术”并不泛指一切“有系统的、较专门的学问”，而主要是指理论知识。不过，有鉴于中文话语系统的特殊性和现代汉语的发展性，“学术”一词不仅是一个科学用语，同时也是一个社会化的概念，具有“热爱学习，做事严肃认真”的意思。虽然这一含义与科学用语的内涵并不相悖，但是，这样的理解降低了“学术”概念内涵的科学性和精确度。综合词源学的考察，同时考虑到词语内涵不断演化、丰富和拓展的一面，本书认为，今天的“学术”一词不是只包括纯粹的理论性知识，而将大量应用性知识排除在外的一个狭窄范畴，也不是一个所有人类知识都可囊括其中，而缺乏内在特质的规定性的泛化概念。“学术”是一个涵盖知识、学问和智慧 3 个不同层面概念的综合体，是知识的探索、学问的追求、智慧的洞观，以及体现在这些研究中的思想方法论的有机统一。②在这个综合体之中，知识，特指个别的、微观领域的窄而深的研究成果；学问，指特殊的、中观的、具体学科领域的系统化的专门知识；智慧，指普遍的、宏观的、整体的透视和理论概括。用中国的一句古语概括就是“明体达用”，即经由一般性知识（包括技巧、技艺等应用性知识）的累积而形成专门、系统的理论知识（学问），

① 王晓红. 西方哲学中哲学与科学之关系[J]. 郑州航空工业管理学院学报(社会科学版)，2005，(04)：31-35.
② 许苏民. 也谈学术、学术经典、学问与思想——对梁启超、严复、王国维观点的质疑兼评“现代学术经典之争”[J]. 开放时代，1999，(04)：107-114.

以及从既知之理通达实际运用的思想方法论（智慧）。

四、学术性评价的范围和边界

遵循“学术”的本原是学术性评价的基本准则。不过，由于汉语白话文作为学术语言的时间尚短（只有百余年的历史），普通社会大众缺乏对“学术”一词的深入理解，学者之间也缺乏对“学术性”内涵的统一认识。在一般性的学术交流和对话中，学者通过更多的互动可以弥补这一不足，但在更为严肃的学术性评价场域，缺乏对“学术”本原内涵的精确解释，就会导致学术性评价陷入争讼不断的困境。

当前我国的学术性评价困境主要表现在评价主体的合法性和评价范围的有效性两个方面。评价主体的合法性也就是谁具有评价“学术性”的权力问题。在这一问题上，许多人把学术性评价神秘化，认为简单区分“学术”真伪也是常人无法企及的工作。毋庸讳言，评价是人类认识的高级阶段，“学术”是理性的最高殿堂，学术性评价的工作常人的确难以胜任。不过，只要统一了对“学术”本原的认识，简单区分真伪的工作就不再困难。例如，一些概念新奇、观点博人眼球的研究，社会公众甚至许多学者也会受其迷惑，实际上，只要坚持学科性才是“学术”第一性的质，认真考察一下观点的来源、论证的过程以及方法使用是否得当，真伪可能马上就一目了然。相反也是同样的道理，一些采用高级算法、构建复杂模型的研究，只要看一下是否采用了新视角，是否使用了新材料，结论是不是如同“人渴了要喝水，饿了要吃饭”一样的常识，区分真伪也就变得简单了。

评价范围的有效性也就是哪些类型的评价属于学术性评价的问题。在这一问题上，许多人（包括一些科研管理机构）不加分辨地扩大学术性评价的范围，把各种其他类型的评价，如社会经济效益评估、技术可行性评估、社会影响评估等评价活动也包括在学术性评价的范畴之内。在操作层面上，这些类型的评估与学术性评价具有很大的相似性，但在质的规定性上与学术性评价却存在着巨大的差异。比如，社会经济效益评估主要关注“投入—产出”的实质收益；技术可行性评估强调事物功能的可靠性和有效性；社会影响评估强调事物在现有社会价值框架之内的正负效应等，它们都不着重于关注研究的学科、教育以及创新的属性。在一定意义上，这些类型的评价只是知识、学问和智慧的具体运用，更多的成分是“术”，而不是“学”。需要指出的是，这里我们并不是要否定这些评价的功能，而是强调它们不是针对“学术性”进行的评价，因此不能包含在学术性评价的范围之内。

第二节　评价的体系建构：建立多维的评价管理体制

近年来，在研究管理部门和广大学者的共同努力之下，人文社会科学研究评价工作取得了长足的进步，许多评价机构和学术组织都专门推出了区别于自然科学、更加符合人文社会科学学科特点的学术评价体系。然而，对这些学术评价体系持续不断的争议和质疑，甚至愈发强烈的批评和否定之声也表明：评价技术与方法的改进和优化，仅是在浅层次上改变了人文社会科学研究评价的形式或程序问题，学术评价在深层次上所涉及的价值和利益分配问题仍然没有得到有效的解决。人文社会科学研究评价距离国家哲学社会科学事业发展的要求尚有较大的差距。当前，人文社会科学研究评价需要在深层次上处理好评价所涉及的价值和利益分配问题，从简单的注重指标、权重、方法、模型等技术层面上的评价体系建构，转换到综合考虑多元化价值取向和多样化利益诉求的社会建制上来，亦即建立一个多元多方的人文社会科学研究评价制度。

一、评价体系建构的理路

制度由人所发明，用以约束和引导人的行为。在人类社会中，凡是存在价值、利益冲突的地方，制度都发挥着稳定器和调节阀的作用。正如组织社会学家理查德·斯科特所言，制度为社会生活提供具有稳定性和意义性的规制、规范和文化认知要素，以及相关的活动与资源。[①] 人文社会科学研究评价既具有与自然科学评价同样的普遍性，同时又具有区别于自然科学评价的特殊性。相对而言，自然科学使用客观的方法研究自然界的客观事实，知识体系是系统的、

① 〔美〕理查德·斯科特. 制度与组织——思想观念与物质利益[M]. 3 版. 姚伟，王黎芳，译. 北京：中国人民大学出版社，2010.

逻辑严密的概念框架和理论体系，评价不容易受社会因素和个人因素的影响。人文社会科学的研究对象和研究方法无法达到如同自然科学一样的客观性，知识体系相对开放，缺乏高度发达的概念框架，评价容易受到群体压力、政府操纵、利益集团、个人偏好等的影响。因此，从评价对象的本质属性上看，自然科学评价的聚焦点定位在技术层面上改进与优化评价方法是准确的。但对于人文社会科学研究评价来说，由于评价受社会和人为因素的影响更为显著，所以单纯侧重于改进与优化评价方法是远远不够的。人文社会科学研究评价需要从制度建构的角度着眼，从技术、管理和政策 3 个维度切入，把学术评价所涉及的方法、价值和利益分配等机制性与结构性的要素系统地整合起来。

二、评价体系建构的方式

在评价方法上达成共识是建立人文社会科学研究多元多方评价制度的基础性工作。当前，可用于人文社会科学研究评价的方法可谓种类繁杂、数量众多。不过，总结起来主要就是两种类型：一是以同行评议为核心的定性评价方法；二是以文献计量为核心的定量评价方法。20 世纪 90 年代，中国学术界为了克服同行评议的积弊，开始逐渐把核心期刊、影响因子等基于文献计量学指标的定量评价方法引入学术评价之中。客观地说，定量评价方法的使用，对于克服当时我国人文社会科学评价中普遍存在的“论资排辈”“人情关系”等现象起到了巨大作用，一大批学识出众但缺乏人际关系的学者由此脱颖而出。应该说，我国哲学社会科学事业今天的繁荣和发展与定量评价方法的适时引入是分不开的。不过，任何评价方法都有其必要的限度，当前人文社会科学研究评价中出现的许多问题都与定量评价方法的滥用不无关系。量化评价方法不能取代定性评价方法。事实上，同行评议是文献计量的前提条件，定量评价方法的客观性是建立在定性评价结果正确性的基础之上的。例如，论文、著作在发表和出版之前是无法定量评价的，学术成果的“初始评价”或“第一次评价”只能由同行评议把关。不经学术同行评审，直接进入学术传播领域的做法不仅是错误的，有时还是有害的。国内外一些学者对“先发表后评审”的在线论文模式进行的研究已经发现了这个问题。人文社会科学研究的特殊性要求学术评价体系应该把同行评议和文献计量结合起来。“初始评价”必须由同行学者严格把关，“二次评价”及其之后的评价可以进行文献计量，但最后的终结性评价还要以同行评议为准。尤其要强调的是，同行专家需要认真审查那些在引用次数、影响因子上表现优异的文献计量指标，以免受其迷惑。

同行评议与文献计量的机制机理不同，二者在技术层面上不可通约，相互结合依赖评价活动的组织管理。毋庸讳言，应然的理念制度化为集体行动规范的过程是复杂的，不仅取决于利益相关者之间共识的达成，也取决于它们彼此之间相互博弈的能力。近些年来，教育部、各级学术管理部门、科研机构、高等学校在基金申报、奖项评审、人才规划、职称评聘等方面充分考虑人文社会科学研究的特殊性，积极倡导建立“同行评议为主、文献计量为辅”的评价机制，可以说，对人文社会科学研究评价方法的共识已经达成。不过，看到取得了进展的同时，我们也应当清醒地认识到，当前，对人文社会科学研究评价的组织管理更多地反映了政府、学术管理部门、科研机构和高等学校的价值取向和利益诉求，学者群体、社会组织和公众等利益相关者没有受到同等的重视。相比较而言，政府、学术管理部门、科研机构和高等学校控制着学术资源的分配权，在博弈中处于优势；学者群体属于学术资源的依赖方，在博弈中处于天然的劣势。与学者群体更加关注研究成果的质量相比，学术管理部门、科研机构和高等学校更加看重研究结果能够给组织带来的资源和声誉，因此自然就会对文献计量指标更加青睐。人文社会科学研究评价的价值主张和利益过度地偏向于学术管理部门、科研机构和高等学校，造成的结果就是，许多评价表面上看由同行专家做决定，但评价标准、评价程序、评价时间、评价方法等都是事先由管理部门规定好的，同行专家自由裁量的空间很小。许多学者甚至戏称，真正决定评价结果的不是“同行”而是“表格”，谁掌握“制表权”，谁就掌握着评价的“决定权”。

三、评价体系建构的核心与关键

资源与行动是制度构建的核心要素和关键环节。当下，制约我国人文社会科学研究多元多方评价制度建立的瓶颈问题，既不是技术层面上的评价方法失当，也不是管理层面上的行政权力越位，而是多方评价主体之间的话语权失衡。学者群体、社会组织和公众在人文社会科学研究评价过程中缺乏利益表达的途径，他们的价值主张没有得到充分的体现。解决这一问题不仅要靠学者和社会公众的呼吁，更要靠国家政策的干预和引导。2011 年《教育部关于进一步改进高等学校哲学社会科学研究评价的意见》（教社科〔2011〕4 号）中已经提出，人文社会科学研究评价要完善以同行专家评价为主的评价机制，建立诚信公正的评价制度，积极探索政府、社会组织、公众等相应研究成果受益者参与的评价机制。实现这一要求，需要在人文社会科学研究的多元评价主体之间建立起平等沟通的对话机制，尤其是应当引导学者群体从“被动的被评价者”转变为“人文社会科学研究评价管理体系中的积极参与者”[①]。当前，国家应当颁布专门的政策法规，鼓励人文社会科学学术共同体建立自己的学术活动机制和学术运行准则，赋予人文社会科学学术共同体在评价管理活动中独立的话语权和平等的参与权，引导广大学者把参与人文社会科学评价管理的委托代理行为内化为一种趋向自为的评价行为。

第三节　评价的方式建构：实行注重质量的代表作制度

人文社会科学研究的价值在于质而不在于量。在思想领域，自然哲学意义上的质量互变规律并不适用于人文社会科学研究。代表作制度正是依据这一认识，使用若干最具代表性的研究成果，对评价研究对象的研究水平和研究能力进行价值评判的一种相关规则设计。[②] 走出当前人文社会科学研究评价过于量化的误区，实行注重研究质量的代表作制度是评价方式建构的必由之路。

一、代表作制度的制度化实践

代表作制是学术评价的一种简单化原则，也就是使用最能体现思想水平和学术水准的作品来评价作者学术贡献的方法。长时期以来，代表作制一直作为一种非正式的学术评价制度在学术圈内使用。在人文社会科学研究评价中，作为一项正式制度的制度化实践，南开大学和北京大学是较早进行探索的高校。

① 刘大椿. 人文社会科学评价中的若干问题及应对[N]. 中国社会科学院报，2009-05-14（005）.
② 叶继元. 代表作制有益遏制学术评价形式化数量化[N]. 中国教育报，2012-03-28（003）.

2003 年，南开大学在教师学术成果评定和职务晋升评审中试行代表作制度；2005 年，北京大学在中文系等院系进行试点，推行论文代表作制度，具体的要求是，只要教师在聘期内发表一篇在教育领域具有较高影响力的论文，经院系学术委员会认定在相关的学科领域里处于领先地位，对该教师的科研工作就不再进行量化考核，此后，复旦大学、中国人民大学、厦门大学、福建师范大学、杭州师范大学等一批高校，江苏、四川、安徽等省的教育主管部门都明确规定在教师职务评聘工作中推行代表作制度。①

随着代表作制度改革的呼声不断提高，人文社会科学研究评价中实行代表作制度在国家政策中开始出现，并要求逐步推广到整个人文社会科学研究评价之中。2011 年，《教育部关于进一步改进高等学校哲学社会科学研究评价的意见》（教社科〔2011〕4 号）指出，要确立质量第一的评价导向，大力推进优秀成果和代表作评价。哲学社会科学研究评价要坚持以研究成果为主要评价对象，大力推行优秀成果和代表作评价等各种有益做法，杜绝急功近利的短期行为……正确认识 SCI、SSCI、A&HCI、CSSCI 等引文数据库在科研评价中的作用，避免绝对化。摒弃简单以出版社和刊物的不同判断研究成果质量的做法。2017 年 1 月，中共中央办公厅、国务院办公厅印发的《关于深化职称制度改革的意见》明确提出，推行代表作制度，重点考察研究成果和创作作品质量，淡化论文数量要求。2018 年 5 月，中共中央办公厅、国务院办公厅印发的《关于进一步加强科研诚信建设的若干意见》中也指出，要着力深化科研评价制度改革。推进项目评审、人才评价、机构评估改革，建立以科技创新质量、贡献、绩效为导向的分类评价制度……推行代表作评价制度，不把论文、专利、荣誉性头衔、承担项目、获奖等情况作为限制性条件，防止简单量化、重数量轻质量、“一刀切”等倾向。

二、对代表作制度的研究与质疑

代表作制度一经推出便引起学界广泛关注。代表作制度依托同行评议机制，重点关注研究成果的逻辑、效用、价值和创新，对数量不再有硬性要求，得到了许多学者的认同。不过，单纯一种评价方式上的改革并不能彻底解决人

① 姜春林，赵宇航. 代表作评价：探索之路与完善之策[J]. 甘肃社会科学，2016，(03)：143-148.

文社会科研评价中的诸多问题。代表作制度在北京大学、复旦大学等一些国内知名高校试行之后，相关的讨论、研究也开始呈现出了两种截然相反的声音。一种观点从代表作制度与人文社会科学研究的特点相契合入手，认为代表作制度可以解决当前学术评价重“量”不重“质”的问题，是对目前主流的定量评价模式的有效补充甚至完美替代。例如，学者周亚明认为，“评价就是一种引导，我们通过实行‘代表作’学术评价制度，在原有僵化、刚性规定中加入柔性元素，倡导一种心无旁骛、潜心学术的风气，用制度告诉教师和研究者，以牺牲成果数量换取成果的含金量是完全值得的”①。另一种观点聚焦于同行评议机制在我国“人情化”社会中“水土不服”的现状，认为当前相关管理制度不健全，代表作制度不仅难以取得预期效果，还可能滋生学术腐败现象。甚至比较极端的意见认为，代表作制度是固化“学术阶级”的一种手段，使那些已经通过量化模式完成学术资本积累的人一劳永逸地成为“学术贵族”，所以应当谨慎对待。例如，上海交通大学文科建设处处长蒋宏教授认为，代表作制度鼓励教师做真学问，大方向肯定是对的，但操作中首先就遇到一个问题：代表作谁说了算？申请人提交作品后，仍有一个科学认定的过程，绝不能是随便找两个人一看就认为是代表作，申请人便立即获得晋升。学术指标不是万能的，只是评价中的参考指标，但对代表作的评价必须经过学术共同体的充分认可，避免出于人情的“放水”②。

三、代表作制度施行的路径

人文社会科学研究评价施行代表作制度具有必要性和必然性。然而，任何一种评价方式都有其自身固有的缺陷与不足。代表作制度不是万能的。当前，在人文社会科学研究评价中施行代表作制度的评价方式，如下几个方面需要引起足够的重视。

（一）代表作制度需要走出量化评价的思维模式

解决人文社会科学研究评价中的诸多问题，追根究底，需要从评价主体、

① 董少校. 代表作制能否趟出科研评价新路[N]. 中国教育报，2012-03-28（003）.
② 董少校. 代表作制能否趟出科研评价新路[N]. 中国教育报，2012-03-28（003）.

评价代理人到被评价者完成一次评价思维模式的转换，这一转换的依据是人文社会科学研究之于自然科学研究范式上的差异。例如，复旦大学在教师职称评价中要求，参评者可提交 1～3 篇代表作，经学院学术委员会评估通过后，由学校随机选择 5 位校外具有较高学术声望的专家，匿名对申请人进行外审，学校根据评审意见，决定是否同意候选人参加高级职称竞聘。① 事实上，以往的量化评价是参评者发表的所有论文、著作的加权之“和”。但在代表作制度中，学术水平是送审的“代表作”的加权之“和”。这仅仅是对数量要求降低，以及对权重赋予改变，并不意味着代表作制度摒弃了量化的思维模式。如果说数量的减少和对权重的赋予更为“谨慎”是代表作制度的“突破”的话，那么这种“突破”是否更为科学、合理尚值得探讨：首先，目前主流的量化评价模式只统计高水平期刊的发文数量，发文数量的影响已经弱化；其次，随着量化评价模式的发展，量化指标逐渐细化和完善，其价值权重日趋合理；最后，代表作制度在实际操作过程中同样存在着道德风险。实际上，当前定量与定性评价的差异正在不断缩小。在传统的量化评价中，在最高级别水平的期刊上发表的论文本身就扮演了“代表作”的角色，例如 SSCI 检索期刊的相关权重往往远大于其他级别期刊的权重，这也反映了代表作制度和传统量化模式的内在联系。一言以蔽之，当前的代表作制度仍然没有走出量化评价的思维模式，只是对其中的一项细枝末节问题做出了调整，这种做法实质上是对量化评价的补充，并未完全转变学术评价的理念，缺乏真正意义上的突破。

（二）代表作制度需要摆脱“以刊评质”的思维惯性影响

代表作制度也会受到“以刊评质”的思维惯性的影响。20 世纪 90 年代，我国人文社会科学研究的评价模式逐步从同行评议转向了以期刊、出版社、影响因子等量化指标为主的模式，相应的思维惯性已经形成。前文的相关研究已证明，思维惯性、路径依赖对于变革是一种阻力。对于变革评价方式来说，阻力主要表现在两个方面：其一，学术价值的评价权重。对于什么是“有学术价值”的成果，判断标准难以摆脱思维惯性的影响。其二，代表作所载期刊的影响力问题。同样的两篇论文，假设一篇发表于 CSSCI 检索期刊，另一篇发表在

① 董少校. 复旦推行职务聘任代表作制[N]. 中国教育报，2012-03-28（001）.

普通期刊上，在路径依赖惯性的影响下，自然而然会认为前者更“优秀”。代表作制度是对已发表的成果进行的“二次评价”，而作为“一次评价”的所载刊物影响力，对二次评价的作用不容忽视。冰冻三尺非一日之寒，量化评价在学术评价领域的影响力短期内不会被削弱，这种思维惯性不仅难以被消除，甚至还有可能得到加强。如果将代表作制度用于“一次评价”，即对未经发表的成果进行评价，又有着潜在的道德风险。这一难题又会进一步降低代表作制度在实施过程中的信度与效度。目前，人文社会科学研究评价由于受思维惯性的影响，处于传统量化评价的场域内，试图完全脱离其影响和作用，仍然任重而道远。

（三）代表作制度需要破解难有同行的困局

人文社会科学研究评价容易受到评价者主观臆断的影响，同时由于成果产出具有耗时长、见效慢、效果不显著等问题，评价难度较大，尤其是对“创新”成果评价就更为困难。代表作制度依托的同行评议机制，需要相关领域的同行来实现。而学术研究越是往顶端走，研究的范围就会越窄，同行就会越少，如果在该层面之上有所创新和突破，其创新程度越大，能对其评价的专家就越少，正所谓曲高和寡。从这一角度来看，代表作制度为创新设置了一个“上限”，类似于学生发展过程中的“最近发展区”。如果创新超过了这个上限，代表作制度就会因为无法完全评判其价值而失去其功效。人文社会科学的学术成果一般难以通过实验直接验证，对于具有重大创新价值，甚至具有颠覆性的研究成果，特别是如果该成果是由在学界人脉少、地位低的青年学者提出时，往往更难通过代表作制度获得认可。所以，代表作制度可能还会束缚研究者的手脚，压缩创新的空间，而创新性又是代表作的标志之一。这种矛盾使得代表作制度也难于为创新提供肥沃的土壤，这并不利于人文社会科学研究的发展。

概而言之，人文社会科学研究评价并不是简单的对与错，无论是定量还是定性方法都难以实现完全意义上的评价。目前来看，完全的代表作制度仍然任重而道远，只有积极解决代表作制度内部运行和外部管理的相关问题，吸收量化评价模式的优点，定性、定量相结合，才能实现人文社会科学研究评价方式的变革。

第四节 评价的组织建构：完善学术共同体建设

学术共同体是指具有相同或相近的价值取向、文化生活、内在精神和具有特殊专业技能的人，为了共同的价值理念或兴趣目标，并且遵循一定的行为规范而构成的一个群体。[①]20 世纪英国哲学家布朗在《科学的自治》一文中，把全社会从事科学研究的科学家作为一个具有共同信念、共同价值、共同规范的社会群体，并称之为“学术共同体”，用以区别于一般的社会群体与社会组织。[②]当前，我国人文社会科学研究评价制度运作中出现的种种问题都与我国学术共同体的建设密切相关。

一、增强自身的专业性和自律性

学术共同体不是一般意义的学术界，也不是欧洲现代早期那种沙龙式的“人文圈”，更不是某种以象征物来维系的“想象的共同体”[③]。它是由学者以专业为基础自愿结成的众多学术团体、学术刊物和学术会议组合而成的。当前，我国对学术共同体的理解比较宽泛，有人把一些正式或非正式的学术组织机构当成学术共同体，例如，把省、市的科学院或者社会科学院、全国或地方性的专业学会认为是学术共同体。事实上，我们不能把学术共同体的概念泛化，认为一切搞学问的单位都是学术共同体，也不能认为同属于一个学科或专业的人就是学术共同体，这些机构只是在形式上具有共同的学术特征，但是并不具备学术共同体的真正内涵。[④]近些年来，许多大学十分重视科研团队建设，有时也冠之以学术共同体之名。虽然这些团队的工作方式具有学术共同体的特征，但是它们其中很大的一部分成员之间、合作单位之间的学术交流和科研合作乏善可陈，没有形成学术共识，更谈不上有共同的研究范式，因此并不能称之为学术共同体。[⑤]学术共同体并不在于形式，其本质特征是它的专业性和自律性。

① 许纪霖. 回归学术共同体的内在价值尺度[J]. 清华大学学报（哲学社会科学版），2014，29（04）：78-82.
② 张福强. 中国民族学、人类学学术共同体的构建[N]. 中国民族报，2016-12-30（007）.
③ 李剑鸣. 自律的学术共同体与合理的学术评价[J]. 清华大学学报（哲学社会科学版），2014，（4）：73-78.
④ 梁庆寅，郑振满，陈春声，等. 学术共同体[J]. 开放时代，2016，（04）：10-42.
⑤ 陈建孟. 论大学学术团队管理中的文化自觉[J]. 中国高教研究，2010，（07）：22-24.

一是成员资格的专业性。学术共同体的组成人员要求是专业人士。一般情况下，有资格加入学术共同体的成员必须都要在相关研究领域具有一定的研究基础、接受过严格的专业训练和取得了相当的成就。他们一般有着共同的理性追求、遵循同一的研究范式以及具有强烈的专业归属感。他们之所以加入学术共同体，原因是个人的独立研究活动无法跟上科学发展和社会进步的步伐。一般说来，任何一个成熟的学科都会存在一个甚至多个学术共同体，其成员之间具有心理上的联系，彼此间具有沟通交流、相互合作和彼此依赖的关系，通过参与学术共同体组织的活动，空手获得某种物质或精神上的满足感。学术共同体的这种专业性消除了学术的泛化，往往在成员之间形成通行的话语方式和专业标准，他们有共同的奋斗目标，建立起了以学术为中心的行为规则，这些规则不仅能够促进其成员之间的信任，而且更是约束、规范成员依照学术规则行事的心理契约。如果某一成员违反了这些规则，其口碑甚至成员资格都有可能因此受到严重的影响。

二是成员行为的自律性。无论是以正式组织形式存在，还是以非正式组织形式存在的学术共同体，内部都具有相应的组织规范，它规定了组织成员可以做什么、不可以做什么，哪些行为是组织鼓励的、哪些行为是组织反对的。任何人只要是加入了某一学术共同体，也就意味着必须接受该共同体的行为规范而进行自我约束。同时，组织成员的自律并不排斥学术共同体内部的他律。任何成员违反了学术共同体的行为规范，学术共同体就会启动相应的程序，通过自主行动来执行学术规则、贯彻学术标准和维持学术秩序，一方面，学术共同体成员基于信誉、良知和羞耻感，为自己的学术行为承担责任；另一方面，学术共同体拥有某种“追责”的权力，可以对违规的学者进行处罚。[①]

二、营造健康的学术对话机制

学术共同体建设首先要营造出一个健康的学术对话机制。长期以来，我国社会一直没有形成独立、完善的学术对话机制，替代其发挥作用的是学者之间口口相传而形成的“口碑”。这种替代机制虽然十分可靠和有效，但是严重缺乏效率，在一定程度上也是阻碍学术发展的桎梏。近代以来，中国学习西方建

① 李剑鸣. 自律的学术共同体与合理的学术评价[J]. 清华大学学报（哲学社会科学版），2014，(4)：73-78.

立起了学术会议、专业刊物和出版机构等一系列制度化的学术对话体系。不过，正如一些学者所指出的那样，今天这些制度不但没有正确发挥出学术评价的功能，反而还引发了“行政主导”“过度量化”“以刊评文”等异化现象。① 究其本源，问题还是出在学术对话机制存在的缺陷之上。以美国为例，官僚主义、功利主义和数字主义在美国学术界也十分普遍，学者对此也不乏提出尖锐的批评，不过，总体上看，美国学术界在评价问题上鲜有大的错误。归根结底，这是由于美国学术界存在一套有效保障“学术”纯洁性的完善的、集体“自律”的学术对话机制。

三、消除非学术因素对学术的干扰

许多学者认为，学术共同体建设的首要任务是去行政化。② 学者熊丙奇曾指出，学术共同体的缺位与行政力量的包办互为一体，会扭曲科研评价的过程。③ 事实上，任何一种有效率的机制必然都会诉诸一定的行政和权力，学术评价机制也是同样。问题的关键是如何避免学术评价受到非学术因素的干扰。在这一方面，美国的经验值得我们借鉴。例如，为了保障学术共同体免受非学术因素的干扰，美国学者们自发组建学术团体，定期召开学术会议，自己创办学术期刊，民主推举学术领袖。从这一角度看，我国学术共同体最大的问题不是去行政化，而是缺乏独立性。这种独立性不是指建立自给自足、孤芳自赏的学术“圈子”，而是指学术共同体要有足够的能力不被非学术因素完全控制。学术是一种独特的事业，嵌入在一个由权力、财富和声望共同编织的巨大网络之中，单靠学者的个人力量很难与之抗衡。坚守学术的底线，不仅需要学者个人的职业操守，而且更需要学术共同体的集体“自律”。当外在于学术共同体的政府或机构成为学术活动的组织者，特别是成为学术资源及利益的主要提供者和分配者时，学术评价也就从学术活动演变为参与分配学术资源和利益的权力行为。④ 一个缺乏独立性、没有能力控制学术对话机制（学术会议、学术期刊以及出版

① 李剑鸣. 自律的学术共同体与合理的学术评价[J]. 清华大学学报（哲学社会科学版），2014，(4)：73-78.
② 许纪霖. 回归学术共同体的内在价值尺度[J]. 清华大学学报（哲学社会科学版），2014，(04)：78-82.
③ 董少校. 代表作制能否趟出科研评价新路[N]. 中国教育报，2012-03-28（003）.
④ 朱剑. 重建学术评价机制的逻辑起点——从“核心期刊”、“来源期刊”排行榜谈起[J]. 清华大学学报（哲学社会科学版），2012，27（01）：5-15，159.

机构）的学术共同体，出现自我主义、裙带主义、思想分歧、非此即彼、攻击异己，甚至缺乏对学术评价机制、学术奖励机制、学术规范、学术批评建设与自我反思的共识等问题自然是难以避免的。[①]

第五节 评价的环境建构：超越非学术文化的藩篱

独立、完善的学术对话机制是维护学术免受非学术因素干扰的重要保障。不过，从宏观层面上看，学术事业隶属于社会大系统，是社会价值建构的一个组成部分。人文社会科学研究评价不可避免地受到整个社会的非学术价值观念和自然科学主导的学科文化的影响。

一、去除非学术价值观念对学术评价的影响

社会非学术价值观念对人文社会科学研究评价的影响是显而易见的。价值是一个社会历史范畴，价值标准受社会历史条件的制约，并随着历史的发展而变化。[②] 学术承载价值，但并不直接生产价值，价值外生于学术之外。回顾学术史上的一些著名的学者，例如孟德尔，他们的学术成就在生前无法得到当世人的承认，去世后才被后人发现和重视。只有历史才能揭示出哪一个研究成果被抵制或得到了错误评价。[③] 在宏观层面上，整个学术事业受社会主导的价值观念——意识形态的影响。正如清代黄人在《〈清文汇〉序》所言："有一代之政教风尚，则有一代之学术思想。"在历史上，意识形态否定学术价值的例证不胜枚举。例如，中国古代文人因言获罪（例如秦始皇焚书坑儒、明清时期的文字狱等）；基督教迫害"异端"学者（例如科学家布鲁诺、伽利略，思想家拉美特利、狄德罗等）；纳粹时期德国禁止反纳粹主义学者的言论。不过，需要强调的是，意识形态对学术不仅只有抑制的作用，好的意识形态对学术也会产生巨大的促进作用。例如，韦伯在《新教伦理与资本主义精神》一书中指出，

① 王怡红. 对话之道：学术传播的一种信仰[N]. 中国社会科学报，2015-07-23（003）.
② 李醒民. 关于科学与价值的几个问题[J]. 中国社会科学，1990，（05）：43-60.
③ 〔美〕乔纳尔·科尔，斯蒂芬·科尔. 科学界的社会分层[M]. 赵佳苓，等译. 北京：华夏出版社，1989：26.

资本主义的发展和新教伦理中的艰苦劳动、积极进取的精神密不可分，而不简单是对生活乐趣的享受。近代科学诞生之初，功利主义价值观大大支持了科学事业的发展。我国的历史也表明，20 世纪 80 年代以来中国学术事业的繁荣，与 1978 年邓小平同志提出“科学技术是生产力”“知识分子是工人阶级的一部分”，以及 1987 年中国共产党第十三次全国代表大会提出“一个中心”（以经济建设为中心）、“两个基本点”（坚持四项基本原则，坚持改革开放）的党的基本路线是密不可分的。

社会非学术价值观念以一种潜移默化、微妙的形式影响学术评价的实践。一种方式是按照社会非学术价值观念的要求建构学术组织，例如，当前被许多大学、研究机构和学者们不断诟病而又不得不充分重视的大学排行榜，尽管它们背后的组织机构是所谓价值中立的第三方，但是其商业属性难免渗入评价过程，进而影响评价实践。正如菲利普·塞尔兹尼克所指出的那样，所谓制度化就是在组织内部注入价值观的过程。[①] 价值观念的差异决定了组织的性质，组织的性质决定了组织的领导体制、运作机制和管理方式，社会非学术价值观念通过制度化的形式潜移默化地表现在学术评价之中。另一种方式是通过影响学者的个人观念来影响学术评价。学者是社会的分子，处在社会价值观念所构筑的网络之中，他们的思想和行为无不打上社会价值观念的烙印。例如，哲学家海德格尔（M. Heidegger）曾一度热烈地拥抱纳粹主义，这与其享誉世界的学术影响完全不相和谐。另外，学者也是充满感情、个性十足的人，冰冷的、毫无感情色彩、完全遵循理性原则行事是对学者的误读。例如，思想家章太炎先生曾因观点不同攻击过康有为，甚至还掌掴过梁启超。无论任何社会，权力、金钱、人情关系都会微妙地影响到学术评价的实践。不同之处只是程度不一而已。

二、保持与自然科学学科文化适度的张力

与社会非学术价值观念间接地影响学术评价不同，取得社会认可的主流学科文化直接影响学术评价的实践。学术实质上也是一种文化，是人类文化的一部分。1959 年，英国思想家斯诺（C. P. Snow）在剑桥大学“两种文化与科学

① 〔美〕理查德·斯科特. 制度与组织——思想观念与物质利益[M]. 3 版. 姚伟，王黎芳，译. 北京：中国人民大学出版社. 2010：158.

革命”的演讲中指出，科技与人文正被割裂为两种文化，科技和人文的知识分子正在分化为两个言语不通、社会关怀和价值判断迥异的群体。[①]虽然斯诺提出这种分裂必然会妨碍社会和个人的进步和发展，但当前两个群体的分裂非但没有缓解，反有愈演愈烈之势。毋庸讳言，自然科学和人文社会科学存在着巨大的差异。自然科学的研究对象比社会科学的系统性强，自然科学可以发掘“永恒世界”中的真理，而社会科学只能了解“变化世界”的规律，自然现象的结构和功能之间是一种强关系，自然科学通过典型现象可以了解总体规律；社会现象的结构和功能之间可能是强关系也可能是弱关系，了解总体规律必须了解全部具体现象；自然科学的方法论基础是客观的法则（定律）及其附属机制，社会科学里只有机制，没有覆盖性的法则，机制之间的隶属关系也是模糊的。[②]总体上说，自然科学的可编码化程度较高，社会科学次之，人文学科最低。

从“学术”质的规定性的角度看，自然科学、社会科学和人文学科分别隶属不同的学术话语体系，同样的术语指称不同的现象。正如前文所述，社会科学家和人文学者使用“意识”“恐惧”“记忆”这些术语时，并不享有神经科学家对这些相同术语的理解。[③]差异性的学术话语体系造就了自然科学、社会科学和人文学科各自相对独立的学术对话机制，涵括其中的学术评价标准自然也有所不同。不过，一种学科文化如果在学术系统内部占据了主导地位，尤其是取得了广泛的社会认同，其结果自然也会如同意识形态一样强加给其他学科。当前，高等学校、科研管理部门普遍热衷于使用课题级别、项目经费、刊物影响因子、顶级期刊论文等作为学术评价的工具，这与自然科学成为主流学科文化密不可分。事实上，这些工具指标如果使用恰当，在自然科学领域内是比较科学、合理的，但是同样用到社会科学领域，尤其是用到人文学科领域，其工具性价值就会大打折扣。

一些学者认为，为了维护学术的纯洁性，人文社会科学学术评价应当与自然科学研究评价相隔离[④]，学术系统内部也应当建立分类评价的制度。[⑤]毫无

① 〔英〕C. P. 斯诺. 两种文化[M]. 纪树立，译. 北京：生活·读书·新知三联书店，1995：4.
② 赵鼎新. 社会科学研究的困境：从与自然科学的区别谈起[J]. 社会学评论，2015，3（04）：3-18.
③ 〔美〕杰罗姆·凯根. 三种文化：21 世纪的自然科学、社会科学和人文学科[M]. 王加丰，宋严萍，译. 上海：格致出版社，上海人民出版社，2014：6.
④ 陈先达. 学术评价的主体和评价标准[J]. 毛泽东邓小平理论研究，2012，（01）：83-87.
⑤ 顾建民. 学科差异与学术评价[J]. 高等教育研究，2006，（02）：42-46.

疑问，这种理想的状态令人向往，但在现实中，自然科学学科内部也是难以完全实现的。爱因斯坦很早就主张用自然性、逻辑简单性作为学术评价的准则；库恩也提出用精确性、一致性、简单性和有效性作为学术评价的标准。参照这些原则，当前学术评价中使用的各种方法和工具都难以完全胜任。学者（尤其是人文社会科学领域的学者）应当清楚地认识到，今天的学术研究已经进入了一个“大科学”的时代，社会非学术价值观念和自然科学主导的学科文化已经渗透到了学术对话机制和学术评价实践的每一个环节。明智的做法不是与之对抗，而是理智地与之保持适度的张力。

三、营造以学术道德为基底的学术研究氛围

学术道德建设与学术评价制度建设密切相关。近些年来，我国人文社会科学研究的实力和水平快速提升，不过，与之相伴的是，学术腐败、学术不端行为也日趋严重。这不仅使人文社会科学研究人员的学术声誉受损，也给我国哲学社会科学事业发展和人才培养造成了严重的负面影响。人文社会科学研究评价制度环境建设，需要营造以学术道德为基底的学术研究氛围。

（一）把学术的“道德”理想融入学者职业理想的顶层设计

近些年来，我国十分重视学术道德建设。2009 年科学技术部、教育部等 10 部委联合下发了《关于加强我国科研诚信建设的意见》；2012 年教育部下发了《关于进一步规范高校科研行为的意见》；2016 年教育部出台了《高等学校预防与处理学术不端行为办法》；2018 年中共中央办公厅、国务院办公厅印发了《关于进一步加强科研诚信建设的若干意见》。上述文件对我国完善科研诚信管理工作机制和责任体系、科研活动全流程诚信管理、科研诚信制度化建设、科研诚信的教育和宣传、查处严重违背科研诚信的行为等问题做出了具体部署。

学术是一种高尚的事业，单纯依靠规制性因素不足以在学者的思想深处产生共鸣。在学术研究的专业伦理体系中，学术的“道德”理想既是学者最高层次的伦理要求，也是学者具有道义性的理想追求。这种属性与学术理想不可剥离并蕴含在学术职业规范之中。“道德”理想能不能成为研究人员热忱向往和

执着追求的目标，能不能激励他们改善个人道德品质和现实道德关系，最终要看它是否能够正确地反映学术职业理想的内核。以高校教师的学术道德建设为例，著名教育家爱德华·希尔斯（E. Shils）在《教师的道与德》中提出，大学教师坚持学术道德是“内在的责任”。大学教师的责任内在于他们通过系统的研究和合理的程序来追求、获取、评价和传播知识的权力之中，既然接受了这种权力，就必然要承担遵循这些规范的责任，当一个人决定从事大学教师这个职业的时候，他就承担了一个内在的责任，即必须遵守严格的研究方法，对研究成果必须进行严格的评价。①

一直以来，我国高校十分重视教师的学术道德理想建设。一提到“师德”，我们首先想到的是“立德树人”“为人师表”等高尚的理想境界和目标追求。不过从总体上看，我国高校的“师德”理想设计比较宏观、宽泛，与大学教师追求知识、探究真理的学术职业理想结合得不够紧密。例如，2011 年教育部、中国教科文卫体工会全国委员会颁布的《高等学校教师职业道德规范》，从爱国守法、敬业爱生、教书育人、严谨治学、服务社会、为人师表 6 个方面对大学教师“师德”理想进行了顶层设计。毋庸讳言，这一设计对我国大学统一和深化对“师德”理想内涵的理解、引导我国大学“师德”建设的方向，具有十分重要的导向性价值。不过，这 6 个方面的内容虽然与大学教师的职业密切相关，但是在具体的表述方式上，并没有很好地体现出大学教师职业不可替代的特殊性，以及由此赋予大学教师职业内在、天然的道义性伦理责任。该规范中法律底线与道德义务共存，既降低了教师伦理标准，又扩大了教师专业伦理的边界。②在今后的工作中，我国应当把学术的“道德”理想融入学术职业理想建设的顶层设计之中，使学者在研究中对学术“道德”理想的敬意油然而生，让他们在追求知识、探究真理的职业活动中自觉地提升学术道德理想的境界。

（二）把学术的“道德”原则写入保护学者学术权利的管理制度

权利与义务是一对对立的统一体。权利表征利益，义务表征负担，是两个相互排斥的对立面。不过，它们又是相互依存、相互贯通的。不存在没有义务

① 〔美〕爱德华·希尔斯. 教师的道与德[M]. 徐弢，李思凡，姚丹，译. 北京：北京大学出版社，2010：9.

② 安方琪. 国外教师专业伦理规范建设及启示——基于教师专业伦理教育的视角[J]. 北京教育（高教），2014，(10)：77-79.

的权利，也不存在没有权利的义务。学术的“道德”原则本质上是一种义务，是基于学术职业活动的专业性质而衍生出的原则性约束。与学术“道德”理想的道义性不同，学术“道德”原则属于专业性的义务，因此，倡导学术“道德”原则的同时，也要做好保护学者学术权利的工作。以高校教师的学术道德建设为例，1940年美国大学教授协会（AAUP）与美国学院联合会（AAC）等组织共同发表的《学术自由与永聘制的原则声明》（*Statement of Principles on Academic Freedom and Tenure*）在规定教授对学术机构的责任时强调，尽管教授被提供规则，被要求遵守规则，不违反学术自由，但他们依然具有维持提出批评并寻求改正的权利。[①]对教师权利的重视与保护，根源于大学教师职业的特殊性。希尔斯指出，大学教师之所以能够享有大学自治和学术自由等特权，是因为普通人相信他们拥有令人钦佩和渴望的知识；反过来，这些特权也要求他们承担一定的责任。[②]

我国高校对教师的“师德”原则要求也十分严格。《高等学校教师职业道德规范》要求，各地各校要将师德纳入教师考核评价体系，并作为教师绩效评价、聘任（聘用）和评优奖励的首要标准，严格执行“一票否决制”。但是，可归入“一票否决”的教师失德行为有哪些？教师失德行为的调查、处理制度和程序是什么？尤其是如何保护教师的权利，例如免受诽谤、侮辱、骚扰和报复等行为侵害的措施，该规范没有做出明文规定。2016年教育部出台的《高等学校预防与处理学术不端行为办法》中，对学术不端行为的预防、受理、调查、认定和处理做出了详细的规定，但是同样，对于教师因被举报而权利受损的相关保护措施语焉不详。该办法中既没有明确规定消除影响、恢复名誉的具体方式，也没有对捏造事实、诬告陷害等行为规定严格的惩罚措施。道德义务和职业权利不对等，不利于教师在学术研究中锐意进取、大胆创新，反而也容易使一些品行不端的人利用这一缺陷，牟取个人私利以及打击、报复他人。当前，我国把学者坚持学术的“道德”原则与保护学者学术的管理衔接起来，在坚持违反学术“道德”原则“一票否决制”的基础之上，主动优化和完善相关制度，保护学者的正当权益免受非法侵害。

---

① 安方琪. 国外教师专业伦理规范建设及启示——基于教师专业伦理教育的视角[J]. 北京教育（高教），2014，(10)：77-79.

② 〔美〕爱德华·希尔斯. 教师的道与德[M]. 徐弢，李思凡，姚丹，译. 北京：北京大学出版社，2010：9.

（三）把学术的“道德”规则具体化为学者日常的学术行为规范

学术的“道德”规则必须具体化为可操作的行为规范才能真正实现学者学术行为的知行统一。学术的“道德”理想和学术的“道德”原则，往往只能约束少数人，只有将它们具体化为日常的行为规范，才能够对学术行为产生强大的约束力。社会学家涂尔干曾指出，行为规范不允许个人任意行事，它不仅是习惯上的行为模式，而且是一种义务上的行为模式。[①]

在这一方面，我国注意到了这一点。2018 年中共中央办公厅、国务院办公厅印发的《关于进一步加强科研诚信建设的若干意见》明确提出，“从事科研活动和参与科技管理服务的各类人员要坚守底线、严格自律。科研人员要恪守科学道德准则，遵守科研活动规范，践行科研诚信要求，不得抄袭、剽窃他人科研成果或者伪造、篡改研究数据、研究结论；不得购买、代写、代投论文，虚构同行评议专家及评议意见；不得违反论文署名规范，擅自标注或虚假标注获得科技计划（专项、基金等）等资助；不得弄虚作假，骗取科技计划（专项、基金等）项目、科研经费以及奖励、荣誉等；不得有其他违背科研诚信要求的行为”。

自律性是学术道德的基本特征，但是自律并非完全排斥他律。学术道德作为学者特有的一种社会实践活动，是自律与他律的统一体。西方经济学家认为，自利的个人受某种因素引诱而违反道德的一般准则，是因为环境允许他们这样做而不受惩罚。[②] 设计精良的学术道德理想、道德原则和道德规则还必须辅以相应的惩罚机制，才能保证教师行为被约束在规范允许的框架之内。当前，我国应当把学术的道德理想、道德原则和道德规则系统、有机地整合起来，真正把它们落实到学术环境建设的具体工作之中，真正使学术道德成为学者之间协调利益冲突、处理人际关系的行为准则。

---

① 〔法〕埃米尔·涂尔干. 社会分工论[M]. 渠东，译. 北京：生活·读书·新知三联书店，2000：142.

② 〔德〕柯武刚，史漫飞. 制度经济学：社会秩序与公共政策[M]. 韩朝华，译. 北京：商务印书馆，2000：81.